イラストと
図解と表で
わかりやすい!

障害のある人が利用できる
「お金」「生活」「就労」の
サービスと制度を知って活用

障害年金の手続きから社会復帰まで

第2版

【特定社会保険労務士】
漆原香奈恵 著

秀和システム

第5章

決定通知書が届いた後のこと

支給決定した場合と不支給決定の場合

詳細はP152へ

第6章

相談できる場所や専門家

煩雑な障害年金の手続きのために活用できる機関や専門家って？

詳細はP182へ

第7章

就労との両立

障害年金を受給しながら働く方法を考えてみる

詳細はP186へ

第8章

障害年金以外の制度や支援

活用できる様々な支援等を把握しよう！

詳細はP220へ

国の年金って、
老後と遺族だけのものだと
思っていたけど、20歳以上の
人がもらえる年金も
あるのね。

2 保険料の納付

初診日の前々月までに
一定の保険料を納めて
いないと受給できない。

※20歳前に初診日がある場合は、保険料の納付状況は問われません。

P79

3 障害の状態

障害の程度が
認定基準で
定められている等級に
該当すること。

P87

この本の構成と概要

第1章
障害年金とは？
障害年金の現状と公的年金の全体像
詳細は P28 へ

第2章
障害年金受給のためのポイント
受給するために最初に確認しておきたい重要なこと！
詳細は P54 へ

第3章
障害年金の手続き
手続きの準備・進め方・流れを詳しく解説
詳細は P124 へ

第4章
最も重要な診断書のチェックポイント
診断書の種類と記入例
詳細は P136 へ

障害年金は、
『現役世代の20歳以上の人』
から対象になります！

障害年金を受給するための３つのポイント

障害年金を受給するための重要な３要件

P44, P63

初診日

初診日に加入していた年金制度で請求する年金が決まる。基準となる大切な日となるため、初診日を確認しましょう！

P67

対象となる病気やケガの一覧

ここにある病気やケガ以外にも、
多くの傷病が対象になります。

部位	疾患名
頭	脳出血、脳梗塞、くも膜下出血、多発性硬化症、脳脊髄液減少症、脳軟化症、脊髄小脳変性症など
目	白内障、緑内障、網膜色素変性症、ブドウ膜炎、網膜脈絡膜萎縮、眼球萎縮、癒着性角膜白斑、糖尿病性網膜症、先天性弱視、小眼球症、など
耳 鼻 口	失語症、咽頭全摘出、咽頭摘出術後後遺症、感音性難聴、突発性難聴、メニエール病、頭部外傷または音響外傷による内耳障害、上下顎欠損、咽頭腫瘍、喉頭がん、外傷性鼻科疾患など
呼吸器 疾患	肺結核、肺線維症、じん肺、気管支喘息、慢性気管支炎、呼吸不全、肺気腫、膿胸など
精神	うつ病、双極性感情障害、統合失調症、精神遅滞等の知的障害、ADHD・自閉症スペクトラム・アスペルガー症候群・広汎性発達障害等の発達障害、てんかん、高次脳機能障害、若年性アルツハイマー、ダウン症候群、老年および初老期認知症、脳動脈硬化症にともなう精神病など
内臓 糖尿病	糖尿病性腎症、慢性糸球体腎炎、慢性腎不全、人工透析、糖尿病、糖尿病による合併症、慢性腎炎、ネフローゼ症候群、肝炎、肝硬変、肝がん、多発性肝腫瘍など
皮膚	皮膚がん、皮膚筋炎、膿疱性乾癬、化学物質過敏症、光線過敏症など
肢体	上肢や下肢の離断または切断、上肢や下肢の外傷性運動障害、脊柱管狭窄症、椎間板ヘルニア、ポストポリオ症候群、パーキンソン病、全身性エリマトーデス、糖尿病性壊死、ギランバレー症候群、脊髄損傷、関節リュウマチ、ビュルガー病、進行性筋ジストロフィー症、変形性股関節症、線維筋痛症、重症筋無力症など
心疾患 高血圧	心臓ペースメーカーや植込み除細動器(ICD)または人工弁の装着、心筋梗塞、狭心症、拡張型心筋症、心不全、完全房室ブロック、大動脈弁狭窄症、慢性心包炎、リウマチ性包炎、慢性虚血性心疾患、冠状動脈硬化症、憎帽弁閉鎖不全症、悪性高血圧、高血圧心疾患など
その他	白血病、胃がん、直腸がん、肺がん、悪性リンパ腫、ヒト免疫不全ウイルス感染症(HIV)、再生不良性貧血、人工肛門、人工膀胱、膀胱腫瘍、潰瘍性大腸炎、クローン病、日光過敏症、尿路変更術、新膀胱増設、臓器移植、慢性疲労症候群、遷延性意識障害、その他の難病など

●障害年金の等級（1級・2級・3級・障害手当金）

各等級の受給額は **P61** へ

病状	障害厚生年金	等級	障害基礎年金
重い	障害厚生年金＋配偶者の加給年金 障害基礎年金＋子の加算	1級	障害基礎年金＋子の加算
	障害厚生年金＋配偶者の加給年金 障害基礎年金＋子の加算	2級	障害基礎年金＋子の加算
	障害厚生年金	3級	ない
軽い	障害手当金	一時金	ない

初診日が国民年金（又は20歳未満で年金未加入）の場合は、3級と障害手当金はないのね。初診日って重要なんだ！

●障害の程度を認定する場合の全体の基準となる障害等級の目安

障害の程度	障害等級の目安
1級の障害	身体の機能の障害または長期にわたる安静を必要とする病状が、他人の介助を受けなければほとんど自分の用を済ませることができない程度のもの
2級の障害	身体の機能の障害または長期にわたる安静を必要とする病状が、必ずしも他人の助けを借りる必要はないが、日常生活は極めて困難で、労働により収入を得ることができない程度のもの
3級の障害	傷病が治らないで、労働が著しい制限を受けるか、または労働に制限を加えることを必要とする程度のもの
障害手当金	傷病が治ったものであって、労働が著しい制限を受けるか、または労働に制限を加えることを必要とする程度のもの

働きながら障害年金を受給できるケースもあるんだ！

3つの請求のパターン

認定日請求

障害認定日から1年以内に請求

診断書	障害認定日以後3か月以内の診断書1枚 ※20歳前疾病の場合は、20歳到達日「前後3か月以内の診断書1枚」になるケースもある
支給開始月	障害認定日のある月の翌月分から支給

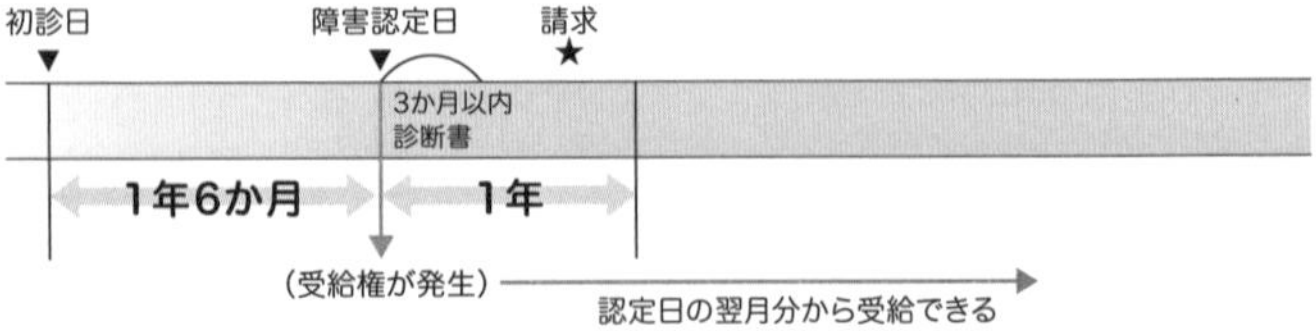

遡及請求 （認定日請求）

障害認定日から1年経過後に、認定日まで遡及して請求する場合

診断書	障害認定日以後3か月以内の診断書 請求時以前3か月以内の状態を記した診断書 2枚必要
支給開始月	障害認定日のある月の翌月分から支給

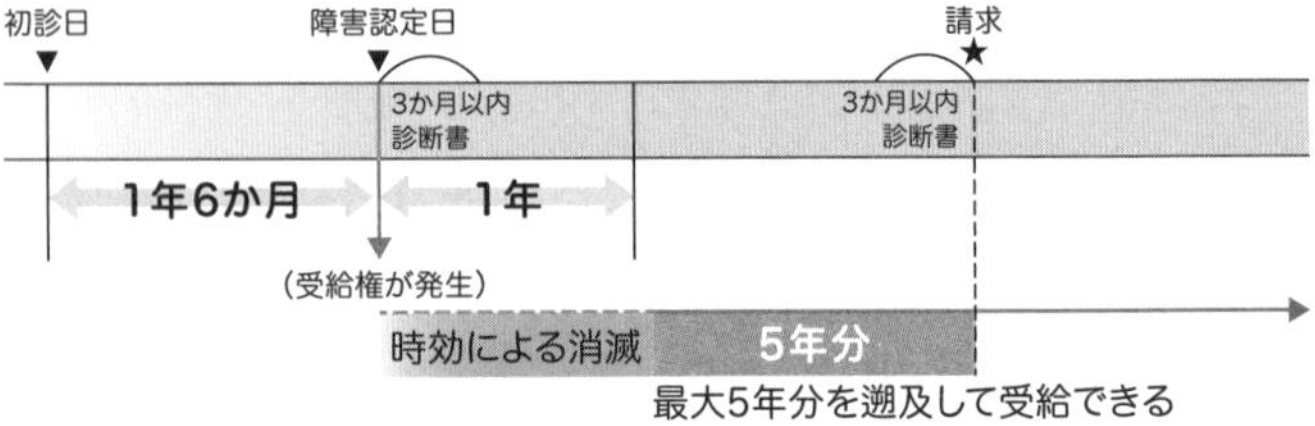

事後重症請求

障害認定日には障害等級に該当しなかったが、その後、障害等級に該当するようになった場合の請求

（注）請求は65歳に達する日の前日までに行うことが必要（はじめて2級での請求を除く）

診断書	請求時以前3か月以内の状態を記した診断書1枚
支給開始月	請求月の翌月分から支給

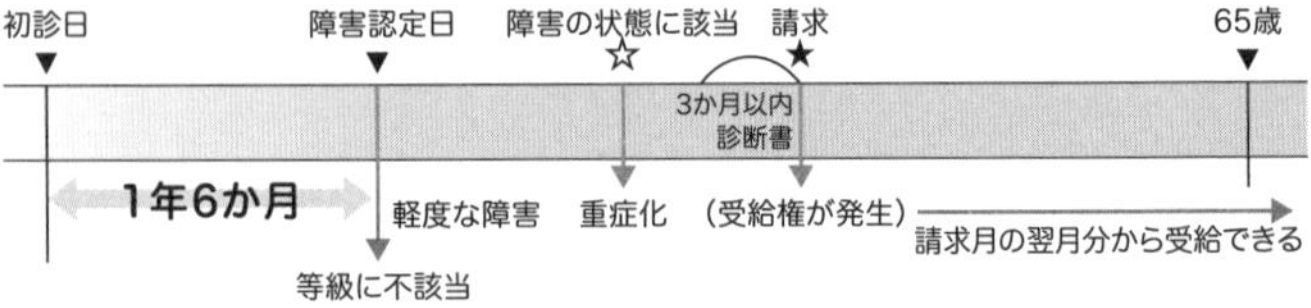

●発症から障害年金の請求手続きまでの流れ

発症

↓

初診日

請求する傷病について
初めて医療機関を
受診した日

P67

原則、
初診日から
1年6か月
待ちます

1年6か月

↓

障害認定日

原則、初診日から
1年6か月
※20歳前傷病の場合は
20歳になる場合がある
※障害認定日の特例
もある

P87

(参考)障害認定基準により、原則として障害年金を受けられる例

障害の程度	施術・手術
1級	心臓移植・人工心臓・補助人工心臓
2級	人工透析・喉頭全摘出・CRT(心臓再同期医療機器)・CRT-D(除細動器機能付き心臓再同期医療機器)
3級	人工骨頭・人工関節・心臓ペースメーカー・ICD(植込み型除細動器)・人工弁・人工血管(診断書の一般状態区分が「イ」か「ウ」の場合)・人工肛門・新膀胱の増設・尿路変更術・在宅酸素療法

CRT及び
CRT-D装着
は術後
(1〜2年程度経
過観察したうえ
で、症状が安定
してる場合は等
級を再認定とな
ります。)

※日常生活の支障程度や症状などによって等級が変わることがありますので、あくまでも目安となります。

詳細は P88 〜 P90 へ

↓

**障害年金の
請求手続き**

請求する障害年金が、
認定日以降か、
請求手続き時点かで
準備する書類が変わる

P124

喉頭全摘出は、
身体障害者手帳では、
同じ状態なら3級です。
人工肛門・人工膀胱、尿路変更術は、
身体障害者手帳では4級です。
障害年金と障害者手帳の
等級は異なります。

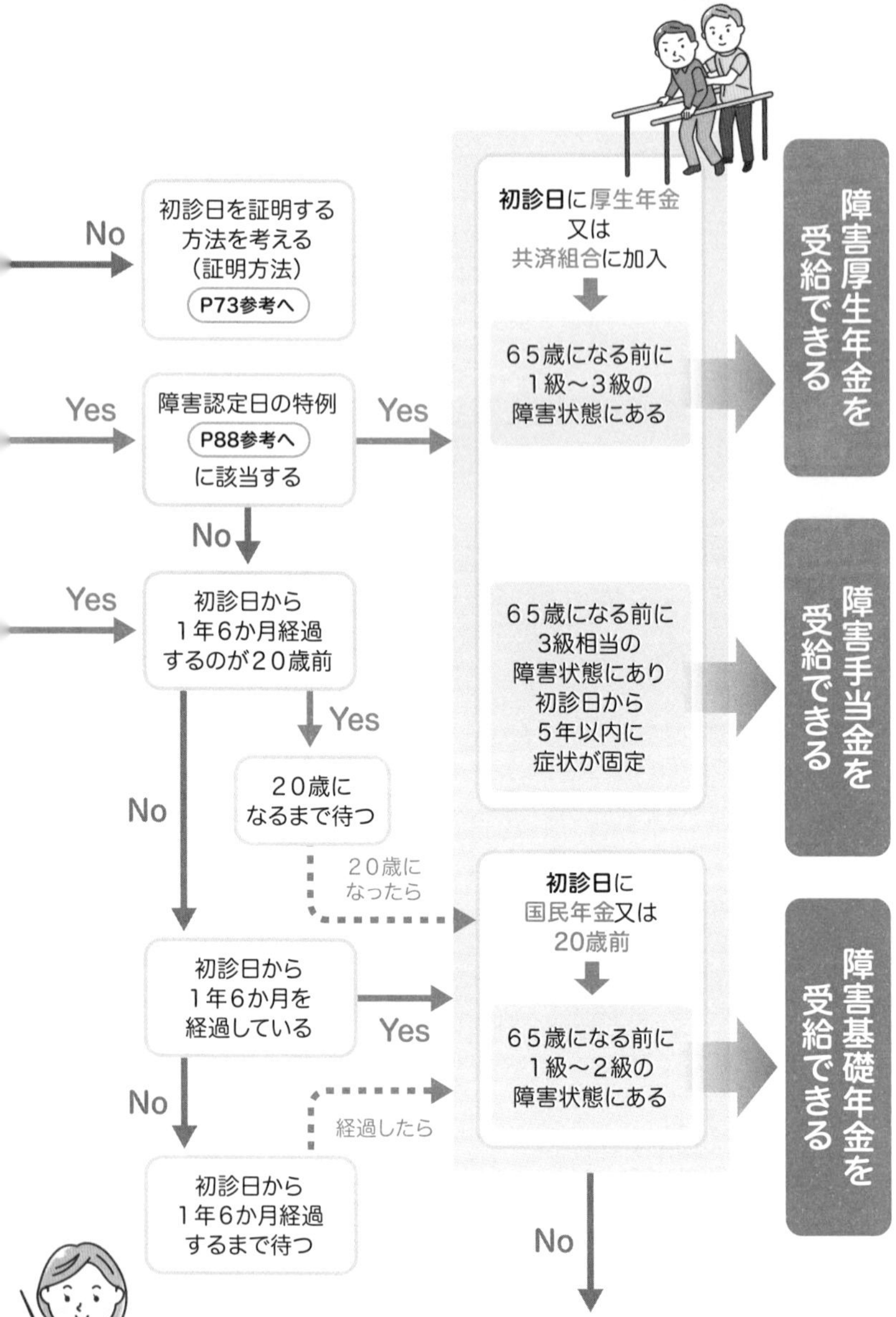

□65歳になる前に、病気やケガが悪化した場合には、再度検討しましょう。
□65歳を過ぎても、65歳以前に後発の障害と併せて1級〜2級の状態になれば請求可能となるようなケースもあります。→はじめて2級 P102参考へ
あきらめる前に、一度役所で確認しましょう。

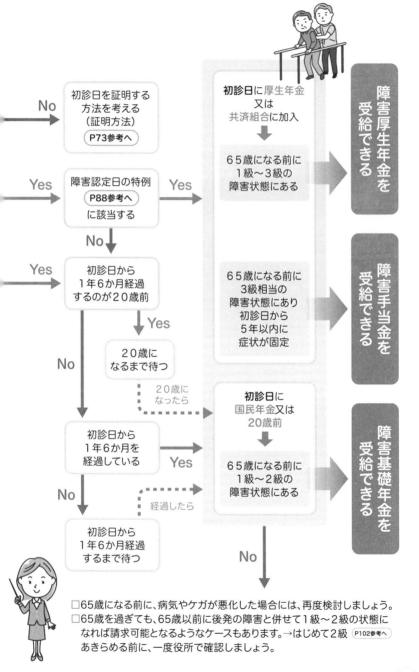

●私は障害年金を受給できる？

障害年金の受給フローチャート！

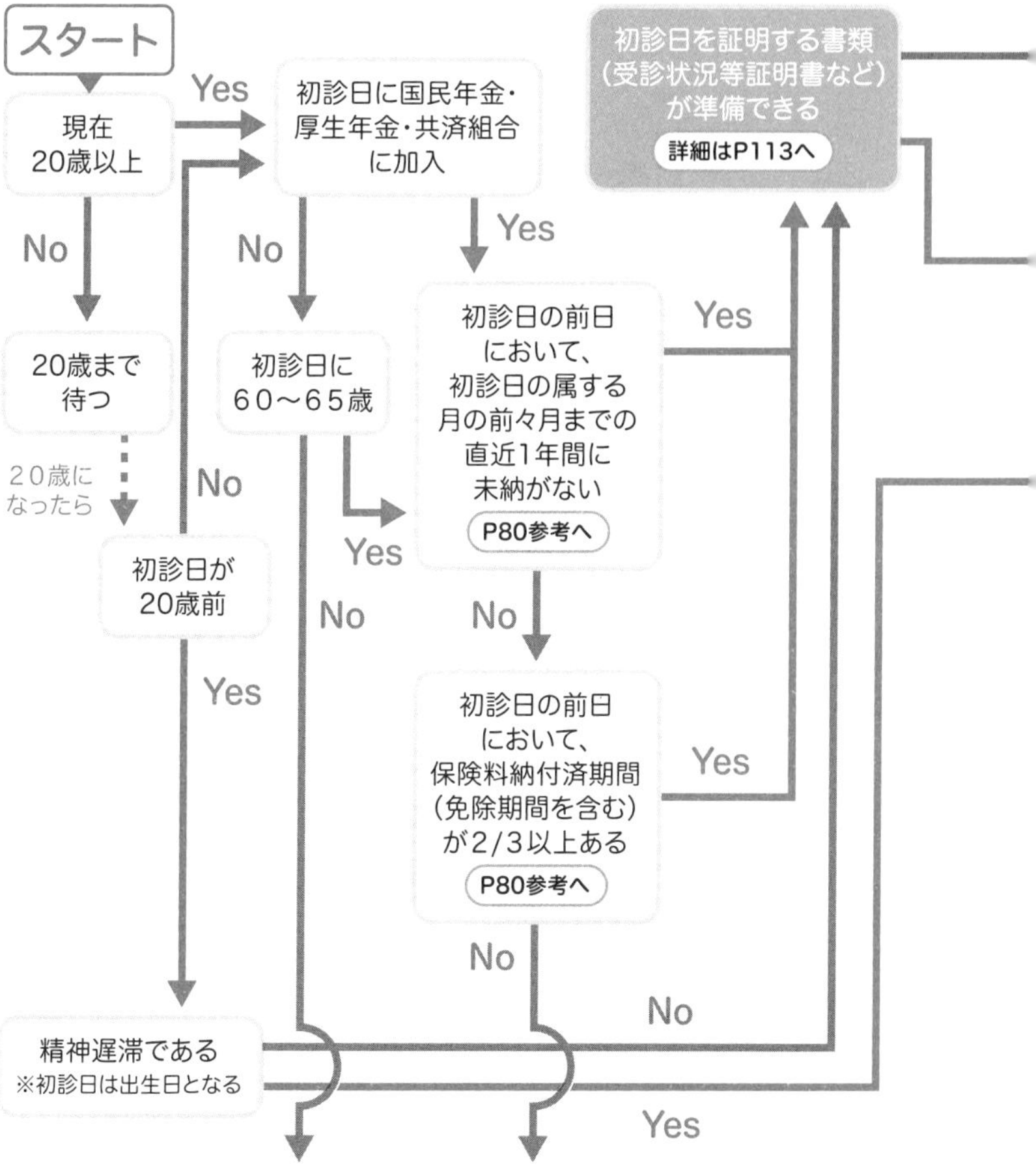

要件を満たさないため受給できない

- 社会的治癒（P71参考）に該当すれば再発とされ、別の傷病と扱われることもあります。この場合は、初診日が変わることもあります。
- 保険料納付要件を満たさない場合でも、考えていた初診日が変わる可能性もありますので、請求する傷病と因果関係（P67参考）のある初診日をもう一度見直しましょう。

●よくある便利なQ&A一覧

- P152へ ☑ いつまで障害年金を受給できるの？
- P60へ ☑ 障害年金の年金額は？
- P158へ ☑ 2つ以上の障害になったら？
- P155へ ☑ 障害年金はいつ振り込まれるの？
- P161へ ☑ 減額・支給停止に該当した場合
- P162へ ☑ 年金は非課税？
- P171へ ☑ 不支給決定された場合は諦めるしかない？
- P186へ ☑ 働いていても障害年金はもらえる？
- P128へ ☑ 初診日のカルテがない
- P131へ ☑ 初診日が20歳前であり、保険料を納付していない
- P132へ ☑ 医師が診断書を書いてくれない
- P133へ ☑ 障害年金のことを知らなかったため、今から手続きして、過去の分ももらえるの
- P134へ ☑ 2つ以上の公的年金が受けられる場合はどうなるの？

●困ったときの連絡先一覧

初診日が厚生年金保険被保険者期間中の場合	初診日が国民年金第3号被保険者期間中の場合	初診日が国民年金第1号被保険者期間中の場合	初診日が各種共済組合等加入中の場合
▼	▼	▼	▼
最寄りの年金事務所又は街角の年金相談センター	最寄りの年金事務所又は街角の年金相談センター	市区町村役場（国民年金担当窓口）	各種共済組合等

●**ねんきんダイヤル**
電話：0570-05-1165
IP電話・PHS電話：
03-6700-1165

●**日本年金機構ホームページ**
https://www.nenkin.go.jp/

●**国家公務員共済組合連合会**
0570-080-556 または 03-3265-8155

●**地方公務員共済組合連合会**
03-3470-9711

●**日本私立学校振興・共済事業本部**
03-3813-5321

●障害年金の手続きの流れ

重要な3要件確認（初診日・保険料の納付・障害状態） P65

↓

初診日における保険料納付要件は、年金事務所や街角の年金相談センター、市区町村役場の年金課で確認できます。必要書類をもらいに行くときに最初に確認しましょう。

大切な3つの書類準備

1. 受診状況等証明書 P113
2. 病歴・就労状況等申立書 P35, P252～P255
3. 診断書 P136, P256～P269

1は初診の病院で取得、
2は本人・家族・代理人が記入
3は現在の病院と遡り分を請求する場合は障害認定日の病院で取得します。

↓

添付書類をそろえ障害年金請求書を記入 P105

↓

添付書類には有効期限のあるものもあるので、取得のタイミング気を付けて！

窓口に書類を提出 P103, P127

↓

審　査 P121

↓ 3か月～4か月程度

- 支 給 P121, P136, P152
- 不支給 P171 → （知った日から3か月以内）審査請求 P171
  - 不支給 ↓ 再裁定請求 P175
  - 審査請求 ↓（知った日から2か月以内）再審査請求 P171

～障害の特性・内容、体調や気持ちに合わせて選択するために知っておきたい～

雇用保険

- 基本手当（失業給付）※就職困難者 ········ ➡P168, P208
- 受給期間の延長 ·· ➡P209

障害者手帳

【3種類の手帳と給付】

- 身体障害者手帳
  （身体障害者）········ ➡P39
- 療育手帳
  （知的障害者）········ ➡P39
- 精神障害者保健福祉手帳
  （精神障害者）········ ➡P39

- 障害者手帳のメリットと助成の内容 ······ ➡P239
- 自立支援医療 ····· ➡P245
- 特別障害者手当 ···· ➡P249
- 障害児福祉手当 ···· ➡P249
- 特別児童扶養手当 ···· ➡P250

就労相談・支援

- 障害者の法定雇用率 ····················· ➡P220
- 就労支援いろいろ ························ ➡P221

・ハローワーク
・地域障害者職業センター
・障害者就業・生活支援センター
・就労移行支援事業所
・就労継続支援事業所
・特例子会社
・在宅で働く（在宅就業障害者支援制度）
・障害者職業能力開発校
・発達障害者支援センター
・難病相談・支援センター
・その他、人材紹介サービスなど

介護保険

- 公的介護保険サービス
（訪問介護・デイサービス・通所リハビリ・ショートステイ・施設サービスなど）
- 40歳以上65歳未満の16の特定疾病
  ······································ ➡P234

●障害のある人が、『休む・準備する・働く』ための制度・給付

障害年金 ……→第1章～第6章

年金生活者支援給付金 ……→P236

働く法律・制度

- 就業規則 ……→P195
- 有給休暇 ……→P195
- 休職制度 ……→P196
- 在宅勤務・短時間勤務 ……→P197
- フレックスタイム制 ……→P197
- 安全配慮義務 ……→P216

健康保険

- 傷病手当金 ……→P198
- 高額療養費 ……→P203
【一度払った後に戻ってくる】
- 高額療養費多数該当、世帯合算 ……→P204
- 限度額適用認定証 ……→P207
【限度額以上払わなくて済む】
- 高額医療費貸付制度 ……→P208
- 退職後の任意継続や国民健康保険 ……→P212

国民健康保険

- 国民健康保険の減額・減免制度 ……→P232

税 金

- 医療費控除 ……→P243
- 税金の障害者控除（所得税・住民税） ……→P239
- 自動車税・自動車取得税の減免 ……→P241

はじめに

公的年金の一つである障害年金の存在をご存知ですか？

年金と言えば、みなさんは、高齢になってから受け取る老後の年金を真っ先に思い浮かべるのではないでしょうか。また、一家の働き手が亡くなってしまったときに受け取る遺族年金を思い浮かべている方もいらっしゃるかもしれません。

実は、公的年金は「老齢」と「遺族」だけではなく、「障害」も含めた、主に三つの保障機能を備えています。しかも、「障害」は一定の要件を満たせば、がんや糖尿病、精神疾患を含め、ほとんどの病気やケガが含まれます。

障害年金と聞くと、手足の障害や、とても重くて大変な状態だけが対象だと認識されていることが多いのですが、**障害年金は意外に身近な社会保障**なのです。

特に、精神の障害年金には、うつ病などの気分障害・てんかん・認知症・発達障害・知的障害など様々なものが該当します。

しかし、障害年金制度の存在を知らない人が非常に多く、本来ならば適正に受給できるはずの障害年金を請求されていないことが多いのです。

その理由には、国や専門家が国民に対して周知しきれていないことや、障害年金制度が複雑すぎて把握しきれていないことなどがあげられます。

障害年金に関するご相談をいただく中で、「もっと早く知っていたら、本人や心配されているご家族はどれだけ救われただろうか」と考えさせられることが度々あります。

公的年金制度は、請求しないと受け取ることのできない制度です。

障害の状態に該当し、要件を満たしていたとしても、請求の手続きをせずに自動的に受け取れるものではありません。

病気やケガは誰にでも不意に起こりうるものです。私たちは、誰もがいつ事故などで病気やケガをし、不安を抱えることになるかわからないのです。

障害年金は、そんなときに、経済的にも精神的にも本人だけではなく、心配されているご家族にとっても、不安を安心に変えてくれる希望となるかもしれません。

このようなことから、障害を負ってしまった人が、社会保障を適切に受けられるように、障害年金制度についての情報を多くの方に知ってほしいという想いが日々強くなりました。


そして、本書にはもう一つの想いを込めています。

障害年金の受給権を得てからしばらく経って、ご依頼者さまよりご連絡をいただく機会があります。そんなときに、明らかに声のトーンが明るくなられていることや、働くことに前向きになられていること、既にお勤めされているというお話を聞くことがあります。

このようなときが、障害年金に携わる社会保険労務士として、喜びの込みあがる瞬間でもあります。

もちろん、最初から病気やケガを受け入れ、前向きになれるわけではないでしょう。


また、障害年金の存在は知ってはいるけれど、障害者という言葉に抵抗があり、請求することを迷われている方もいらっしゃるかもしれません。

障害年金は、福祉制度とは異なり、(20歳前傷病等の一部を除いて) 老齢年金や遺族年金と同じように、年金を納めてきた一定の要件を満たす人には当然に請求する権利があります。

障害年金の受給により生活費の一部が保障されたことで、**病気などの治療を継続しながら、無理のないペースで安心して長期的に働く**ことが実現できるようになることもあります。

そこで、障害年金の存在を知っていただくことはもちろん、病気と一緒に働くために有効活用できる制度や支援についてもお伝えしたいと思います。

今、または、これから障害を抱えて、不安や悩みで先のことが考えられないとき、障害年金を知ることで少しでも気持ちが安心し、心の糧となり、一歩前に進める手掛かりとなることを願っております。

本書が、**ご自分のペースで無理なく社会復帰するためのきっかけ**となればこんなに幸いなことはありません。

令和3年1月末日　特定社会保険労務士　漆原　香奈恵

イラストと図解と表でわかりやすい！

障害のある人が利用できる「お金」「生活」「就労」のサービスと制度を知って活用

障害年金の手続きから社会復帰まで 第2版

目次

第1章

公的年金は主に3つ！意外と知られていない〝障害年金〟

第2章 障害年金について最初に確認しておきたいこと

第3章 手続きで押さえておきたいこと

第6章 手続きに困ったら、社会保険労務士に相談しよう！

第7章 障害年金を受給しながら働いてみませんか？

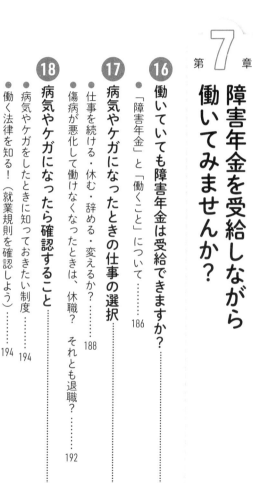

第8章 生活・仕事・心の不安から安心へ

巻末資料

第1章

公的年金は主に3つ！意外と知られていない"障害年金"

第1章	第2章	第3章	第4章
障害年金とは？	障害年金受給のためのポイント	障害年金の手続き	最も重要な診断書のチェックポイント

第5章	第6章	第7章	第8章
決定通知書が届いた後のこと	相談できる場所や専門家	就労との両立	障害年金以外の制度や支援

1 どのくらいの人が障害年金を受給しているの？

本書を手に取ってくださった方の中には、病気やケガなどをしてしまい、生活への不安やご家族への心配を抱えて、どうしたらいいのか悩んでいる方がいらっしゃるかもしれません。障害年金の存在を知ることで、心の糧となるように願い、わかりやすく伝えたいと思います。

障害年金を受けている人の割合

最初に、いったいどれくらいの人が障害年金を受給しているのか、厚生労働省の資料をもとに伝えます。

障害者手帳を受けている人が約963・5万人（身体障害者436万7千人、知的障害者108万2千人、精神障害者419万3千人）を超える（1人の障害をお持ちの方が複数の種類の手帳を持っている場合を含みます）と推計されているなか、障害年金を受給されているのは

215万人ほどです。もちろん障害年金の支給対象とならない方もいらっしゃいますが、この統計を見ただけでも、障害年金のことを知らないがために、または、知ってはいるけれどご自分が対象になるとはわからずに、請求されていない方も多くおられることが推測されます。

障害者手帳を持っているけど、障害年金は受給していない人がこんなにも多いのです

障害年金は、請求の手続きをしなければ受け取ることができません。たとえ障害年金を受給できる要件を満たしていたとしても、自動的にお知らせの通知などが届くわけではありません。

社会的な認知度が低い障害年金制度について、知らないがために手続きしていなかった、ということも発生しています。「今まで年金の保険料を納めていたにもかかわらず、本来ならば、適正に受けることができた障害年金を請求していなかった」というこ

▼表1　障害者手帳を受けている人

障害者手帳受給者 約963.5万人	身体障害者 436万人	45%	➡	障害年金受給者 約215万人 **約22%**
	知的障害者 108万2千人	12%		
	精神障害者 419万3千人	43%		

出典元：内閣府　令和元年版　障害者白書（全体版）
出典元：厚生年金保険・国民年金事業月報（速報）／令和元年12月末現在

とがないように、障害年金制度と手続きについて知っていただけたらと願います。インターネットの普及などにより、以前に比べれば少しずつ認知度はあがってきていますが、まだまだ知られていない制度なのです。

障害年金を受給しながら働いている人の割合

次に障害年金を受給しながら働いている人の割合は、表2と表3よりどれくらいなのかを見ていきましょう。障害年金を受給しながら働くことができるということもあまり知られていないのが現状です。

障害年金の受給権を得た後のご相談にも、

▼表2　障害年金を受給しながら働いている人の等級別割合（65歳未満）

	厚生年金	国民年金
計	43.7%	42.9%
1級	19.8%	30.1%
2級	35.4%	49.4%
3級	62.8%	

出典：厚生労働省「令和元年　年金制度基礎調査（障害年金受給者実態調査）集計結果の概要　第Ⅲ－1表 制度・等級、性別就業率」をもとに作成
(https://www.e-stat.go.jp/stat-search/files?page=1&layout=datalist&toukei=00450411&tstat=000001021991&cycle=7&tclass1=000001148446&tclass2val=0)

「働きはじめたら障害年金はどうなりますか?」

とご質問を受けることがよくあります。

表2の障害等級別にみると、厚生年金・国民年金とも障害の程度が軽くなるにつれて就業率が高くなる傾向にあります。

65歳未満の合計でみると、厚生年金と国民年金は43%前後となっており、約4割以上の人が障害年金を受給しながら就業していることがわかります。

1週間あたりの就業時間については、厚生年金では、「30~40時間」が24・0%と最も

▼表3　年齢階級別就業率

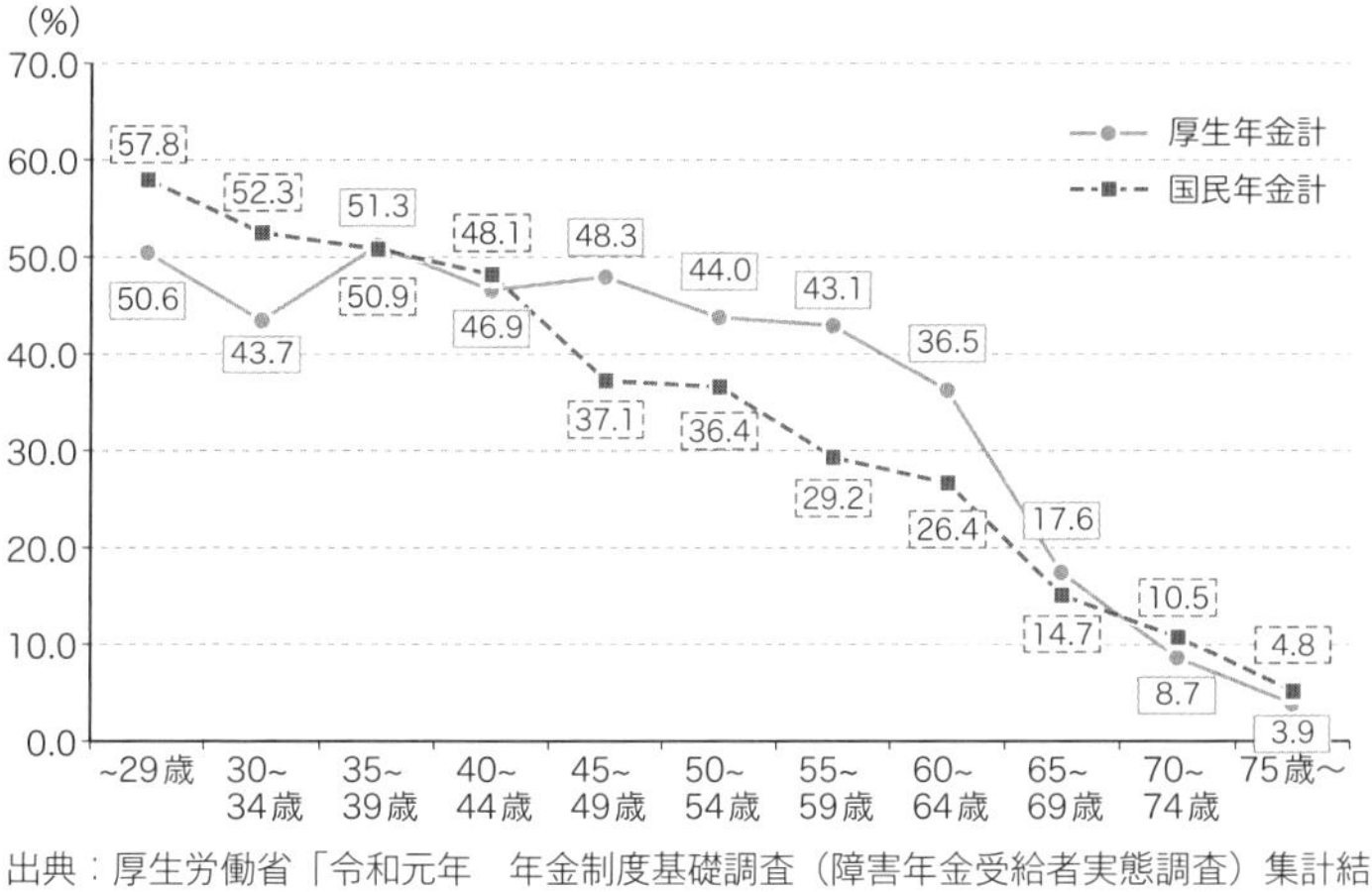

出典：厚生労働省「令和元年　年金制度基礎調査（障害年金受給者実態調査）集計結果の概要　第Ⅲ－1表 制度・等級、性別就業率」をもとに作成
(https://www.e-stat.go.jp/stat-search/files?page=1&layout=datalist&toukei=00450411&tstat=000001021991&cycle=7&tclass1=000001148446&tclass2val=0)

多い。また、10時間未満は障害の程度が重いほど割合が高くなり、30〜40時間以上では、障害の程度が軽くなるにつれて割合が高くなります。

どうして障害年金のことがあまり知られていないの？

障害年金を受給している人の割合など、障害年金についての現状は少しずつ伝わってきたところではないでしょうか。

では、いったいなぜ障害年金制度を知らない人が多く、障害の状態にあるにもかかわらず請求の手続きをしていない人がいるのでしょうか。それには、次のような理由が考えられます。

◉国や専門家による国民への周知不足

障害年金制度についての周知が不足しているため、次のような声を聞いてきました。

「障害者手帳の手続きの際に、役所で初めて障害年金の存在を知りました」

「うつ病が障害年金の対象になるとは知らず、たまたま転医先の医療機関で障害年金を請求できると教えてもらいました」

「退職後に毎日不安で、いろいろインターネットを調べていたところ、障害年金の存在を知りました」

このように、どこかのタイミングで障害年金の存在を知り、ご連絡いただくことがあります。もっと早い段階で知っていれば……と残念に思います。

しかし、障害年金受給権者の対象になるにもかかわらず、いまだ知らずに不安や悩みを抱えている状況の方もおられると思うと、障害年金の存在に気づくきっかけがあり、まだ良かった方なのかもしれません。

「厚生年金に加入していないため、国民年金だけではもらえないと思っていました」と勘違いされている方もいました。お子さんが既に高校を卒業している方からのお言葉でしたので、遺族基礎年金を受けられる条件と混同してしまっていたのでしょう。日本の年金制度が複雑すぎて把握しきれていないことが勘違いされる理由の一つとしてあげられます。

◉手続きが複雑すぎて難しいため、途中であきらめてしまう

また、次のような言葉をご相談の際に聞くこともあります。

「もう3回も年金事務所に足を運びましたが、その度に何かしらのアクシデントが発生して、なかなか進みません。次こそ進まなかったときには、ギブアップしようと決めていたので連絡しました」

このようにご連絡をいただくケースには、初診日がなかなか確定しない場合や、病院にカルテが残っていない場合、複数の病気を抱えている場合など、様々な要因があります。

一人一人、年金を納めてきた記録、障害の内容、医療機関での受診歴、職歴、年齢、全てが同じという人はいません。一人一人違いますから、丁寧に確認して進めていくことになります。特に、年金事務所などの受付窓口では、一度に書類を全て渡されるということはほとんどありません。慎重に、一つ一つ進めていくスタイルを取られていることが多いため、適切な初診日証明がとれない場合など、ケースによっては何度も足を運ぶことになります。それには、初診日を証明するための書類や医師に診断書を書いてもらうにはお金がかかりますので、誤って余分に負担のかかることのないようにするというメリットもあります。しかし、ただでさえ病気やケガを抱えていて大変なのに、精神的にも体力的にも疲れてしまうというデメリットもあります。

「区役所の窓口に行って質問したところ、窓口の担当者ですら、電話で何度も確認している姿を見て、自分で書類をそろえて請求するのは、尚更難しいと思ったので連絡しました」

このようにして私にご依頼いただくこともあります。役所の窓口担当者でも、ベテランではないと、なかなかスムーズに対応するのは難しいのが障害年金です。また、年金事務所の職員や役所の担当者、医師などの障害年金の手続きをするときに関わる関係者自体が、制度や手続き内容について誤解されていることもあります。

「病歴・就労状況等申立書という書類をどのように記載していいのかわかりません。自分ではまとめながら記載するのが難しい」

このようなケースもご相談があります。障害年金の手続きの際に提出する添付書類の一つに、「**病歴・就労状況等申立書**」（252ページ参照）という書類があります。こちらの書類をどのようにまとめながら記載すればいいのか悩まれる人や、自分で記載できるか不安に感じる人が多いのです。しかも、書き方によっては審査機関から返戻されてしまうことがあります。障害年金の請求をするために必要になる書類には、気をつけなければならないポイントやコツがあります。

◉あいまいで、はっきりしない認定基準が多く、障害年金の対象になるかわからない

障害年金が支給される障害の状態に該当するか？　該当するとしたら何級になるのか？　これが示されたものが、厚生労働省の通達である「**障害認定基準**」（図1）です。この認定基準に記載されている表現はあいまいなものが多く、確実に認定基準に該当するかどうかは、実際に請求してみないと誰にもわかりません。

認定基準・要領を満たしているかどうか、障害年金の支給決定は、最終的には障害認定医と呼ばれる委託を受けた医師が審査します。

日本年金機構のホームページからダウンロードできます

▼図1　国民年金・厚生年金保険　障害認定基準

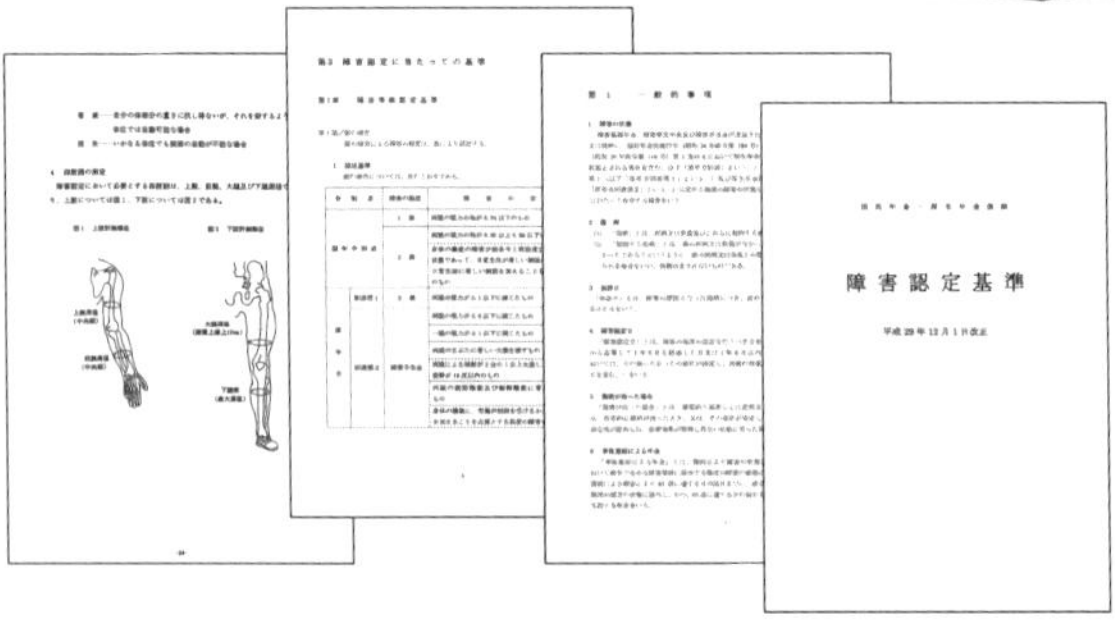
障害認定基準

出典：日本年金機構　国民年金・厚生年金保険 障害認定基準
https://www.nenkin.go.jp/service/jukyu/shougainenkin/ninteikijun/20140604.html

障害の程度を認定する場合に、全体の基準となる障害の状態の目安は表4のとおりです。

2 勘違いしやすいけれど違う！障害年金と障害者手帳

障害年金と障害者手帳は別のもの！　保障の内容も違えば、障害年金と同じ等級になるとも限らない

障害年金と言うと、障害者手帳のこと？　という反応をされるときがあります。障害年金は知らなくても、障害者手帳なら知っているという人は結構多いのではないでしょうか。

障害年金と障害者手帳とは別のものです。管轄や保障の内容も違いますし、障害者手帳が2級だからといって、障害年金で

▼表4　障害の程度を認定する場合の全体の基準となる障害等級の目安

障害の程度	障害等級の目安
1級の障害	他人の介助を受けなければ、ほとんど日常生活を送ることができない状態
2級の障害	必ずしも他人の助けを借りる必要はないが、日常生活が極めて困難で労働することができない状態
3級の障害	労働が著しい制限を受けるか、労働に著しい制限を加えることを必要とする状態

も2級になるとは限りません。認定の基準自体が異なります。

また、障害者手帳が福祉制度であるのに対し、障害年金はあくまでも、原則は、今まで納めてきた年金保険料という土台があり、お互い様の精神で成り立つ保険制度なのです。

3種類の障害者手帳について

障害者手帳には、身体障害者手帳、療育手帳、精神障害者保健福祉手帳という、3つの種類があります。都道府県知事、政令指定都市市長または中核市市長が交付します。

それぞれ制度の根拠となる法律等は異なりますが、いずれかの手帳をお持ちの場合、様々な支援策が講じられている障害者総合支援法の対象となります（福祉サービス自体は、障害者手帳がなくても受けられます）。

手続きの際には、住所地の役所にご相談ください。提出書類には、診断書などが必要になります。ただし、精神の障害年金受給者で年金証書のコピーを提出する場合など、診断書が不要になることもあるため窓口で確認する必要があります。

それぞれの手帳については次のとおりです。

◉「身体障害者手帳」

交付対象者は身体の機能に一定以上障害があると認められた方です。障害の程度は、身体障害者福祉法施行規則別表第5号「身体障害者障害程度等級表」において、障害の種類別に、重度の側から1〜6級の等級が定められています。

◉「療育手帳」

交付対象者は知的障害があると判定された方です。東京都・横浜市などでは「愛の手帳」、青森県、名古屋市では「愛護手帳」という名前がつけられ、自治体により細かな差があります。等級は、東京では1〜4度、神奈川ではA1・A2・B1・B2、埼玉はⒶ・A・B・Cなど、多段階区分が定められています。

◉「精神障害者保健福祉手帳」

交付対象者は一定程度の精神障害の状態にある方です。精神疾患の

障害者手帳のイメージ

状態と能力障害の状態の両面から総合的に判断し、1級〜3級の等級が定められています。

各種障害者手帳を所持し、提示することにより、公的機関等で料金の優遇などを受けることができます。

所有している障害者手帳の種別や等級は、各地方自治体により受けられるサービスに差があるため、利用の際は各地方自治体、施設や交通事業者に確認が必要です。また、民間施設でも、それぞれ独自にサービスを受けられるものもあります（240ページ参考）。

3 請求しないと受給できない！　障害年金の仕組み

公的年金制度の全体像（老齢・障害・遺族、3つの保障）

日本の公的年金制度の仕組みは、2階建てになっています。

1階部分にあたる、全ての国民に共通する国民年金（基礎年金）が支給され、2階部分にあたる厚生年金から、基礎年金に上乗せされる報酬比例の年金が支給される仕組みになっています（図2）。

国内在住の20歳以上60歳未満の人は、国民年金に加入します。図2のとおり、第1号被保険者から第3号被保険者まで、3種類の被保険者に分かれます。

民間企業に勤務している人や公務員は、国民年金に加入する第2号被保険者になり、国民年金の「基礎年金」に加えて、「厚生年金」を受けることになります。

公的年金の給付は、老齢・障害・遺族

▼図2　日本の公的年金制度の仕組みは2階建て

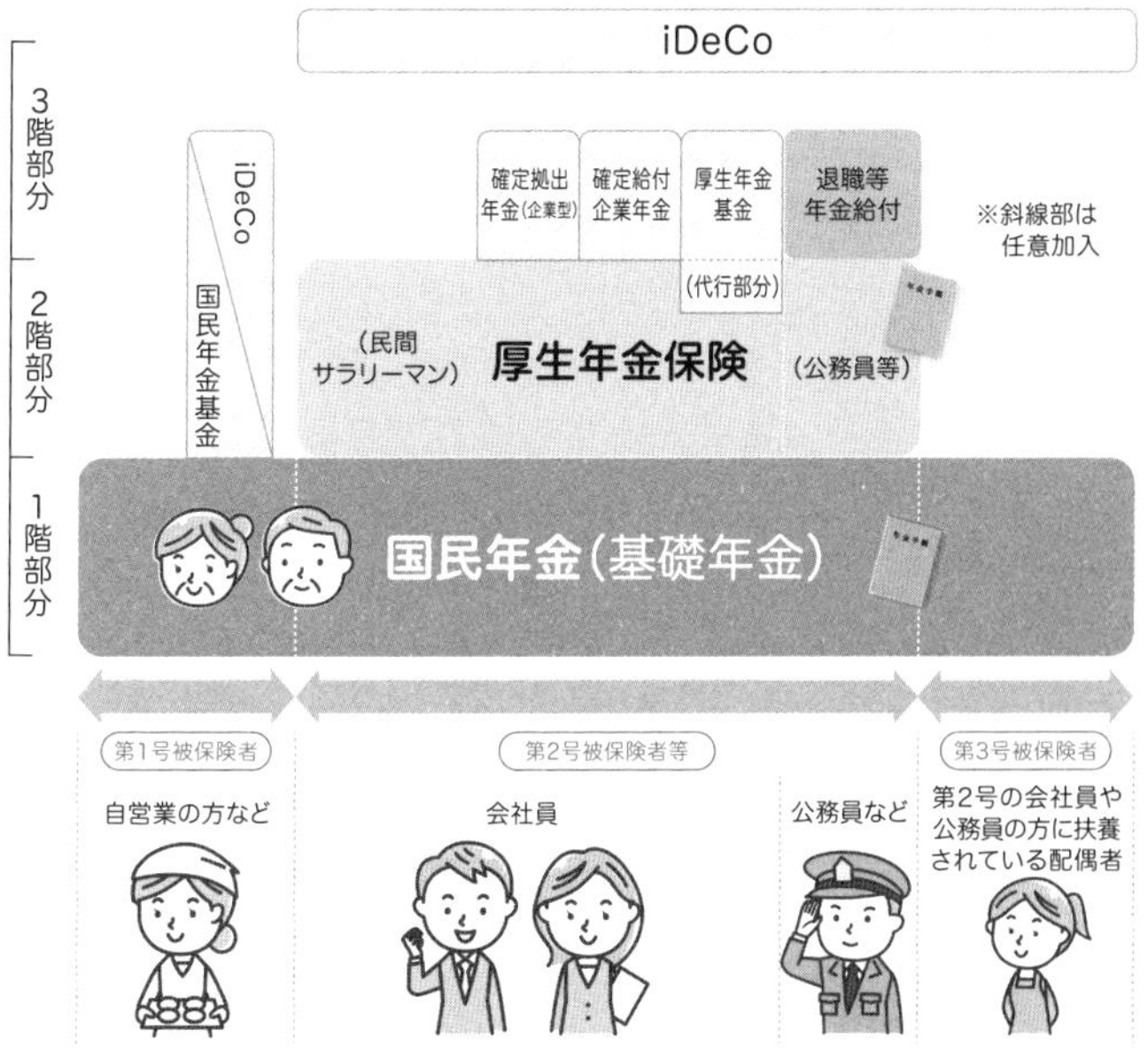

の3種類です。年金といえば、老後のものだと思ってしまいがちですが、20代からの世代の人にとってもすごく大切なものです。

思わぬ事故や病気で障害になってしまったときには「障害年金」が、一家の働き手が亡くなったときには「遺族年金」が支給されます。では、3つの給付の内容を確認します（図3、4）。

◉「老齢年金」

高年齢になり、会社を退職するなどして所得が低くなったときの生活の支えとなるのが、「老齢年金」です。老後には、一定の期間保険料を納めた全ての人が老齢基礎年金を、厚生年金などに加入していた人は、それに加え

▼図3　3種類の公的年金制度

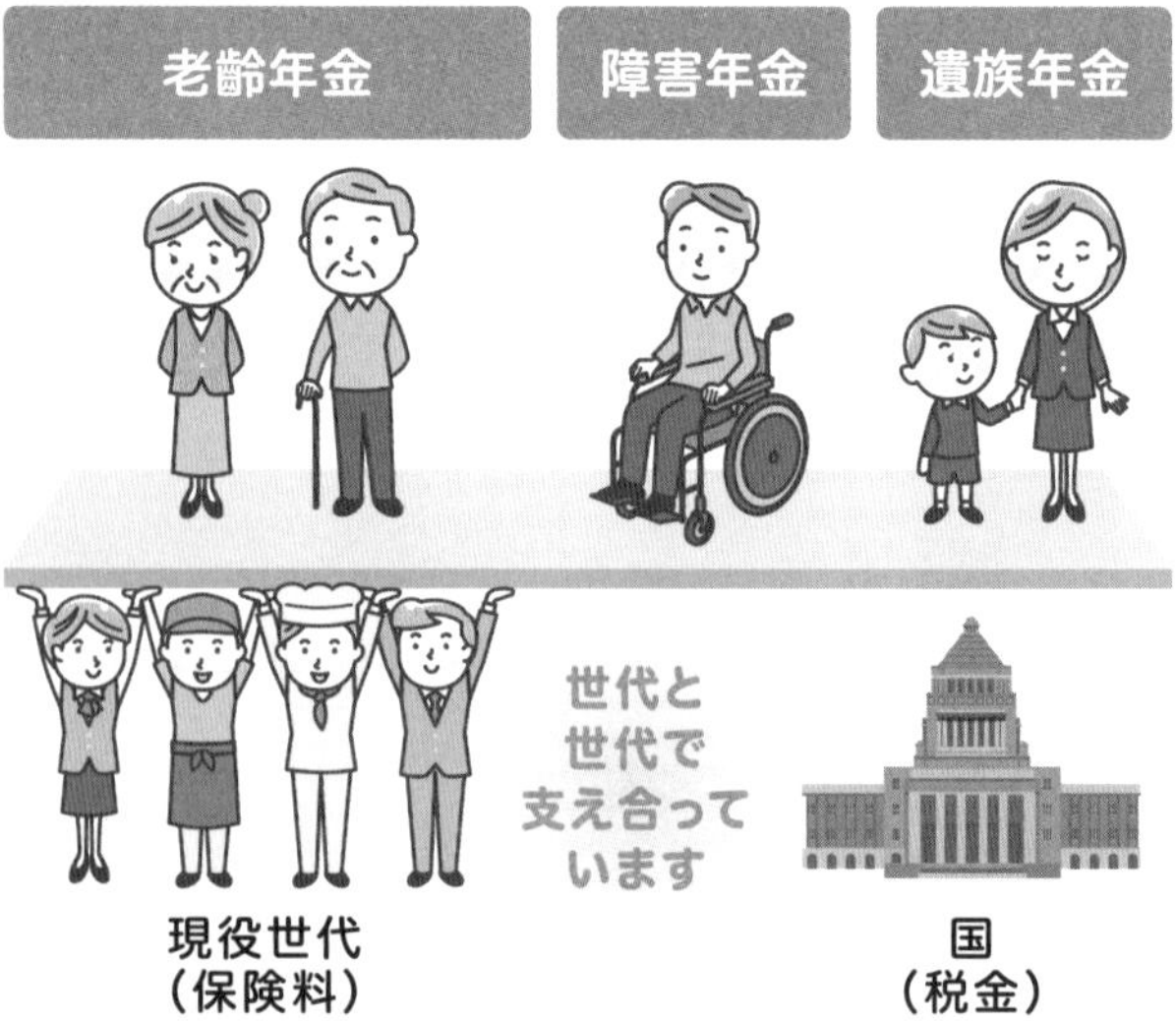

て、老齢厚生年金などを受け取ることができます。年金額は、保険料を納めた期間などによって決まります。

◉「障害年金」

事故や病気などにより障害を負ってしまったような場合の生活を支えるために支給されるのが、「障害年金」です。障害基礎年金は1級～2級、障害厚生年金は1級～3級で、障害手当金という一時金もあります。障害の等級によって年金額が決まります。20歳前にして発生した障害も支給の対象になります。

◉「遺族年金」

一家の大黒柱が亡くなったときに、残された家族の生活の安定のために支給されるのが、「遺族年金」

▼図4　公的年金給付の種類

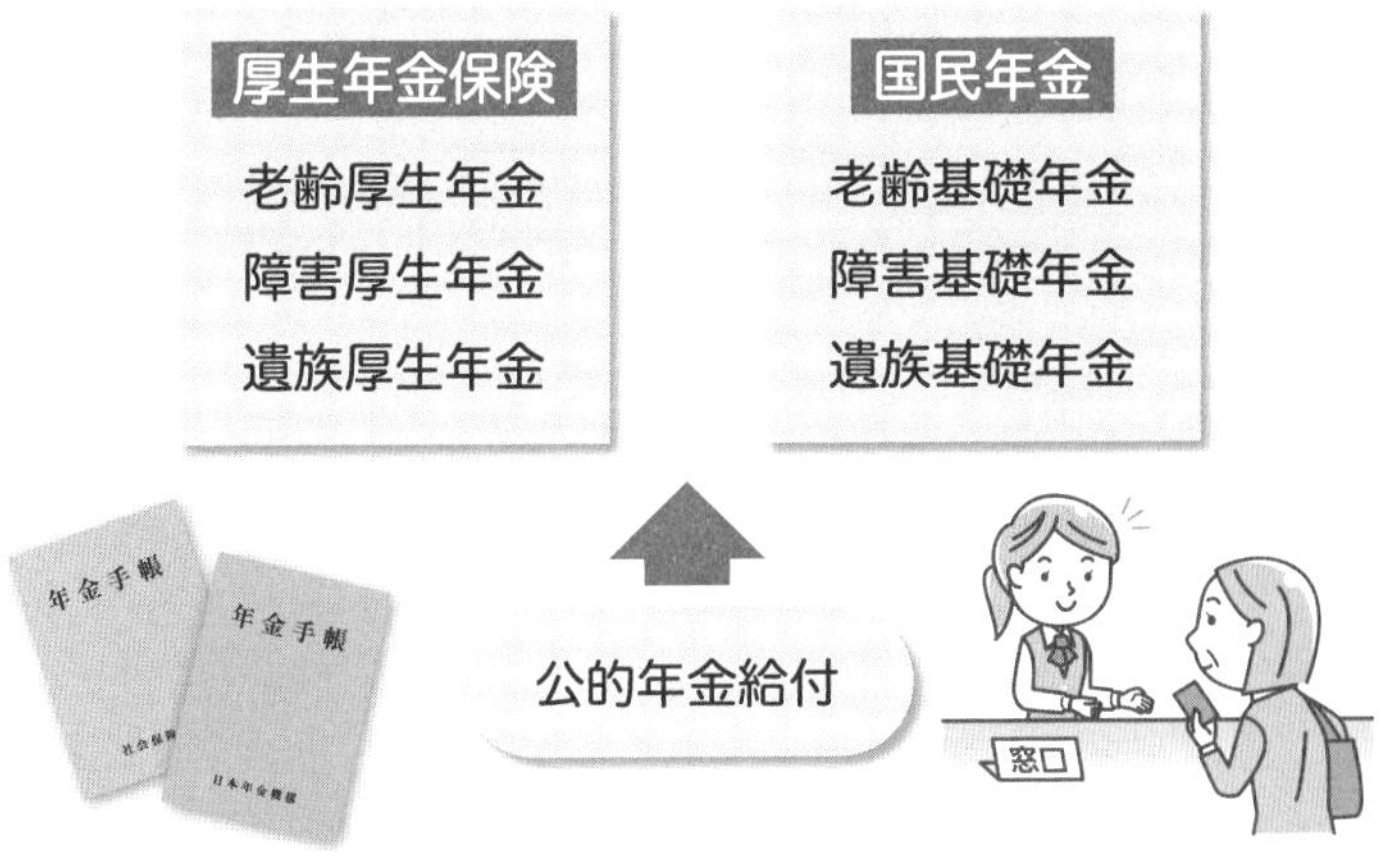

厚生年金保険	国民年金
老齢厚生年金	老齢基礎年金
障害厚生年金	障害基礎年金
遺族厚生年金	遺族基礎年金

です。年金額は、遺族基礎年金が定額であるのに対し、遺族厚生年金は亡くなった方の保険料を納めた報酬などによって決まります。

障害年金はとても重要な国の社会保障の一つ

障害年金と聞くと、病気やケガなどの状態がとても重い人のためだけの年金だと思ってしまいがちですが、障害年金は、実は幅のある制度です。

ただし、障害年金の対象となるには、一定の要件を満たさなければなりません。次の3つ全てが必要となります。

①初診日の要件

初診日を確定し、客観的に証明すること

ただし、精神遅滞の場合は、原則、初診日の証明は必要ありません。

②保険料の納付要件

国民年金や厚生年金保険などの、年金保険料を納めていた期間が一定の条件を満たしていること

ただし20歳前に初診日のある傷病の場合は保険料の納付は問われません。

③請求の時期に障害の状態に該当

初診日から1年6か月を経過している又は症状が固定していて（例外あり）、障害の状態が一定の基準以上であること

詳細については後の第2章で説明しますが、障害年金を請求できる時期（障害認定日）がきたときに、この3つの要件さえ満たせば、原則、支給の対象となります。

障害の状態に該当するかどうかは、主に日常生活の状態で判断されます。通常の日常生活を送るうえで、病気やケガなどの傷病が原因となり、支障がでている、過ごしにくい、働くことにも支障がある状況になったときに、障害年金は経済的な支えとなります。

さらに、障害の等級によっては、働いていても、要件に当てはまれば受給できる可能性があります。

条件を満たせば、うつ病やがん、糖尿病、人工透析、交通事故によるケガなども対象となりますし、アルコール性肝硬変も認定の対象となる場合もあります。

これらのことからもわかるように、障害年金制度は、一般的に想像されているよりは幅があります。

私たちは、いつ事故に遭うかわかりませんし、病気になるかもしれません。誰もが病気やケガなどの傷病[*1]を抱える可能性を持っているのです。障害年金は高齢者だけではなく、20代からの人たちにとっても大切な制度です。

多くの人が認識している以上に、意外に身近な社会保障なのです。

＊1　「傷病」とは、疾病または負傷およびこれらに起因する疾病を総称したものです。

しかし、障害年金を知っていたとしても、請求の手続きをされない方もいますし、障害年金を受給することに抵抗を感じられている方もいます。年金制度というのは、老齢・遺族を含め、障害についても世代と世代が支えあう相互扶助という考えの制度であり、お互い様の精神で成り立っています。全く年金保険料を納めていない方は、原則、対象となりませんが（20歳前傷病など対象になる場合もあります）、一定の期間（免除や猶予されている期間も含みます）きちんと年金保険料を納めている方は対象となります。民間の保険をイメージするとわかりやすいかもしれません。

年金は請求しないと受給できない

病気やケガになったからといって、役所などから障害年金の案内が送られてくるわけではありません。

障害年金のご相談をされる方は、どこかのタイミングで障害年金の存在を知り、私のところに連絡をくださいます。しかし、今まで障害年金の存在を認識されていなかった方が、誰しも障害年金を知り得る機会に巡り合うとは限りませんし、知らないまま不安や悩みを抱えて今も過ごされているかもしれません。

「病気やケガをしてしまい、これからのことを考えると、心配と不安でいっぱいです」というような話を本人やご家族などからうかがい、「もしかしたら、障害年金の要件に当てはまるかもしれません」と伝えると、「障害年金のことを知らなかった」という言葉を聞くことが本当に多いのです。

業務外の病気やケガで働けなくなったときにもらえる健康保険の傷病手当金や、働くことができる状態なのに、職業に就くことができていない間にもらえる雇用保険の失業給付などの社会保障は、休職や退職するときに、人事や会社の担当者から案内があることが多いです。それに対し、障害年金は、重要な所得保障であるにもかかわらず、周囲の人が要件を満たしているかを把握するのは難しく、何かのきっかけがなければたどり着くのが難しい場合があります。

しかも、年金は老齢年金や遺族年金を含め、障害年金も、**請求の手続きをしなければ支給決定されない仕組み**となっています。そのため、まずは、障害年金制度の存在を知っていただき、対象者となるかどうかの大まかな基準を、ある程度把握しておく必要があります。

今日、クリニックを受診したときに、主治医から障害年金について聞いたんだけど…
何それ！？　会社からは案内されなかったわよね。まだ子どもが小さいし、詳しく知りたいわ

4 私が受給できる可能性は？

多くの病気やケガなどが対象となる

障害年金は、手や足などの肢体の障害のイメージをもっている方が多く、うつ病などの精神疾患やがん、糖尿病、人工透析など、様々な病気やケガが対象となることがまだまだ知られていません。

障害年金の対象となる傷病の一例を巻頭ページにまとめました。

同時に複数の傷病があるときは、日常生活を送るときに一番大変なところで、請求の手続きをします。また、診断書などの書類をとるのに金額はその分多くかかってしまいますが、同時に複数の傷病を請求することもできます。

巻頭ページの「対象となる病気やけがの一覧」の一例を見ると、思っていた以上に身近に感じていただけるのではないでしょうか。

様々な精神疾患が対象に！

障害年金の精神障害には、うつ病・躁うつ病などの気分障害・統合失調症・てんかん・認知症・高次脳機能障害・若年性アルツハイマー・器質性精神障害・発達障害・アスペルガー症候群・知的障害・ダウン症候群など様々なものが該当します。

病気やケガをすれば誰でも対象になるの？

障害年金制度は、思っていた以上に身近なものだと感じていただけたのではないでしょうか。ただし、病気やケガをすれば誰でも対象者になるものではありません。

第1章の44ページでご説明してきたとおり、

うつ病などの精神疾患が障害年金の対象になることを知らない方は意外に多いです。
人格障害や適応障害などの神経症圏（ＩＣＤ－10コードが「Ｆ４」）の傷病は対象外となります。しかし、医師が臨床症状から判断して「精神病の病態」を示すものと診断書に記載された場合には対象となることもあります。

一定の要件を満たす必要があります。

ポイントは、原則、**初診日から1年半を経過**していて、

①初診日の要件

②保険料の納付要件

③障害認定日において、障害の状態に該当

の3つを満たしていることです。

第2章

障害年金について最初に確認しておきたいこと

第1章 障害年金とは？
第2章 障害年金受給のためのポイント
第3章 障害年金の手続き
第4章 最も重要な診断書のチェックポイント
第5章 決定通知書が届いた後のこと
第6章 相談できる場所や専門家
第7章 就労との両立
第8章 障害年金以外の制度や支援

5

国民年金？　厚生年金？　障害基礎年金と障害厚生年金について

障害の等級と認定の基準について……あいまいな内容が多い

障害年金は大きく分けると、**障害基礎年金**と**障害厚生年金**の2種類があります。初診日に加入していたのが国民年金（20歳前または国内に在住の60歳から65歳未満の年金未加入者も含む）の場合は障害基礎年金、厚生年金保険（旧共済年金を含む）の場合は障害厚生年金の請求手続きをすることになります。

初診日にどの公的年金制度に加入していたのかによって、受給する障害年金の額も変わるため、初診日は重要なポイントです。また、請求する障害年金によって、年金請求書や添付書類も異なります。（旧）共済年金は厚生年金に統一されましたので、障害基礎年金と障害厚生年金についてお伝えします。

障害年金の等級は、障害基礎年金は1級と2級。障害厚生年金では1級～3級まであります（表1）。さらに、初診日から5年以内に症状が固定したときに一時金で支給される障害手当金という制度があります。障害の程度は重い順に1級、2級、3級となります。

障害年金の対象となる障害の状態に該当するかは、行政のルールである「国民年金・厚生年金保険　障害認定基準（以下、「障害認定基準」という）」によって判断されています。障害認定

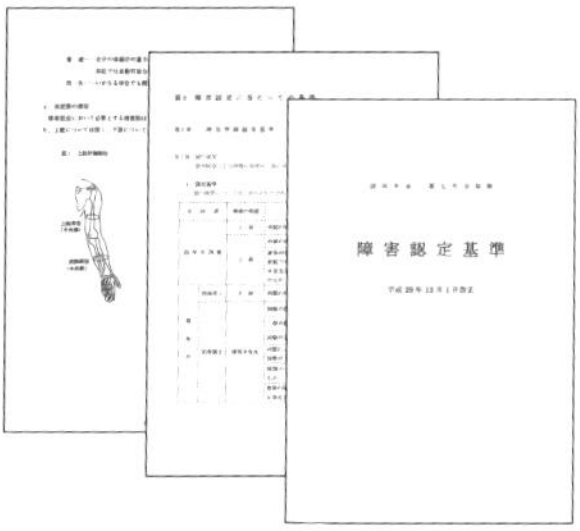

出典：日本年金機構　国民年金・厚生年金保険　障害認定基準（https://www.nenkin.go.jp/service/jukyu/shougainenkin/ninteikijun/20140604.html）

▼表1　年金の障害給付のあらまし

重い　　障害の程度　　軽い

		1級障害	2級障害	3級障害	一時金
厚生年金	上乗せ年金（2階）	障害厚生年金 1級	障害厚生年金 2級	障害厚生年金 3級	障害 手当金
		配偶者の加給年金	配偶者の加給年金		
国民年金	基礎年金（1階）	障害基礎年金 1級	障害基礎年金 2級		
		子の加算額	子の加算額		

基準は、日本年金機構のホームページで公開されています。

基準はあいまいなものが多く、医師や行政機関の窓口担当者、社会保険労務士でも、何級に該当するのか事前に確定することはできません。

決定通知書が送られてくるまでは、障害年金は支給されるのか、支給されるとしたら何級に決定されるのか、推測はできても、事前には誰にもわからないのです。

審査を行うのは、委託を受けた障害認定医と呼ばれる医師です。

それでは、障害認定基準の各等級の障害の程度を見ていきましょう。認定基準を目安に何級に該当するか見当をつけます。

文章の表現が難しいと感じられるかもしれませんが、簡単に要約した表が後にありますので、まずは障害認定基準というものがどういうものなのか読んでみましょう。

【障害の程度】

● 1級

身体の機能の障害又は長期にわたる安静を必要とする病状が日常生活の用を弁ずることを

不能ならしめる程度のものとする。

つまり、他人の介助を受けなければほとんど自分の用事を済ませることができない状態です。

例えば、身のまわりのことはかろうじてできますが、それ以上の活動はできない、または行ってはいけない状態です。医療機関内の生活でいえば、活動の範囲がおおむねベッド周辺に限られる状態で、家庭内の生活でいえば、活動の範囲がおおむね就床室内に限られる状態です。

●2級

身体の機能の障害又は長期にわたる安静を必要とする病状が、日常生活が著しい制限を受けるか又は日常生活に著しい制限を加えることを必要とする程度のものとする。

こちらは、必ずしも他人の助けを借りる必要はないけれど、日常生活は極めて困難で、労働により収入を得ることができない状態です。

例えば、家庭内の極めて温和な活動（軽食作り、下着程度の洗濯等）はできても、それ以上の活動はできない、または行ってはいけない状態です。医療機関内の生活でいえば、活動の範囲がおおむね病棟内に限られる状態で、家庭内の生活でいえば、活動の範囲がおおむね家屋内に限られる状態です。

● 3級

労働が著しい制限を受けるか又は労働に著しい制限を加えることを必要とする程度のものとする。

また、「傷病が治らないもの」にあっては、労働が制限を受けるか又は労働に制限を加えることを必要とする程度のものとする。（「傷病が治らないもの」については、障害手当金に該当する程度の障害の状態がある場合であっても3級に該当する。）

傷病が治っていなくて、労働が著しい制限を受けるか、労働に著しい制

限を加えることを必要とする状態です。

● **障害手当金**

「傷病が治ったもの」であって、労働が制限を受けるかまたは労働に制限を加えることを必要とする程度のものとする。

症状が固定したもので、3級よりやや軽い障害が残った状態です。

障害認定基準の障害の程度を簡単にまとめたものが表2です。

さて、障害認定基準を読んでおわかりのとおり、はっきりと区切られているわけではないため、何級の障害等級に該当するかはあいまいで、請求してみなければ確定することができません。

▼表2　障害等級の目安

1級の障害
他人の介助を受けなければ、ほとんど日常生活を送ることができない状態
2級の障害
必ずしも他人の助けを借りる必要はないが、日常生活が極めて困難で労働することができない状態
3級の障害（障害厚生年金のみ）
労働が著しい制限を受けるか、労働に著しい制限を加えることを必要とする状態
障害手当金（障害厚生年金のみ）
「傷病が治ったもの」であって、労働が制限を受けるかまたは労働に制限を加えることを必要とする状態

（注）身体障害者手帳などの等級とは基準が異なります。

それでも障害年金の等級は、『障害認定基準』に記載されている基準や例示をもとに決定されていますので、とても重要な基準です。

障害年金の等級は、「国年法施行令別表」「厚年法施行令別表第1」及び「厚年法施行令別表第2」に規定されています（92～95ページ参照）。

この存在を知らずに、基準が全くわからないまま請求し、不支給の通知が届いてから困惑される人が多いのです。

障害認定基準で定められている障害等級認定基準は、重複障害を含めると19種類の障害に区分されています。

抽象的であいまいな基準が多く、障害の状態は何級に該当するのか事前にははっきりしません。それでも障害認定基準を熟知したうえで、障害の状態をしっかり伝えて、医師により的確な診断書を作成していただくことがとても大切です。

受給できる金額

障害年金の支給が決定されると、どれくらいの金額を受けることができるのでしょうか（表

▼表3　年金・手当金の年額

障害の程度	令和2年度 障害厚生年金・障害手当金	令和2年度 障害基礎年金	令和3年度 障害基礎年金
1級	(報酬比例の年金額)×1.25＋ [配偶者加給年金額]	977,125円 (781,700円× 1.25)＋子の加算	976,125円 (780,900円× 1.25)＋子の加算
2級	(報酬比例の年金額)＋ [配偶者加給年金額]	781,700円× 子の加算	780,900円× 子の加算
3級	(報酬比例の年金額) (注)最低保障586,300円	―	―
障害手当金 一時金として受給	報酬比例の年金額×2 1,172,600円に満たない ときは1,172,600円	―	―

※報酬比例の年金額は、年金加入の被保険者期間が300月未満の場合、300月にみなして計算します。

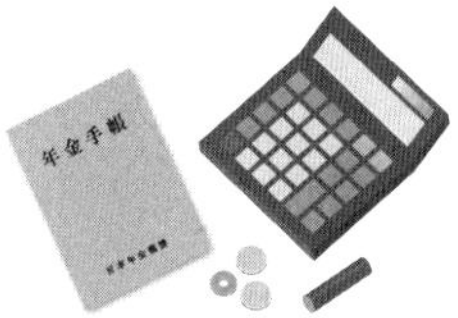

▼表4　年金額の加算(年金額)

		令和2年度	令和3年度
障害基礎年金	子の加算 ○第1子・第2子 ○第3子以降	 各224,900円 各75,000円	 各224,700円 各74,900円
障害厚生年金	配偶者の加算	224,900円	224,700円

(注) 子とは次の者に限ります
- 18歳到達年度の末日(3月31日)を経過していない子
- 20歳未満で障害等級1級または2級の障害者

(注) 配偶者の加給年金は次の者に限ります。
- 生計を同じくする年収850万円未満(または所得額655万5000円未満)で65歳未満の配偶者。
- 配偶者が加入期間20年以上の老齢厚生年金などを受給中は加給年金が支給停止されます。

年収が850万円以上でも、所得が665万5000円未満なら条件クリアです！

3、4）。
障害年金の金額は表3、4のように計算されます。

障害基礎年金（国民年金）は年度によっての変動はあるものの、一律に定額が給付されます。

障害厚生年金（厚生年金）の報酬比例については、加入の月数や給料の金額に比例して、年金額も変動しますので、保険料を多く納めた分は、年金の受給金額に反映されて受け取る金額も多くなります。ただし、被保険者期間が300月に満たない場合は、300月として増額して計算されることになっています。

また、3級の障害厚生年金には、最低保障金額があります。

障害年金は、初診日に加入していた年金が国民年金か厚生年金（旧共済年金含む）かで金額が変わります。

1級または2級の障害厚生年金を受けられるときは、障害基礎年金も合わせて受けることができ、3級の障害厚生年金と障害手当金は、厚生年金独自の給付です。

障害基礎年金には子の加算が、障害厚生年金には配偶者の加給年金が、対象者がいる場合に加算されます。障害年金を受ける権利が発生した後に、結

結婚や出産したときは
届出を忘れないよう
にしましょう

婚や出産などをして、新たに加算の要件を満たした場合には、届出ることにより、この加算額や配偶者の加給年金額が加算されます。

同一の子を対象とした児童扶養手当（児童手当とは別の手当です）と障害年金の子の加算は、平成26年12月より、障害年金の子の加算が優先されます。児童扶養手当については、後述の第5章の169ページを参照してください。

6 障害年金を受給するための重要な3つのポイント

障害年金の受給要件（初診日・保険料納付・障害状態とは？）

障害年金は、国民年金または厚生年金保険の被保険者（被保険者であった人を含む）が、法令で定める**障害の状態**に該当し、かつ障害の原因となった病気やケガについて、初めて医師または歯科医師の診療を受けた日（これを「**初診日**」といいます）の前日において一定の**保険料納付**を満たしている人が受けることができます。

この説明に出てきた3つのキーワード、①**初診日**、②**保険料納付**、③**障害の状態**が障害年金を受給するために重要な条件となります（図1）。

それでは、障害基礎年金・障害厚生年金・障害手当金を受け取るための3つの要件をそれぞれみていきましょう（表5〜7）。

▼図1　障害年金受給のための３つのポイント

障害年金受給のための3つのポイント

❶ 初診日

初診日に加入していた年金制度で請求する年金が決まる。基準となる大切な日となるため、初診日を確定しましょう！

❷ 保険料の納付

初診日の前々月までに一定の保険料を納めていないと受給できない。

※20歳前に初診日がある場合は、保険料の納付状況は問われません。

❸ 障害の状態

障害の程度が認定基準で定められている等級に該当すること。

▼表5　障害基礎年金を受給するための３つの要件

1	障害の原因となった病気やケガの**初診日**が、次のいずれかの間にあること。 ○国民年金の加入期間 ○20歳前または、60歳以上65歳未満（国内に住んでいる方）の年金に未加入の期間
2	障害の原因となった病気やケガによる障害の程度が、障害認定日、または20歳に達したときに、**１級または２級**の状態になっていること。 （注）障害認定日に障害の状態が軽くても、その後重くなったときは、65歳に達する日の前日（65歳の誕生日の前々日）までに請求することができます。
3	保険料の納付要件を満たしていること。 ※20歳前に初診日がある場合は、納付要件は不要です。

▼表6　**障害厚生年金**を受給するための３つの要件

1	厚生年金保険の被保険者である間に、障害の原因となった病気やケガの**初診日**があること。
2	障害の原因となった病気やケガによる**障害の程度**が、障害認定日に、障害等級表の**１級から３級**までのいずれかの状態になっていること。 (注)障害認定日に障害の状態が軽くても、その後重くなったときは、65歳に達する日の前日(65歳の誕生日の前々日)までに請求することができます。
3	保険料の納付要件を満たしていること。

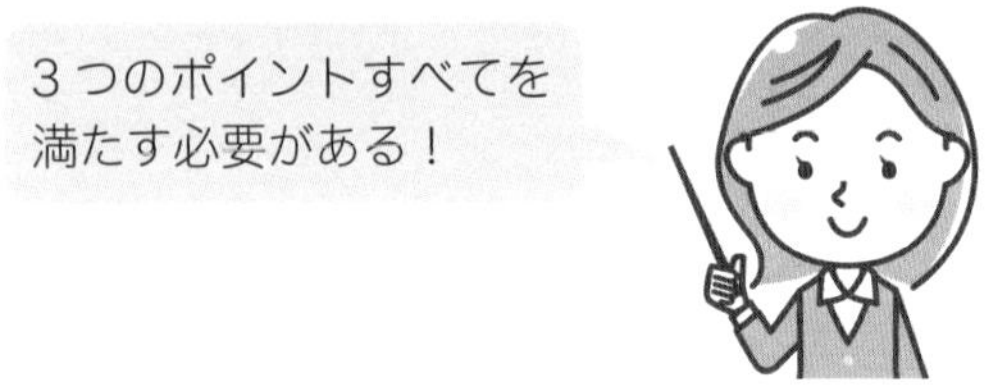
３つのポイントすべてを
満たす必要がある！

▼表7　**障害手当金(一時金)**を受給するための３つの要件

1	厚生年金保険の被保険者である間に、障害の原因となった病気やケガの**初診日**があること。
2	障害の原因となった病気やケガが初診日から５年以内に治り(症状が固定し)、その治った日に障害厚生年金を受けるよりも軽い障害の状態であって、**障害の程度**が障害等級表に定める程度であること。
3	保険料の納付要件を満たしていること。

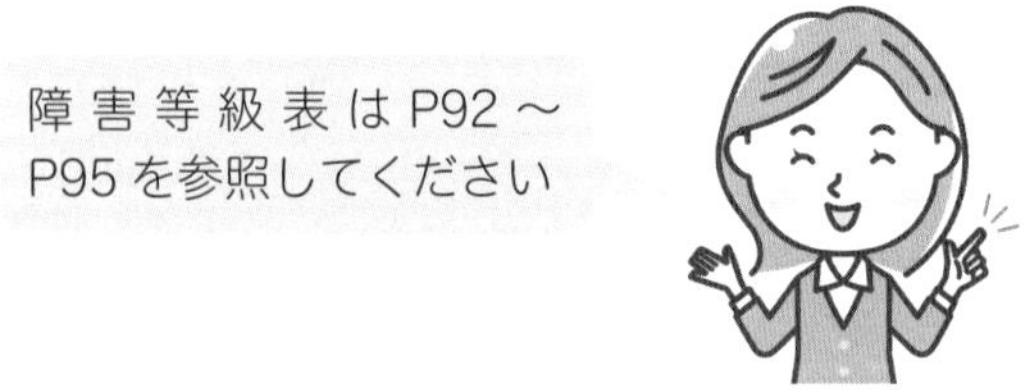
障害等級表はP92～
P95を参照してください

次は、3つのポイント（要件）ごとに詳しく見ていきましょう。

◎ポイント1　初診日の確定

『初診日』とは、障害の原因となった「病気やケガ（傷病）」について、初めて医師または歯科医師（以下「医師等」といいます）の診療を受けた日をいいます（表8）。

整骨院や鍼灸院での診察は、医師ではないため初診日とは認められません。注意が必要です。

「**傷病**」とは、疾病または負傷及びこれらに**起因する疾病**を総称したものをいいます。また、「**起因する疾病**」については、前の疾病または負傷がなかったならば後の疾病が起こらなかったであろうというように、前の疾病または負傷との間に**相当因果関係**があると認められる場合をいいます。

初診日と相当因果関係の具体例（表9）を見てみましょう。

▼表8　初診日の具体例

	初診日の具体例	初診日
1	初めて診療を受けた日（治療行為または療養に関する指示があった日）	一番初めに医師等の診療を受けた日
2	同一傷病で、転医があった場合	一番初めに医師等の診療を受けた日
3	過去の傷病が治癒し同一傷病で再度発症している場合	再度発症し医師等の診療を受けた日
4	傷病名が確定しておらず、対象傷病と異なる傷病名が記載されていた場合であっても、同一傷病と判断される場合	他の傷病名の初診日が対象傷病の初診日
5	じん肺症（じん肺結核を含む）	じん肺と診断された日
6	障害の原因となった傷病の前に因果関係があると認められる傷病があるとき	最初の傷病の初診日
7	先天性の知的障害（精神遅滞）	出生日
8	先天性心疾患、網膜色素変性症など	具体的な症状が出現し、初めて診療を受けた日

▼表9　相当因果関係の具体例

①相当因果関係**あり**として取り扱われることが多いもの

1	糖尿病と糖尿病性網膜症または糖尿病性腎症、糖尿病性神経障害、糖尿病性動脈閉鎖症
2	糸球体腎炎(ネフローゼを含む)、多発性のう胞腎、慢性腎炎に罹患し、その後慢性腎不全を生じたもの(両者の期間が長いものであっても)
3	肝炎と肝硬変
4	結核の化学療法による副作用として聴力障害を生じた場合
5	手術等による輸血により肝炎を併発した場合
6	ステロイドの投薬による副作用で大腿骨頭無腐性壊死が生じたことが明らかな場合
7	事故または脳血管疾患による精神障害がある場合
8	肺疾患に罹患し手術を行い、その後、呼吸不全を生じたもの(肺手術と呼吸不全発生までの期間が長いものであっても)
9	転移性悪性新生物は、原発とされるものと組織上一致するか否か、転移であることを確認できたもの

②相当因果関係**なし**として取り扱われることが多いもの		
1	2	3
高血圧と脳出血または脳梗塞	糖尿病と脳出血または脳梗塞	近視と黄斑部変性、網膜剥離または視神経萎縮

《初診日の改正ポイント》

平成27年10月の初診日の取扱い関する文章により、健康診断で異常を指摘され、その後、医療機関を受診したときには、原則、医師の診療を受けた日が初診日とされることになりました。

再発または継続の考え方について、過去の傷病が治癒（社会的治癒を含む）したのちに再び同じ傷病が発症した場合、再発として過去の傷病とは**別の傷病**となります。初診日は再発してから医師の診療を受けた日となります。

社会的治癒とは、症状が固定して医療を行う必要がなくなり、無症状で医療を受けることなく相当期間経過し、普通に生活または就労ができている期間がある場合のことをいいます。該当するかどうかは提出した書類の内容により個別に判断されます。

治癒したと認められない場合には、傷病が継続しているものとして**同じ傷病**として取り扱われます。

初診日によって、受給できるのが障害基礎年金なのか障害厚生年金なのか、それとも受給権がないのかある程度決まります。つまり、①保険料の納付要件を満たしているか、②金額、③障害認定日（例外あり）が決まってしまいます。初診日は、ケースによっては確定することが難しいうえに、初診日を基準に請求手続きに必要な書類を集めていくことになりますので、とても重要です。

同一の病気やケガで転医があった場合は、一番初めに行った医療機関の医師等の診療を受けた日が初診日となります

逆に、初診日がはっきり確定していれば、手続きは進めやすくなります。

注意していただきたいのが、発達障害（アスペルガー症候群など）の初診日です。平成23年6月30日に、発達障害にかかる認定基準が新設されました。関連のある症状により初めて診療を受けた日が初診日となります。幼少期から症状が出ていたとしても、初めて受診した日が20歳以降であった場合は、その受診日が初診日となります。出生日が初診日である知的障害とは異なる点で注意が必要です。

初診日は、いつかを確定することが非常に難しいケースが多いうえに、さらに、たとえ初診日がいつか確定したとしても、カルテの保存義務期間である終診日から5年を過ぎている場合や、医療機関が廃院していると、それを証明するのが大変になるケースもあります。初診日は客観的な資料で証明するものとされているからです。せっかく初診日を確定しても、それを証明できなければ、初診日不明ということで却下される可能性があります。

しかし、平成27年と令和2年に初診日の証明が少し緩和されました。

初診時の医療機関の受診状況等証明書等の証明が添付できな

い場合であっても、初診日を合理的に推定できるような一定の書類により、本人が申し立てた日を初診日とすることができる可能性があります。

初診日の証明の緩和

平成27年10月1日からは、省令が改正され、初診日を確認する方法が広がりました。

初診日を証明する診断書等の医療機関の証明が添付できない場合、初診日を合理的に推定できるような**一定の書類**により、本人が申し立てた日を初診日と認められる可能性があります。初診日の証明が難しいケースでも以前よりは認められる可能性が高くなりましたので、諦めずに**第三者証明（図3）等**を含め、一定の準備できる書類を揃えましょう。

◉①初診日が一定の期間内にあると確認できる場合

参考資料により初診日が一定の期間内にあると確認できる場合、この期間について継続して障害年金を受けるための保険料納付要件を満たしているときは、一定の期間の始期と終期を示す参考資料及び本人申立ての初診日についての参考資料により、審査により、本人の申し立てた初診日が確認されます。

《具体例》

一定の期間内に、異なる年金制度（例：国民年金と厚生年金）に加入している場合で示すと図2のようになります。

《必要な書類》

「一定の期間の始期と終期を示す参考資料」＋「本人申立ての初診日についての参考資料」となります。

《参考資料の具体例》

・本人申立ての初診日についての参考資料

▼図2　一定の期間内に、異なる年金制度（例：国民年金と厚生年金）に加入している場合

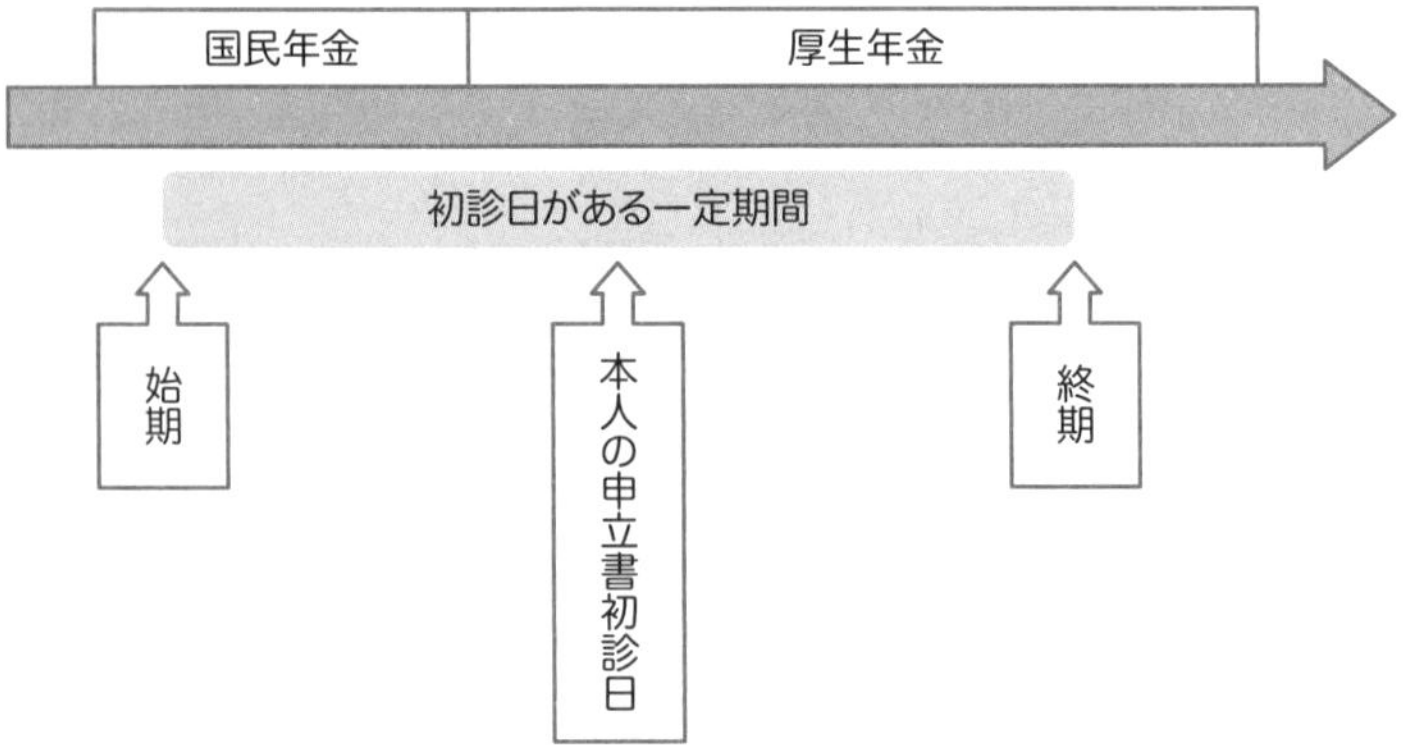

身体障害者手帳等の申請時の診断書、生命保険・損害保険・労災保険の給付申請時の診断書、交通事故証明書、インフォームド・コンセントによる医療情報サマリー、健康保険の給付記録など

・一定の期間の始期に関する参考資料

就職時に提出した診断書、人間ドックの結果（発病していないことが確認できる資料）、職場の人間関係が起因となった精神疾患であることを明らかにする医学的資料及び就職の時期を証明する資料など

・一定の期間の終期に関する参考資料

2番目以降に受診した医療機関による証明、障害者手帳の交付時期に関する資料など

◉②第三者が証明できる場合

医療関係者、隣人、友人、民生委員などの第三者が見たり聞いたりした初診日の頃の受診状況を証明できる場合は、この第三者証明書類（図3）と本人申立ての初診日についての参考資料により、本人の申し立てた初診日が確認されます。

《必要な書類》

「第三者証明書類」＋「本人申立ての初診日についての参考資料」（原則、複数の第三者による証明が必要）

▼図3　第三者証明書類

初診日に関する第三者からの申立書（第三者証明）

私（申立者）は、障害年金の請求者　　　　の初診日頃の受診状況などを知っていますので、以下申し立てます。

知ったきっかけ

私（申立者）が申し立てる請求者の受診状況などは、

1. 直接見て知りました。
2. 請求者や請求者の家族などから聞いて知りました。
なお、聞いた時期は（昭和・平成・令和　　年　　月　　日）（頃）です。

請求者との関係

見た（聞いた）当時の関係：　　　　現在の関係：

○傷病名：　　　　○初診日：昭和・平成・令和　　年　　月　　日（頃）

○医療機関名・診療科：　　　　○所在地：

申立者が知っている当時の状況等

※記入いただく内容は、別紙「初診日に関する第三者からの申立書（第三者証明）を記入される方へ」の「裏面」をご覧ください。
申立者が見たり聞いたりした当時に知った内容のみを記入してください。記入できない項目があっても構いません。

【申立日】令和　　年　　月　　日

＜申立者＞

住　所：〒

連絡先：　（　　）　　氏　名：　　　　㊞

※ 訂正する場合は、二重線で消した上で訂正印を押印してください。
※ 後日、申立者あてに申立内容の確認をさせていただく場合がございます。平日日中でもご連絡が可能な電話番号を記入してください。
※ ご記入いただいた個人情報は、独立行政法人等の保有する個人情報の保護に関する法律に基づき適切に取り扱われます。

201905

初診日を証明する手続きを簡素化

◉①20歳前に初診日がある方の初診日を証明する手続きの簡略化

次の（1）、（2）を満たしている場合には、初診日を具体的に特定しなくとも、審査により、本人の申し立てた初診日が認められます。

（1）2番目以降に受診した医療機関の受診日から、障害認定日が20歳到達日以前であることが確認できる場合

2番目以降に受診した医療機関の受診日が、18歳6か月前である場合
障害認定日は原則として初診日から1年6か月をすぎた日となるため、2番目以降の医療機関の受診日が18歳6か月前にあることが必要です。

又は

2番目以降に受診した医療機関の受診日が18歳6か月〜20歳到達日以前にあり、20歳到達日以前に、その障害の原因となった病気やけがが治った場合（症状が固定した場合）

症状が固定した日が障害認定日となるため、2番目以降に受診した医療機関の受診日が18歳6か月より後であってもかまいません。

（2）その受診日前に厚生年金の加入期間がない場合（図4）

《具体例》

初診が12歳時のA病院の場合でも、18歳で受診したB病院の証明がある場合、障害認定日は20歳到達日以前であることが確認できるため、A病院の証明は不要です（図4）。

▼図4　B病院の受診前に厚生年金加入期間がない場合

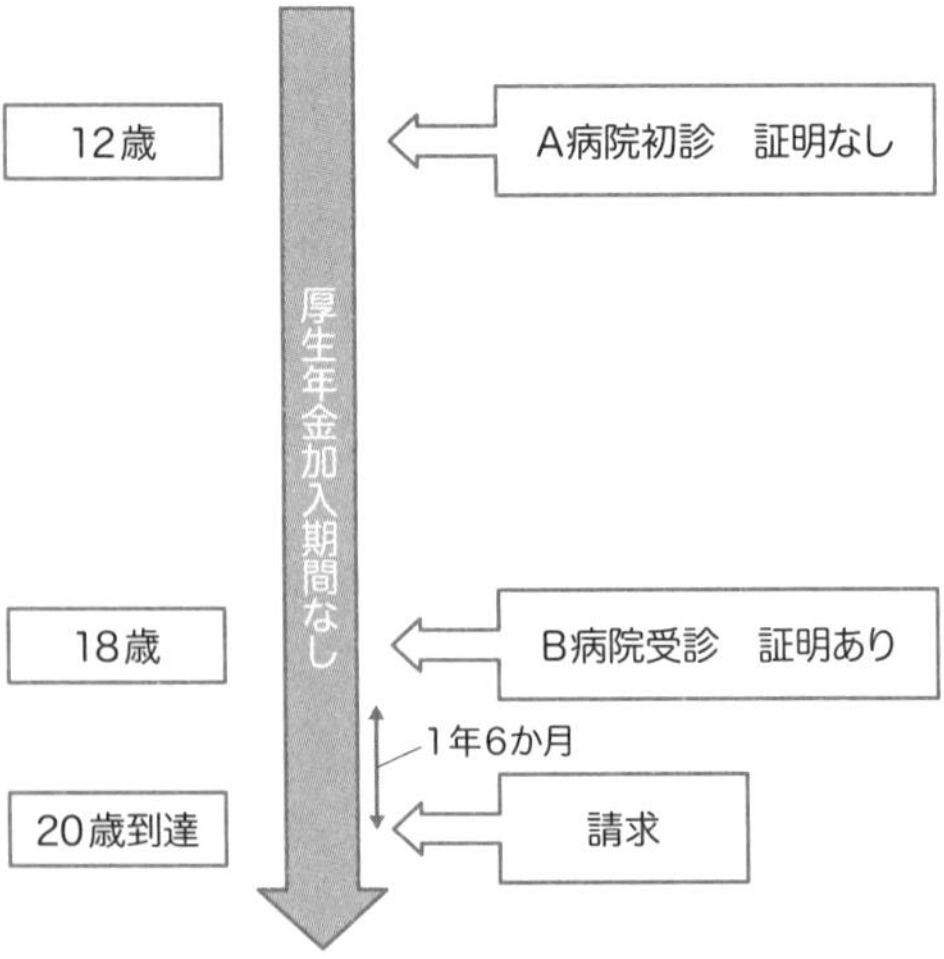

◉②過去に障害年金を請求したものの、不

支給と決定されたが、症状が悪化した等の理由により、同一傷病かつ同一初診日で障害年金を再請求する場合

令和2年10月1日より、請求者の負担軽減を図るため、同一傷病かつ同一初診日で障害年金を再請求する場合、前回請求時に提出された受診状況等証明書、診断書その他これに類する書類と申出書をもって、再請求時の初診日証明書類とすることができることが明示されました。

書類を新たに取り直さなくても大丈夫

◎ポイント2　保険料納付要件

初診日の見通しが立ったら、保険料の納付について決められた条件を満たしているかどうか確認していきます。

◉障害基礎年金の保険料納付要件について

次のいずれかを満たしている必要があります（図5）。

【3分の2要件】

初診日の前日において、初診日の属する月の前々月までの被保険者期間のうち、国民年金の保険料納付済期間（厚生年金保険の被保険者期間、共済組合の組合員期間を含む）と保険料免除期間をあわせた期間が3分の2以上あること。

【直近1年要件】

初診日が平成38年4月1日前であり、初診日に65歳未満の場合、初診日の前日において、初診日の属する月の前々月までの直近の1年間の被保険者期間に保険料の未納期間がないこと。

なぜ初診日の「前日」において、初診日の属する月の「前々月」までを見るのかについては、公平性の観点から次の理由があります。

初診日の前日の時点を見る理由は、原則、年金の保険料は2年前まで遡って納付できるため、障害年金を受給するために、過去の未納分の保険料を一括で納付する行為を防止するためです。

例えば、交通事故に遭われたしまった日が初診日になり、その日にあわてて過去の未納分の保

▼図5　保険料納付要件

3分の2要件

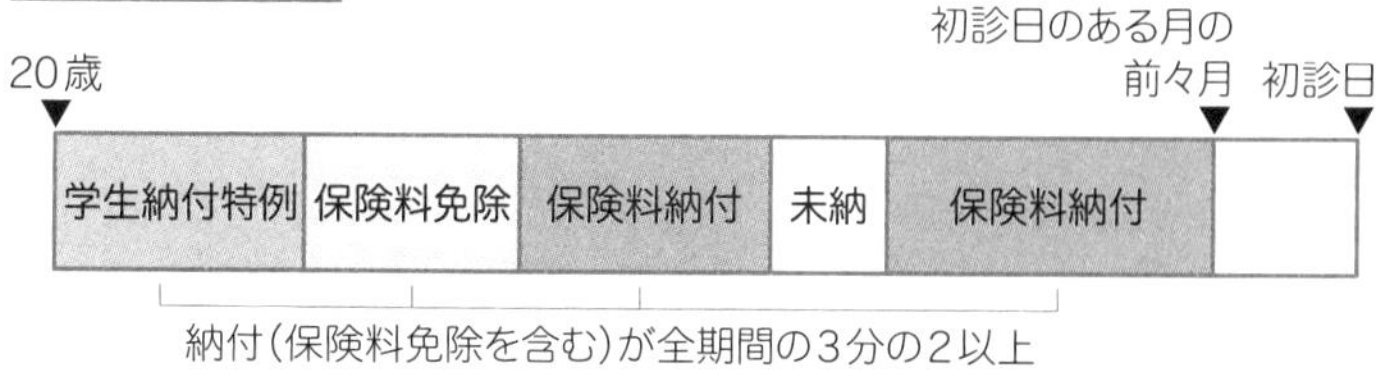

初診日の前日において、初診日の属する月の前々月までの被保険者期間のうち、国民年金の保険料納付済期間(厚生年金保険の被保険者期間、共済組合の組合員期間を含む)と保険料免除期間をあわせた期間が3分の2以上あること。

直近1年要件

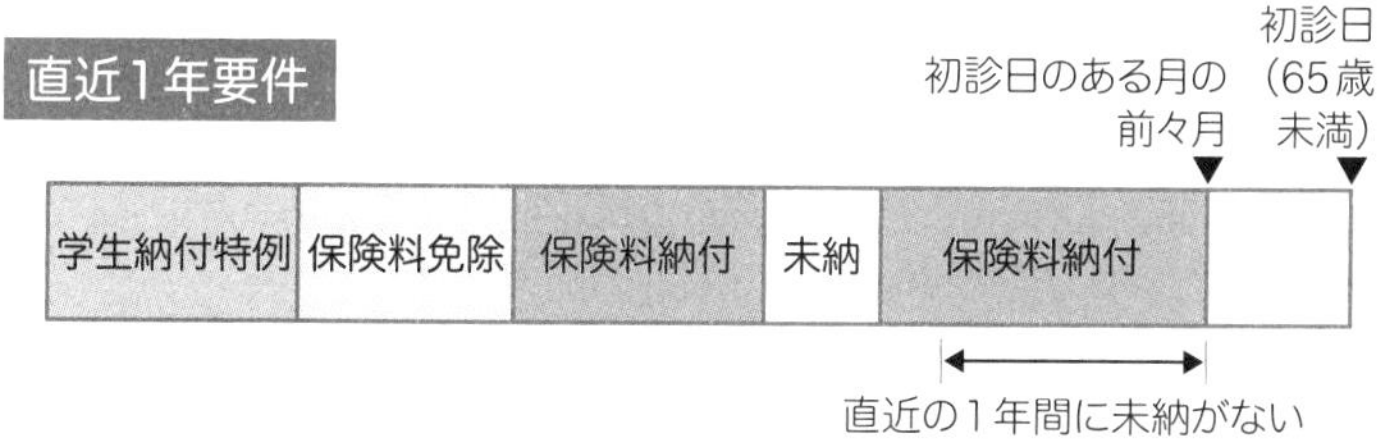

初診日が平成38年4月1日前であり、初診日に65歳未満の場合、初診日の前日において、初診日の属する月の前々月までの直近の1年間の被保険者期間に保険料の未納期間がないこと。

未納期間があっても、
どちらかを満たして
いれば大丈夫

険料を一括で納付したとしても直近1年要件を満たしているとは認められません。

また、初診日の属する月の前々月までを見るのは、年金の保険料を納める期限が翌月末という理由からです。例えば、4月1日が初診日の場合、前月である3月分の保険料はそもそも納付期限が到来していないため、2月分の保険料までを納付要件として見ます。

また、国民年金に加入する義務が生じる**20歳前に初診日**がある場合は、保険料納付要件を問われません。20歳になったときか、障害認定日（87ページ参照）が20歳以降の場合は障害認定日に障害の状態に該当していれば、**障害基礎年金**が支給されます。


20歳前の病気やケガによる障害基礎年金については、本人が保険料を納付していないという理由から、受給者本人の所得が一定以上ある場合には、所得の金額に応じて全額または半額の年金が支給停止されます（162ページの表3）。

特に、相続、不動産売買などで一時的に所得が上がった場合にも該当するので注意してください。

◉障害厚生年金の保険料納付要件について

厚生年金保険の加入期間中に初診日がある病気やケガの場合で、障害基礎年金と同じ納付要件を満たしていることが必要になります。

また、20歳前の厚生年金保険に加入している期間に初診日がある場合は、20歳前の障害基礎年金ではなく、障害厚生年金を請求できます。

こんなに重要だったとは!? 国民年金の免除制度

国民年金の第1号被保険者は、自分で毎月の保険料を納める必要があります。しかし、所得が少ないなどの理由により、保険料を納めることが難しい場合もあります。

そのような場合は、未納のまま放置しないで、**「国民年金保険料免除・納付猶予制度」**の手続きを行いましょう。障害年金の請求において、保険料の免除月と未納月とでは扱いが異なります。

保険料免除や納付猶予になった期間は、年金の受給資格期間に算入されますし、障害年金の「保険料納付要件」の期間にも反映されます。ただし、一部免除は全額免除とは違い、納めなければならない部

国民年金保険料を支払えないときは、保険料免除や納付猶予の手続きを忘れないようにしないといけないのね

分を納めていない場合は、その月自体が未納扱いになってしまいますので注意が必要です。

障害年金の保険料納付要件を確認するときに、あと少し期間が足りないために請求の条件を満たすことができないケースがあります。中には、あと1か月足りなかった……ということもありました。保険料免除制度を利用していれば、保険料納付要件の期間を満たすことができたかもしれません。

この国民年金の保険料免除制度についての認知度も低く、重要性についてもあまり知られていないのが現状です。

そこで、保険料免除制度について、メリットやデメリットを含め、全体像を把握していただきたいと思います。

保険料免除制度では、所得が少なく本人・世帯主・配偶者の前年所得（1月から6月までに申請される場合は前々年所得）が一定額以下の場合や失業した場合など、国民年金保険料を納めることが経済的に困難なときに、本人が申請書を提出し、申請後に承認されると保険料の納付が免除になります。免除される額には、全額、4分の3、半額、4分の1の四種類があります。

その他に、納付猶予制度・学生納付特例という保険料納付猶予制度があります（表10）。

手続きするメリット（表10）には次のようなことがあげられます。

・保険料を免除された期間は、老齢年金を受け取る際に国庫負担½を受け取れます（平成21年3月までは国庫負担⅓）。保険料免除の手続きをせずに、未納となった場合½は受け取れません。

・免除や猶予された期間は、老齢年金の受給資格期間（原則25年以上）に算入されます。

・障害年金や遺族年金の受給要件の一つである、「保険料納付要件」の期間にも算入されます。

▼表10　納付猶予と保険料免除、未納との違い

	障害年金 遺族年金	老齢基礎年金	
	受給要件	受給資格期間への算入	年金額への反映
納付	○	○	○
納付猶予 学生納付特例	○	○	×
全額免除	○	○	○
一部免除	○	○	○
未納	×	×	×

10年以内であれば、納付猶予、学生納付特例、全額免除、一部免除は、免除や猶予された期間分の保険料を後から納めることができます。ただし、免除や猶予されたときから2年を超えて納める場合、その当時の保険料額に経過期間に応じた加算額が上乗せされます

ただし、納付猶予になった期間は追納しない限り年金額には反映されません。未納のままにしておくデメリット（表10）には次のようなことがあげられます。

・障害や死亡といった不慮の事態が発生してしまったときに、障害年金・遺族年金などが受けられない場合があります。次の①と②、両方に当てはまる場合は障害年金や遺族年金を受給できない可能性があります。

①初診日（死亡日）の前日において、初診日（死亡日）の月の前々月までに被保険者期間がある場合は、保険料を納めた期間と保険料の免除を受けた期間を合算した期間が、被保険者期間全体の3分2未満である場合。

②特例措置として、初診日（死亡日）の前日において、初診日（死亡日）の月の前々月までの直近1年間に未納期間がある場合。

（注1）障害年金では20歳前傷病である場合、保険料納付要件は問われません。
（注2）遺族年金では、受給資格期間が25年以上の人が死亡したときなど、保険料納付要件は問われないケースがあります。

また、保険料免除・納付猶予の申請について、失業した場合も申請することにより、保険料の納付が免除になったり、猶予となったりする場合があります。

申請書の提出先は、住民登録をしている市区町村役場の国民年金担当窓口です。お問い合わせは申請先の国民年金担当窓口または年金事務所となります。

◎ポイント3　障害の状態に該当

初診日要件と保険料納付要件を満たしていることを確認したら、障害認定日がいつになるか見ます。障害年金の請求は障害認定日以降にできるようになるからです。

障害年金は、障害認定日以降において、障害の状態にあることが受給要件の一つです。

◉障害認定日について

「**障害認定日**」とは、障害の程度を定める日のことです。その障害の原因となった病気やケガの初診日から起算して1年6か月を経過した日、または1年6か月以内にその病気やケガが治った場合（症状が固定した場合）はその日をいいます。

また、20歳前に初診日がある場合は、初診日から起算して1年6か月を経過した日が20歳より前にある場合は20歳に到達した日、20歳より後にある場合は1年6か月経過した日のことを言います。

認定日には例外として、1年6か月を待たずに障害認定日（傷病が**治った状態**[*1]）として取り扱われ、手続きできるケースがあります（次の①～⑪）。例えば、初めて医師の診療を受けた日から1年6か月以内に、表11の「障害認定日の特例」に該当する場合は、その日が「障害認定日」となります。

*1「治った状態」とは、傷病が回復して元気な状態という意味ではなく、症状が固定し、これ以上は治療の効果が期待できない状態ということです。

1	人工骨頭又は人工関節をそう入置換した場合	⇒	そう入置換した日
2	人工透析療法を行っている場合	⇒	透析を初めて受けた日から起算して3か月を経過した日
3	心臓ペースメーカー、植え込み型除細動器（ICD）又は人工弁を装着した場合	⇒	装着した日

▼表11　障害認定日の特例

4	人工肛門の造設、尿路変更術を施術した場合	造設又は手術を施した日から起算して6か月を経過した日
5	新膀胱を造設した場合	造設した日
6	切断又は離断による肢体の障害	原則として切断又は離断した日（障害手当金又は旧法の場合は、創面が治癒した日）
7	喉頭全摘出の場合	全摘出した日
8	在宅酸素療法を行っている場合	在宅酸素療法を開始した日
9	脳血管疾患による機能障害の場合	初診日から6か月経過した日以降に症状固定と認められた日
10	心臓移植、人工心臓、補助人工心臓の場合	移植日又は装着日
11	人工血管（ステントグラフトを含む）を挿入置換した場合	挿入置換した日
12	遷延性《せんえんせい》植物状態の場合	障害状態に至った日から起算して3か月を経過した日以降に症状固定と認められた場合

（注）2の人工透析は、透析開始日から起算して３か月を経過した日が初診日から１年6か月経過日よりも後の場合は、１年6か月経過した日が認定日です。
出典：厚生労働省「障害認定基準」認定基準・認定要領を参考に作成

表12の施術・手術に該当する場合は、障害認定基準に等級について記載があります。

◉障害基礎年金の障害の状態について

65ページの障害の等級と認定基準のところでも述べましたが、障害基礎年金、障害厚生年金及び障害手当金が支給される「障害の状態」とは、国年令別表、厚年令別表第1及び厚年令別表第2に規定され、国民年金・厚生年金障害認定基準により判断

▼表12　(参考)障害認定基準により、原則として障害年金を受けられる例

障害の程度	施術・手術
1級	心臓移植・人工心臓・補助人工心臓
2級	人工透析・喉頭全摘出・CRT(心臓再同期医療機器)・CRT－D(除細動器機能付き心臓再同期医療機器)
3級	人工骨頭・人工関節・心臓ペースメーカー・ICD(植込み型除細動器)・人工弁・人工血管(ステントグラフトを含む)(診断書の一般状態区分が「イ」か「ウ」の場合)・人工肛門・新膀胱の増設・尿路変更術・在宅酸素療法

※日常生活の支障程度や症状などによって等級が変わることがありますので、あくまでも目安となります。

日常生活への支障の程度や症状によっては、さらに上位等級に変ることがありますので、表の等級は、あくまでも目安となります。人工血管にはステントグラフトを含みます。また、労働に制限がある場合、3級に該当するとされています

されます。

障害基礎年金は、原則、障害認定日において、障害の状態が**1級・2級**に該当することが必要です。

ただし、障害認定日に1級または2級に該当しなかった場合でも、**65歳に達する日の前日**（65歳の誕生日前々日）までの間に障害が重くなり、請求により1級・2級に該当したときは障害基礎年金を受給できます。これを**事後重症**といいます。事後重症について詳しくは後の101ページで後述します。

20歳前の病気やケガなどの傷病については、初診日において20歳未満であった人が、20歳に達した日において1級・2級の障害の状態にあるとき、または、20歳に達した後に1級・2級の障害の状態となったときは、障害基礎年金が支給されます。

◉障害厚生年金の障害の状態について

障害認定日において、障害の程度が**1級〜3級**に該当することです。障害基礎年金と同じように、事後重症請求もできます。

障害手当金については、傷病が初診日から5年以内に治り、その治った日に障害の程度が障害等級表に定める程度であることです。

国民年金法や厚生年金保険法で定められている等級の程度や障害の状態は次の表の通りです。
また、障害の程度の具体的な認定は、「国民年金・厚生年金保険障害認定基準」という行政のルールにより行われます。この障害認定基準は、日本年金機構のホームページで全文が公開されています（36ページ参照）

障害等級表

1級（国年法施行令別表より）

	程度 級	程度 号	障害の状態
国民年金・厚生年金保険	1級	1	両眼の視力の和が0.04以下のもの（視力は矯正視力です）
		2	両耳の聴力レベルが100デシベル以上のもの
		3	両上肢の機能に著しい障害を有するもの
		4	両上肢のすべての指を欠くもの
		5	両上肢のすべての指の機能に著しい障害を有するもの
		6	両下肢の機能に著しい障害を有するもの
		7	両下肢を足関節以上で欠くもの
		8	体幹の機能に座っていることができない程度又は立ち上がることができない程度の障害を有するもの
		9	前各号に掲げるもののほか、身体の機能の障害又は長期にわたる安静を必要とする病状が前各号と同程度以上と認められる状態であって、日常生活の用を弁ずることを不能ならしめる程度のもの
		10	精神の障害であって、前各号と同程度以上と認められる程度のもの
		11	身体の機能の障害若しくは病状又は精神の障害が重複する場合であって、その状態が前各号と同程度以上と認められる程度のもの

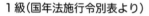

2級（国年法施行令別表より）

	程度		障害の状態
	級	号	
国民年金・厚生年金保険	2級	1	両眼の視力の和が0.05以上0.08以下のもの（視力は矯正視力です）
		2	両耳の聴力レベルが90デシベル以上のもの
		3	平衡機能に著しい障害を有するもの
		4	そしゃくの機能を欠くもの
		5	音声又は言語機能に著しい障害を有するもの
		6	両上肢のおや指及びひとさし指又は中指を欠くも
		7	両上肢のおや指及びひとさし指又は中指の機能に著しい障害を有するもの
		8	一上肢の機能に著しい障害を有するもの
		9	一上肢のすべての指を欠くもの
		10	一上肢のすべての指の機能に著しい障害を有するもの
		11	両下肢のすべての指を欠くもの
		12	一下肢の機能に著しい障害を有するもの
		13	一下肢を足関節以上で欠くもの
		14	体幹の機能に歩くことができない程度の障害を有するもの
		15	前各号に掲げるもののほか、身体の機能の障害又は長期にわたる安静を必要とする病状が前各号と同程度以上と認められる状態であって、日常生活が著しい制限を受けるか、又は日常生活に著しい制限を加えることを必要とする程度のもの
		16	精神の障害であって、前各号と同程度以上と認められる程度のもの
		17	身体の機能の障害若しくは病状又は精神の障害が重複する場合であって、その状態が前各号と同程度以上と認められる程度のもの

3級（厚年法施行令別表第１より）

	程度 級	程度 号	障害の状態
厚生年金保険のみ	3級	1	両眼の視力が0.1以下に減じたもの（視力は矯正視力です）
		2	両耳の聴力が、40センチメートル以上では通常の話声を解することができない程度に減じたもの
		3	そしゃく又は言語の機能に相当程度の障害を残すもの
		4	脊柱の機能に著しい障害を残すもの
		5	一上肢の三大関節のうち、二関節の用を廃したもの
		6	一下肢の三大関節のうち、二関節の用を廃したもの
		7	長管状骨に偽関節を残し、運動機能に著しい障害を残すもの
		8	一上肢のおや指及びひとさし指を失ったもの又はおや指若しくはひとさし指を併せ一上肢の三指以上を失ったもの
		9	おや指及びひとさし指を併せ一上肢の四指の用を廃したもの
		10	一下肢をリスフラン関節以上で失ったもの
		11	両下肢の十趾の用を廃したもの
		12	前各号に掲げるもののほか、身体の機能に、労働が著しい制限を受けるか、又は労働に著しい制限を加えることを必要とする程度の障害を残すもの
		13	精神又は神経系統に、労働が著しい制限を受けるか、又は労働に著しい制限を加えることを必要とする程度の障害を残すもの
		14	傷病が治らないで、身体の機能又は精神若しくは神経系統に、労働が制限を受けるか、又は労働に制限を加えることを必要とする程度の障害を有するものであって、厚生労働大臣が定めるもの

障害手当金(厚年法施行令別表第2より)

	程度		障害の状態
	級	号	
厚生年金保険のみ	障害手当金	1	両眼の視力が0.6以下に減じたもの(視力は矯正視力です)
		2	一眼の視力が0.1以下に減じたもの(視力は矯正視力です)
		3	両眼のまぶたに著しい欠損を残すもの
		4	両眼による視野が２分の１以上欠損したもの又は両眼の視野が10度以内のもの
		5	両眼の調節機能及び輻輳機能に著しい障害を残すもの
		6	一耳の聴力が、耳殻に接しなければ大声による話を解することができない程度に減じたもの
		7	そしゃく又は言語の機能に障害を残すもの
		8	鼻を欠損し、その機能に著しい障害を残すもの
		9	脊柱の機能に障害を残すもの
		10	一上肢の三大関節のうち、一関節に著しい機能障害を残すもの
		11	一下肢の三大関節のうち、一関節に著しい機能障害を残すもの
		12	一下肢を３センチメートル以上短縮したもの
		13	長管状骨に著しい転位変形を残すもの
		14	一上肢の二指以上を失ったもの
		15	一上肢のひとさし指を失ったもの
		16	一上肢の三指以上の用を廃したもの
		17	ひとさし指を併せ一上肢の二指の用を廃したもの
		18	一上肢のおや指の用を廃したもの
		19	一下肢の第一趾又は他の四趾以上を失ったもの
		20	一下肢の五趾の用を廃したもの
		21	前各号に掲げるもののほか、身体の機能に、労働が制限を受けるか、又は労働に制限を加えることを必要とする程度の障害を残すもの
		22	精神又は神経系統に、労働が制限を受けるか、又は労働に制限を加えることを必要とする程度の障害を残すもの

精神の障害に係る等級判定ガイドラインの公開

国民年金・厚生年金保険障害認定基準に基づいて障害等級は認定されていますが、精神障害及び知的障害の認定においては、地域により等級認定の傾向に違いが生じていました。

こうしたことを踏まえ、認定が当該障害認定基準に基づいて適正に行われ、地域差による不公平が生じないようにするため、等級判定の標準的な考え方を示したガイドラインや適切な等級判定に必要な情報の充実が図られることになりました。

平成28年9月1日から、精神障害及び知的障害の認定の地域差の改善に向けて対応するため、『国民年金・厚生年金保険精神の障害に係る等級判定ガイドライン』が実施されています。また、適正な等級判定に必要となる情報の充実を図るため、「診断書（精神の障害用）の記載要領」（97ページ参照）及び「日常生活及び就労

出典：日本年金機構　『国民年金·厚生年金保険　精神の障害に係る等級判定ガイドライン』
(https://www.nenkin.go.jp/service/jukyu/shougainenkin/ninteikijun/20160715.html)

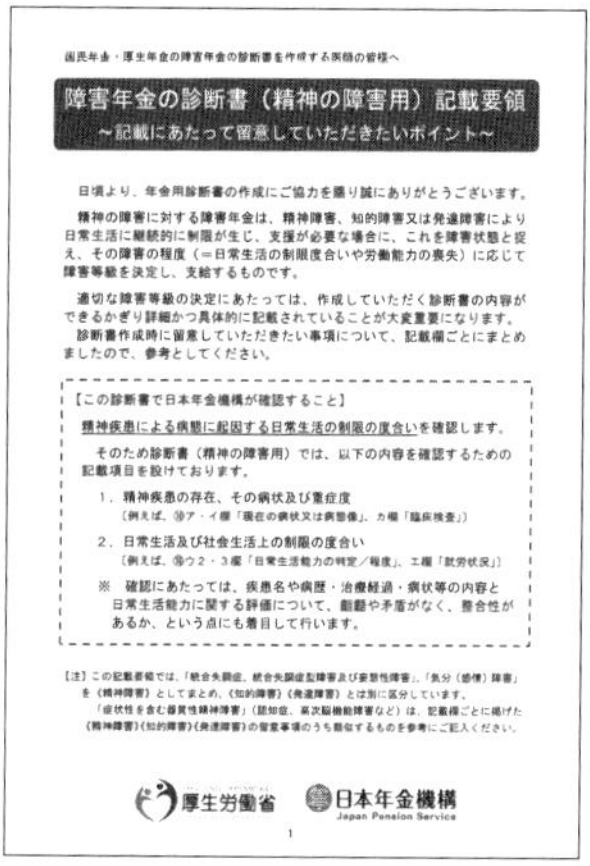

国民年金・厚生年金の障害年金の診断書を作成する医師の皆様へ

障害年金の診断書（精神の障害用）記載要領
～記載にあたって留意していただきたいポイント～

日頃より、年金用診断書の作成にご協力を賜り誠にありがとうございます。

精神の障害に対する障害年金は、精神障害、知的障害又は発達障害により日常生活に継続的に制限が生じ、支援が必要な場合に、これを障害状態と捉え、その障害の程度（＝日常生活の制限度合いや労働能力の喪失）に応じて障害等級を決定し、支給するものです。

適切な障害等級の決定にあたっては、作成していただく診断書の内容ができるかぎり詳細かつ具体的に記載されていることが大変重要になります。
診断書作成時に留意していただきたい事項について、記載欄ごとにまとめましたので、参考としてください。

【この診断書で日本年金機構が確認すること】

精神疾患による病態に起因する日常生活の制限の度合いを確認します。

そのため診断書（精神の障害用）では、以下の内容を確認するための記載項目を設けております。

1．精神疾患の存在、その病状及び重症度
〔例えば、⑩ア・イ欄「現在の病状又は病態像」、カ欄「臨床検査」〕

2．日常生活及び社会生活上の制限の度合い
〔例えば、⑩ウ２・３欄「日常生活能力の判定／程度」、エ欄「就労状況」〕

※　確認にあたっては、疾患名や病歴・治療経過・病状等の内容と日常生活能力に関する評価について、齟齬や矛盾がなく、整合性があるか、という点にも着目して行います。

【注】この記載要領では、「統合失調症、統合失調症型障害及び妄想性障害」、「気分（感情）障害」を《精神障害》としてまとめ、《知的障害》《発達障害》とは別に区分しています。
「症状性を含む器質性精神障害」（認知症、高次脳機能障害など）は、記載欄ごとに掲げた《精神障害》《知的障害》《発達障害》の留意事項のうち類似するものを参考にご記入ください。

厚生労働省　日本年金機構 Japan Pension Service

1

診断書を作成する医師に向けた、診断書の記入例や説明が書かれています

出典：日本年金機構　『診断書（精神の障害用）の記載要領』
(https://www.nenkin.go.jp/service/jukyu/shougainenkin/ninteikijun/20160715.html)

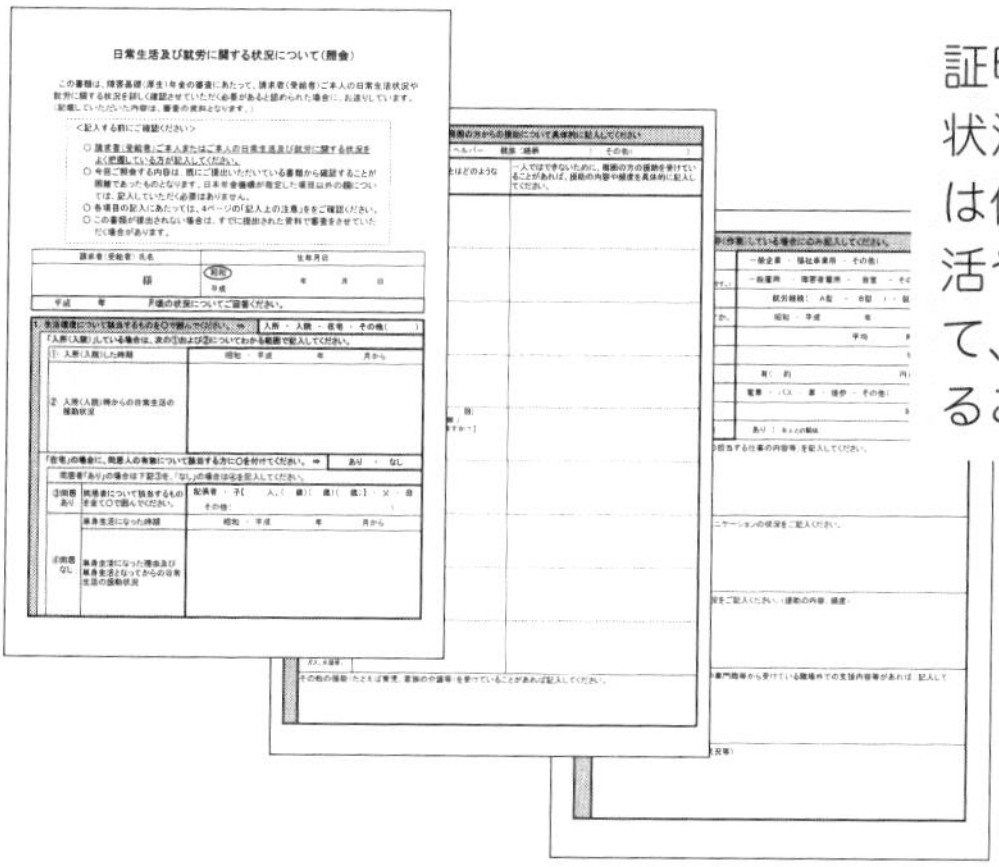

日常生活及び就労に関する状況について（照会）

この書類は、障害基礎（厚生）年金の審査にあたって、請求者（受給者）ご本人の日常生活状況や就労に関する状況を詳しく確認させていただく必要があると認められた場合に、お送りしています。（記載していただいた内容は、審査の資料となります。）

＜記入する前にご確認ください＞

○ 請求者（受給者）ご本人またはご本人の日常生活及び就労に関する状況をよく把握している方が記入してください。
○ 各項目の記入にあたっては、4ページの「記入上の注意」をご確認ください。

証明書や病歴・就労状況等申立書だけでは伝わらない日常生活や就労状況について、より詳しく伝えることができます

出典：日本年金機構　『日常生活及び就労に関する状況について（照会）』
(https://www.nenkin.go.jp/service/jukyu/shougainenkin/ninteikijun/20160715.html)

に関する状況について（照会）」（97ページ参照）が作成され、あわせて実施されています。

国民年金・厚生年金保険　精神の障害に係る等級判定ガイドラインに記載されている障害等級の目安表（114ページ表2）においては、精神の障害用の診断書の記載項目である「日常生活能力の程度」と「日常生活能力の判定」の評価により、等級のおおよその目安を確認することができます。詳細は143～144ページを参照してください。

7

請求の種類と請求の仕方 結果がわかるまでどのくらいかかる？

3つの請求方法（認定日請求・遡及請求・事後重症請求）について…
初めて2級による請求も

請求の方法は主に、①**認定日請求**、②**障害認定日の遡及請求**、③**事後重症請求**があります。

どの請求をするのか、前述してきた障害年金を受給するための重要な3つのポイントや病歴により決めることになります。それぞれの請求方法について確認していきましょう。

◉認定日による請求（図6）

障害認定日とは、87ページで前述しましたが、傷病の初診日から起算して1年6か月を経過した日または1年6か月以内にその傷病が治った場合においては、その治った日（その症状が固定した場合を含む）です。

請求の時期は、障害認定日から1年以内に請求し、診断書は障害認定日以後3か月以内の症状が書かれたもの1枚となります。

障害認定日に障害の状態にあるときは、障害認定日の翌月分から障害年金を受けられます。

▼図6　認定日請求

障害認定日から1年以内に請求

診断書	障害認定日以後3か月以内の診断書1枚 ※20歳前疾病の場合は、20歳到達日「前後3か月以内の診断書1枚」になるケースもある
支給開始月	障害認定日のある月の翌月分から支給

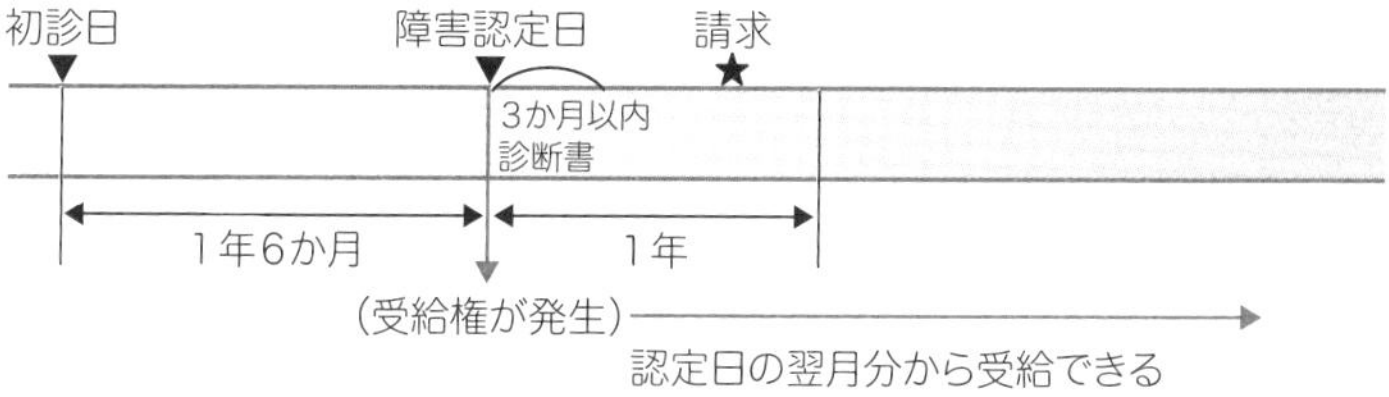

◉障害認定日の遡及請求（図7）

障害認定日に障害の状態に該当していたにもかかわらず、障害認定日から1年以内に認定日請求をしていなかった場合は、遡って年金を請求することができます。時効により、請求日から**最大5年分**まで遡って過去の年金を受給できます。この場合は、あくまでも障害認定日の障害の状態で請求しますので、診断書も障害認定日の障害の状態を表すものが必要です。

さらに請求時以前3か月以内の症状が書かれた診断書も必要になるため、診断書は2枚必要になります。

遡及請求では、直近の過去5年分までが認められるケースと、認められずに請求時からの分（事後重症請求）のみ認められるケースがあります。

▼図7　遡及請求

障害認定日から1年経過後に、認定日まで遡及して請求する場合

診断書	障害認定日以後3か月以内の診断書 請求時以前3か月以内の状態を記した診断書 } 2枚必要
支給開始月	障害認定日のある月の翌月分から支給

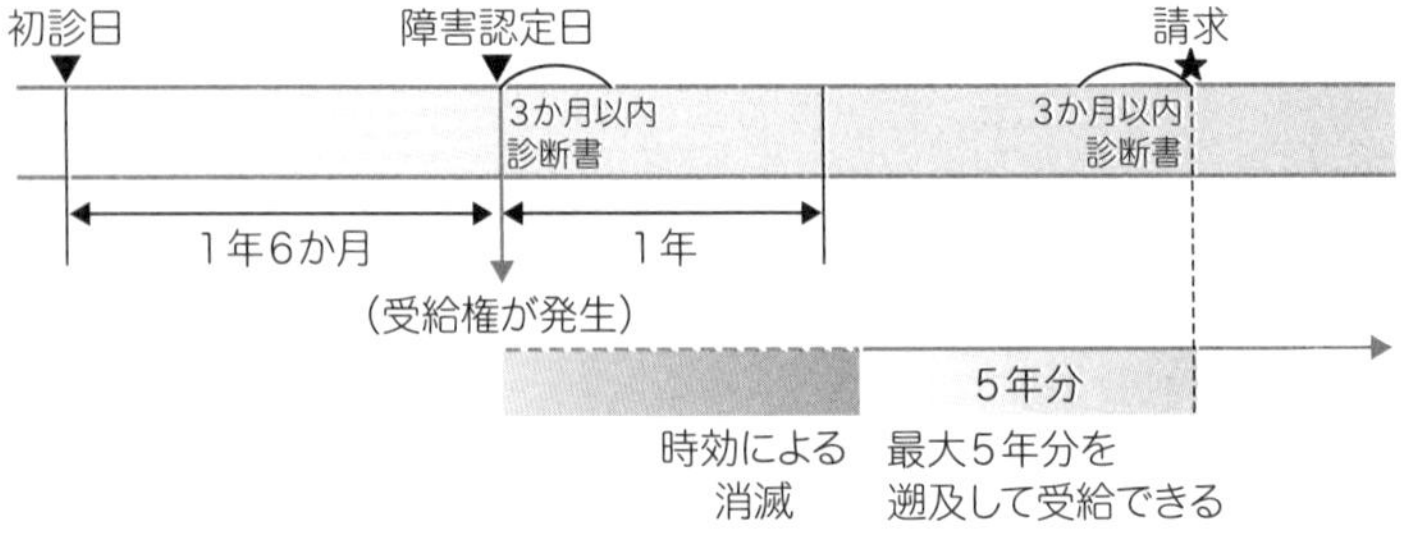

これは、認定日時点の診断書が障害等級に不該当となり、現在の症状の診断書は障害等級に該当したということです。その逆のケースもあります。

遡及請求が認められると、過去分の年金は一括に振り込まれます。

◉事後重症による請求（図8）

障害認定日に障害の状態に該当しなかった人でも、その後病状が悪化し、65歳に達する日の前日（65歳の誕生日前々日）までに障害の状態になったときには請求日の翌月分から障害年金が受けられます。

ただし、他の年金を受けている場合にはどちらかの年金の選択になります。

事後重症による請求の場合は65歳に達する日の

▼図8　事後重症請求

障害認定日には障害等級に該当しなかったが、その後、障害等級に該当するようになった場合の請求

（注）請求は65歳に達する日の前日までに行うことが必要

診断書	請求時以前3か月以内の状態を記した診断書1枚
支給開始月	請求月の翌月分から支給

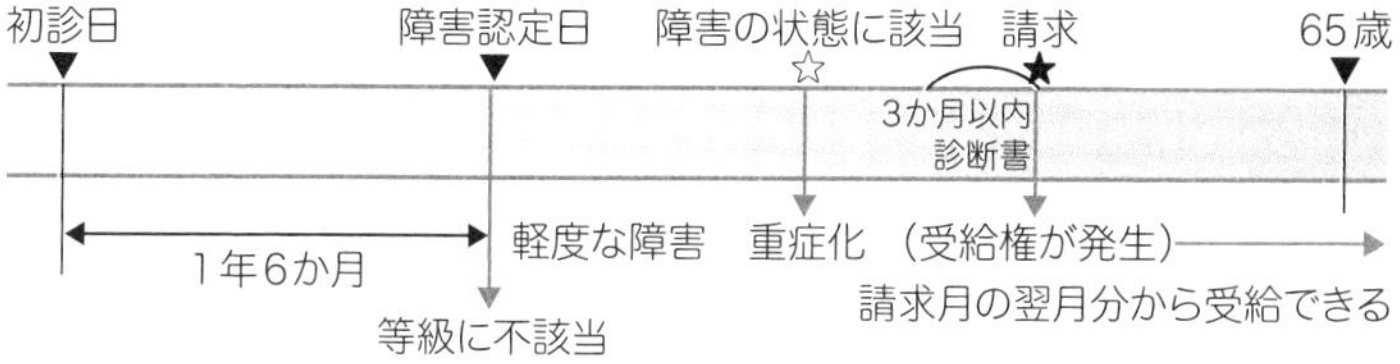

前日までに請求する場合が対象です。診断書は、請求日以前3か月以内のものが必要です。請求月の翌月分からの受給となるため、請求が遅くなると、その分受給できる対象月が遅くなります。遡って受給することはできません。

「障害手当金」については、初診日から起算して5年を経過する日までの間において病気やけがが固定して（治って）いると対象となります。障害手当金の請求には5年の時効がありますので、治ってから5年以内に請求する必要があります。

私のところにご相談いただくときの請求方法は、認定日請求は少なく、多くが遡及請求か事後重症請求かを選ぶケースです。

◉はじめて2級による請求

既に障害等級1級・2級には満たない傷病により障害の状態にあるものが、障害認定日以後65歳に達する日の前日までの間において、初めて、後発の障害と併合して障害等級が1級又は2級に該当す

例えば、既に３級の障害厚生年金を受けていても、後発の障害と合わせて65歳前に２級以上の障害の状態になった場合は、65歳になった後からでも請求の手続きができます

る程度の障害の状態に至った場合に支給される障害基礎年金及び障害厚生年金を「はじめて2級による年金」という。

前発と後発の障害とを併合して65歳に達する日の前日までに2級以上の障害の状態にあれば、**請求書の提出は65歳以降**でもかまいません。

手続きの方法（書面審査）

障害年金は書面審査です。受付窓口は、巻頭ページの通り、初診日に加入していた年金により異なります。請求手続きの窓口では、あくまでも添付書類などが形式的にそろっているかどうか、請求書や診断書などに記載漏れがないかを確認するのみです。

実際に審査をして支給の有無や等級の決定をするのは、日本年金機構から委託された認定医（医師）です。

提出する書類や必要な添付書類（年金請求書、受診状況等証明書、診断書、病歴・就労状況等申立書、その他の書類）

請求手続きには、初診日を証明するための書類や医師の診断書、住民票などの添付書類が必要になります。添付書類は、初診日のカルテが残っているか、障害の原因となった部位や配偶者の有無などによっても異なります。主な書類について説明します。

◉障害年金の年金請求書

年金の請求書は、**障害基礎年金請求用**（図9）のものと、**障害基礎年金・障害厚生年金請求用**（図10）のものがあります。初診日に厚生年金・共済年金に加入していなかった場合は障害基礎年金請求用のものを、初診日が厚生年金又は共済年金だった場合は、障害基礎年金・障害厚生年金請求用のものを使います。

▼図9　年金請求書(国民年金障害基礎年金) 記入例

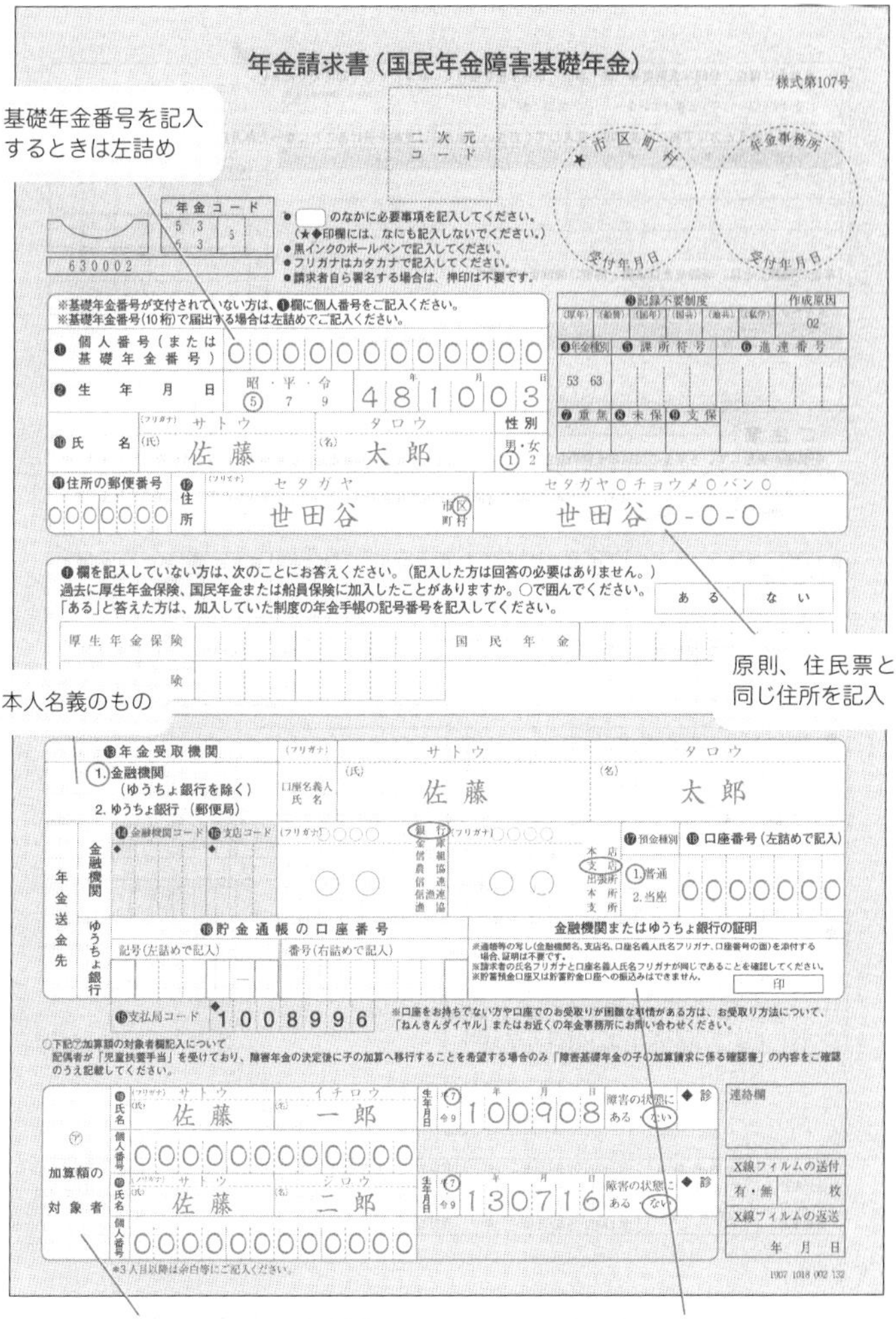

年金請求書 (国民年金障害基礎年金)

様式第107号

二次元コード

★市区町村 受付年月日

年金事務所 受付年月日

年金コード 5 3 5 / 6 3

630002

● □のなかに必要事項を記入してください。
（★◆印欄には、なにも記入しないでください。）
● 黒インクのボールペンで記入してください。
● フリガナはカタカナで記入してください。
● 請求者自ら署名する場合は、押印は不要です。

※基礎年金番号が交付されていない方は、❶欄に個人番号をご記入ください。
※基礎年金番号(10桁)で届出する場合は左詰めでご記入ください。

❶ 個人番号（または基礎年金番号）	000000000000
❷ 生年月日	昭・平・令 ⑤ 7 9　48年10月03日
❿ 氏名	(フリガナ) サトウ タロウ　(氏) 佐藤 (名) 太郎
性別	男・女 ① 2
⓫ 住所の郵便番号	0000000
⓬ 住所	(フリガナ) セタガヤ　世田谷 市区町村　セタガヤ0チョウメ0バン0　世田谷0-0-0

❸記録不要制度 作成原因 02
❹年金種別 53 63　❺課所符号　❻進達番号
❼重無 ❽未保 ❾支保

❶欄を記入していない方は、次のことにお答えください。（記入した方は回答の必要はありません。）
過去に厚生年金保険、国民年金または船員保険に加入したことがありますか。○で囲んでください。　ある　ない
「ある」と答えた方は、加入していた制度の年金手帳の記号番号を記入してください。

厚生年金保険　国民年金　船員保険

⓭年金受取機関
1.金融機関（ゆうちょ銀行を除く）
2.ゆうちょ銀行（郵便局）

口座名義人氏名 (フリガナ) サトウ タロウ　(氏) 佐藤 (名) 太郎

年金送金先
金融機関：⓮金融機関コード　⓯支店コード　(フリガナ) ○○○ 銀行　(フリガナ) ○○○ 支店　⓱預金種別 1.普通 2.当座　⓲口座番号（左詰めで記入） 0000000
ゆうちょ銀行：⓳貯金通帳の口座番号 記号(左詰めで記入) 番号(右詰めで記入)

金融機関またはゆうちょ銀行の証明
※通帳等の写し（金融機関名、支店名、口座名義人氏名フリガナ、口座番号の面）を添付する場合、証明は不要です。
※請求者の氏名フリガナと口座名義人氏名フリガナが同じであることを確認してください。
※貯蓄預金口座又は貯蓄貯金口座への振込みはできません。
印

⓯支払局コード 1008996

※口座をお持ちでない方や口座でのお受取りが困難な事情がある方は、お受取り方法について、「ねんきんダイヤル」またはお近くの年金事務所にお問い合わせください。

○下記㋐加算額の対象者欄記入について
配偶者が「児童扶養手当」を受けており、障害年金の決定後に子の加算へ移行することを希望する場合のみ「障害基礎年金の子の加算請求に係る確認書」の内容をご確認のうえ記載してください。

㋐加算額の対象者
⓳ 氏名 (フリガナ) サトウ イチロウ (氏) 佐藤 (名) 一郎　生年月日 ⑦令9 10年09月08日　障害の状態に ある・ない　個人番号 000000000000
⓴ 氏名 (フリガナ) サトウ ジロウ (氏) 佐藤 (名) 二郎　生年月日 ⑦令9 13年07月16日　障害の状態に ある・ない　個人番号 000000000000
*3人目以降は余白等にご記入ください。

連絡欄
X線フィルムの送付 有・無 枚
X線フィルムの返送 年 月 日

1907 1018 002 132

基礎年金番号を記入するときは左詰め

原則、住民票と同じ住所を記入

本人名義のもの

生計を同一にする18歳到達年度の末日までにある子または1級もしくは2級の障害の状態にある20歳未満の子がいる場合は記入する

金融機関の証明印をもらうか、預金通帳またはキャッシュカードの写しを添付することで金融機関の証明に代えることができる

㋑ あなたは現在、公的年金制度等（表１参照）から年金を受けていますか。○で囲んでください。

1.受けている	(2.)受けていない	3.請　求　中	制度名（共済組合名等）	年金の種類

受けていると答えた方は下欄に必要事項を記入してください（年月日は支給を受けることになった年月日を記入してください）。

制度名（共済組合名等）	年金の種類	年　月　日	年金証書の年金コードまたは記号番号等
		． ．	
		． ．	
		． ．	

「年金の種類」とは、老齢または退職、障害、遺族をいいます。

	年金コードまたは共済組合コード・年金種別
1	
2	
3	
他年金種別	

※あなたの配偶者について、記入願います。

氏　名《フリガナ》	生年月日	基礎年金番号
サトウ　ハナコ 佐藤花子	昭和52年 6月5日	0000-000000

配偶者の氏名・生年月日・基礎年金番号を記入

ご注意

配偶者が受給している年金の加給年金額の対象となっている場合、あなたが障害基礎年金を受けられるようになったときは、受給している加給年金額は受けられなくなります。

この場合は、配偶者の方より、「老齢・障害給付加給年金額支給停止事由該当届」をお近くの年金事務所または街角の年金相談センターへ提出していただく必要があります。

上・外	初診年月日	障害認定日	傷病名コード	診断書	等級	有	有年	三	差引
上・外 1　2	元号　年　月　日	元号　年　月　日					元号		

受給権発生年月日	停止事由	停止期間	条文	失権事由	失権年月日
元号　年　月　日		元号　年　月　元号　年　月			元号　年　月　日

共済コード	共済記録	元号　年　月　日	元号　年　月　日	要件	計算
	1				
	2				
	3				
	4				
	5				
	6				
	7				
	8				
	9				

時効区分	

★ 市区町村からの連絡事項	未納保険料の納付	有　昭和・平成・令和　年　月分から 無　昭和・平成・令和　年　月分まで	差額保険料の未納分の納付	有　昭和・平成・令和　年　月分から 無　昭和・平成・令和　年　月分まで
	保険料の追納	有　昭和・平成・令和　年　月分から 無　昭和・平成・令和　年　月分まで	検認票の添付	有・無

㋒ 次の年金制度の被保険者または組合員等となったことがあるときは、その番号を○で囲んでください。

①国民年金法　②厚生年金保険法　3．船員保険法（昭和61年4月以後を除く）
4．廃止前の農林漁業団体職員共済組合法　5．国家公務員共済組合法　6．地方公務員等共済組合法
7．私立学校教職員共済法　8．旧市町村職員共済組合法　9．地方公務員の退職年金に関する条例　10．恩給法

㋓ 履　歴（公的年金制度加入経過）
※できるだけくわしく、正確に記入してください。

請求者の電話番号（ 03 ）-（0000）-（ 0000 ）
勤務先の電話番号（ 03 ）-（0000）-（ 0000 ）

	(1) 事業所（船舶所有者）の名称および船員であったときはその船舶名	(2) 事業所（船舶所有者）の所在地または国民年金加入時の住所	(3) 勤務期間または国民年金の加入期間	(4) 加入していた年金制度の種類	(5) 備考
最初			・ ・ から ・ ・ まで	1.国民年金 2.厚生年金保険 3.厚生年金(船員)保険 4.共済組合等	
2	この記録回答票の通り相違ありません		・ ・ から ・ ・ まで	1.国民年金 2.厚生年金保険 3.厚生年金(船員)保険 4.共済組合等	
3	佐藤	太郎	・ ・ から ・ ・ まで	1.国民年金 2.厚生年金保険 3.厚生年金(船員)保険 4.共済組合等	
4			・ ・ から ・ ・ まで	1.国民年金 2.厚生年金保険 3.厚生年金(船員)保険 4.共済組合等	
5			・ ・ から ・ ・ まで	1.国民年金 2.厚生年金保険 3.厚生年金(船員)保険 4.共済組合等	
6			・ ・ から ・ ・ まで	1.国民年金 2.厚生年金保険 3.厚生年金(船員)保険 4.共済組合等	
7			・ ・ から ・ ・ まで	1.国民年金 2.厚生年金保険 3.厚生年金(船員)保険 4.共済組合等	
8			・ ・ から ・ ・ まで	1.国民年金 2.厚生年金保険 3.厚生年金(船員)保険 4.共済組合等	
9			・ ・ から ・ ・ まで	1.国民年金 2.厚生年金保険 3.厚生年金(船員)保険 4.共済組合等	
10			・ ・ から ・ ・ まで	1.国民年金 2.厚生年金保険 3.厚生年金(船員)保険 4.共済組合等	
11			・ ・ から ・ ・ まで	1.国民年金 2.厚生年金保険 3.厚生年金(船員)保険 4.共済組合等	
12			・ ・ から ・ ・ まで	1.国民年金 2.厚生年金保険 3.厚生年金(船員)保険 4.共済組合等	

加入履歴は、年金事務所などで記録をプリントして出してくれる。その記録に相違なければスタンプを押してくれるので、署名する

㋔ 個人で保険料を納める第四種被保険者、船員保険の年金任意継続被保険者となったことがありますか。	1．はい　②いいえ
「はい」と答えた方は、保険料を納めた年金事務所の名称を記入してください。	
その保険料を納めた期間を記入してください。	昭和 平成 令和　年　月　日から　昭和 平成 令和　年　月　日
第四種被保険者（船員年金任意継続被保険者）の整理記号番号を記入してください。	（記号）　（番号）

請求する傷病において、初めて医師の診療を受けた日

診断書の傷病名と一致

初診日に加入していた年金制度に○をつける

傷病が治った、または症状が固定しているかどうか

㋕ 必ず記入してください。

(1) この請求は左の頁にある「障害給付の請求事由」の1から3までのいずれに該当しますか。該当する番号を○で囲んでください。
① 障害認定日による請求　2．事後重症による請求
3．初めて障害等級の1級または2級に該当したことによる請求

「2」を○で囲んだときは右欄の該当する理由の番号を○で囲んでください。
1．初診日から1年6月目の状態で請求した結果、不支給となった。
2．初診日から1年6月目の症状は軽かったが、その後悪化して症状が重くなった。
3．その他（理由　　　）

(2) 過去に障害給付を受けたことがありますか。　1．はい　②いいえ
「1．はい」を○で囲んだときは、その障害給付の名称と年金証書の基礎年金番号および年金コード等を記入してください。
名称
基礎年金番号・年金コード等

(3) 障害の原因である傷病について記入してください。

	1.	2.	
傷病名	うつ病		
傷病の発生した日	昭和・(平成)・令和 ○○年○○月○○日	昭和・平成・令和 年 月 日	昭和・平成・令和 年 月 日
初診日	昭和・(平成)・令和 ○○年○○月○○日	昭和・平成・令和 年 月 日	昭和・平成・令和 年 月 日
初診日において加入していた年金制度	①国年 2.厚年 3.共済 4.未加入	1.国年 2.厚年 3.共済 4.未加入	1.国年 2.厚年 3.共済 4.未加入
現在傷病はなおっていますか。	1．はい　②いいえ	1．はい　2．いいえ	1．はい　2．いいえ
なおっているときは、なおった日	昭和・平成・令和 年 月 日	昭和・平成・令和 年 月 日	昭和・平成・令和 年 月 日
傷病の原因は業務上ですか。	1．はい　②いいえ		

この傷病について右に示す制度から保険給付が受けられるときは、その番号を○で囲んでください。請求中のときも同様です。
1．労働基準法　2．労働者災害補償保険法
3．船員保険法　4．国家公務員災害補償法
5．地方公務員災害補償法
6．公立学校の学校医、学校歯科医及び学校

受けられるときは、その給付の種類の番号を○で囲み、支給の発生した日を記入してください。
1．障害補償給付（障害給付）
昭和・平成・令和

障害の原因は第三者の行為によりますか。　1．はい　②いいえ

障害の原因が第三者の行為により発生したものであるときは、その者の氏名および住所を記入
氏名
住所

(4) 国民年金に任意加入した期間について特別一時金を受けたことがありますか。　1．はい　②いいえ

㋖ 生計維持証明

生計同一関係

右の者は請求者と生計を同じくしていることを申し立てる。
~~（証明する。）~~

令和○○年○○月○○日
請求者 住所 世田谷区世田谷0-0-0
~~（証明者）~~
氏名 佐藤太郎
（請求者との関係： 本人　）

	氏名	続柄
子	佐藤一郎	長男
	佐藤二郎	次男

（注）1．この申立は、民生委員、町内会長、事業主、年金委員、家主などの第三者（第三者には、民法上の三親等内の親族は含まれません。）の証明に代えることができます。
2．請求者が申立てを行う際に自ら署名する場合は、請求者の押印は不要です。

収入関係

1．請求者によって生計維持していた方について記入してください。

(1)（名：一郎）について年収は、850万円未満(※)ですか。	(はい)・いいえ
(2)（名：二郎）について年収は、850万円未満(※)ですか。	(はい)・いいえ
(3)（名：　　）について年収は、850万円未満(※)ですか。	はい・いいえ
2．上記1で「いいえ」と答えた方のうち、その方の収入はこの年金の受給権発生時においては、850万円未満(※)ですか。	はい・いいえ

※確認印	※年金事務所の確認事項
（　）印	ア．健保等被扶養者
（　）印	イ．加算額または加給年金額対象者
（　）印	ウ．国民年金保険料免除世帯
	エ．義務教育終了前
	オ．高等学校在学中
	カ．源泉徴収票・非課税証明等

（※）平成6年11月8日までに受給権が発生している方は、「600万円未満」となります。　令和　年　月　日提出

○現在、配偶者が市（区）役所または町村役場から児童扶養手当を受けている方へ
障害年金の子の加算と児童扶養手当の両方を受けることはできません。
同一の子を対象としたお客様への障害年金の子の加算と、配偶者へ支払われている児童扶養手当は、どちらか一方のみ受給が可能です。

請求者が申立てる場合は削除する

▼図10　年金請求書(国民年金・厚生年金保険障害給付) 記入例

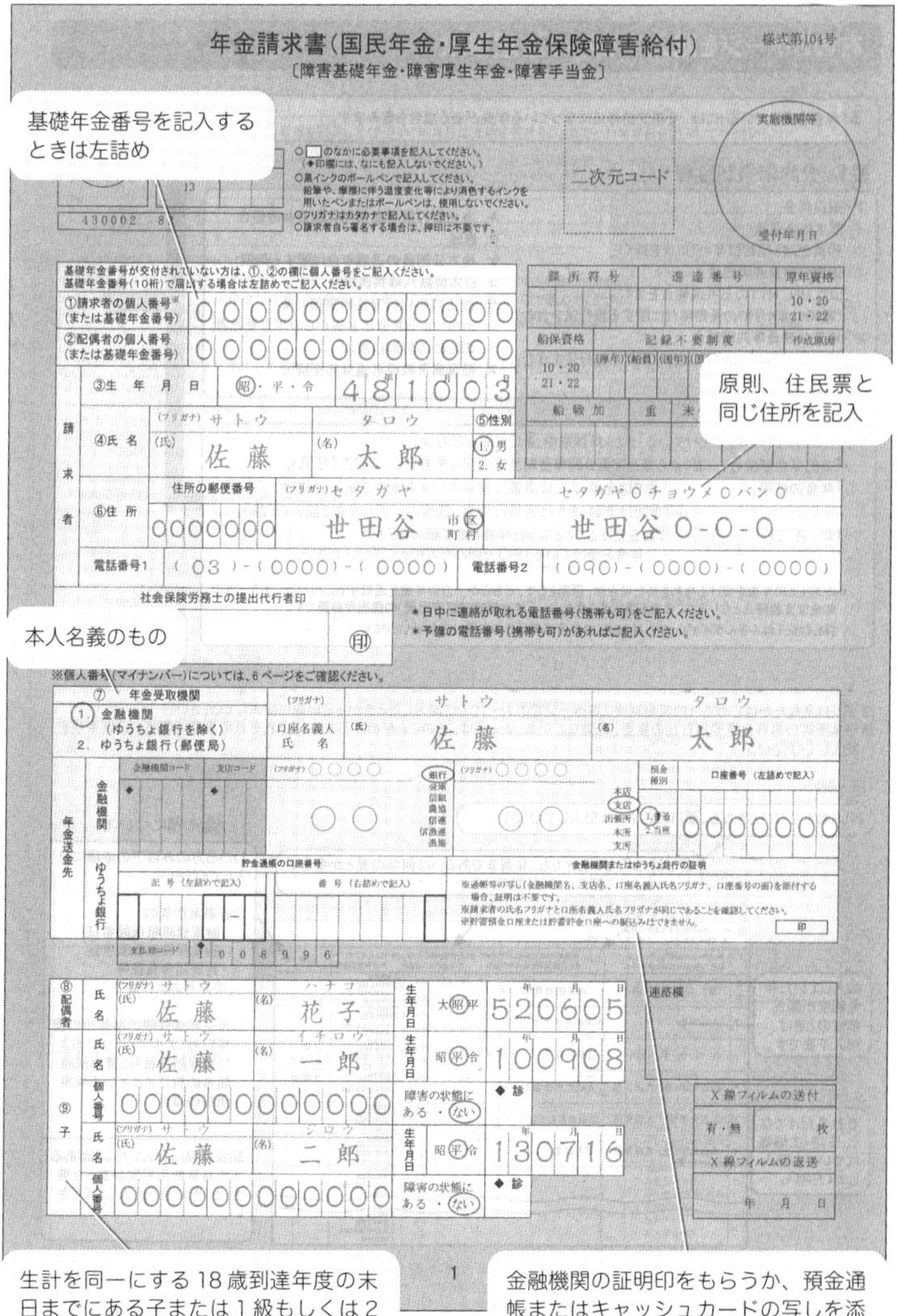

年金請求書(国民年金・厚生年金保険障害給付)　様式第104号

〔障害基礎年金・障害厚生年金・障害手当金〕

○□のなかに必要事項を記入してください。
(◆印欄には、なにも記入しないでください。)
○黒インクのボールペンで記入してください。
鉛筆や、摩擦に伴う温度変化等により消色するインクを用いたペンまたはボールペンは、使用しないでください。
○フリガナはカタカナで記入してください。
○請求者自ら署名する場合は、押印は不要です。

二次元コード

実施機関等　受付年月日

基礎年金番号が交付されていない方は、①、②の欄に個人番号をご記入ください。
基礎年金番号(10桁)で届出する場合は左詰めでご記入ください。

①請求者の個人番号※(または基礎年金番号)	000000000000
②配偶者の個人番号(または基礎年金番号)	000000000000
③生年月日	㊐昭・平・令　481003
④氏名	(フリガナ) サトウ　タロウ　(氏) 佐藤　(名) 太郎
⑤性別	①男　2.女
⑥住所	住所の郵便番号 0000000　(フリガナ) セタガヤ　世田谷 ㊐区　セタガヤ0チョウメ0バン0　世田谷0-0-0
電話番号1	(03)-(0000)-(0000)
電話番号2	(090)-(0000)-(0000)

社会保険労務士の提出代行者印　㊞

＊日中に連絡が取れる電話番号(携帯も可)をご記入ください。
＊予備の電話番号(携帯も可)があればご記入ください。

※個人番号(マイナンバー)については、6ページをご確認ください。

⑦年金受取機関
①金融機関(ゆうちょ銀行を除く)
2.ゆうちょ銀行(郵便局)

口座名義人氏名　(フリガナ) サトウ　タロウ　(氏) 佐藤　(名) 太郎

年金送金先　金融機関：(フリガナ)〇〇〇〇　〇〇　㊐銀行　(フリガナ)〇〇〇〇　〇〇　㊐支店　預金種別 1.普通　口座番号(左詰めで記入) 0000000

ゆうちょ銀行：貯金通帳の口座番号　記号(左詰めで記入)　番号(右詰めで記入)

金融機関またはゆうちょ銀行の証明
※通帳等の写し(金融機関名、支店名、口座名義人氏名フリガナ、口座番号の面)を添付する場合、証明は不要です。
※請求者の氏名フリガナと口座名義人氏名フリガナが同じであることを確認してください。
※貯蓄預金口座または貯蓄貯金口座への振込みはできません。

支払局コード　1 0 0 8 9 9 6

⑧配偶者	氏名 (フリガナ) サトウ　ハナコ　(氏) 佐藤　(名) 花子	生年月日 大㊐昭平	520605
⑨子	氏名 (フリガナ) サトウ　イチロウ　(氏) 佐藤　(名) 一郎	生年月日 昭㊐平令	100908
	個人番号 000000000000	障害の状態にある・ない	◆診
	氏名 (フリガナ) サトウ　ジロウ　(氏) 佐藤　(名) 二郎	生年月日 昭㊐平令	130716
	個人番号 000000000000	障害の状態にある・ない	◆診

連絡欄

X線フィルムの送付　有・無　枚

X線フィルムの返送　年　月　日

1

基礎年金番号を記入するときは左詰め
原則、住民票と同じ住所を記入
本人名義のもの
生計を同一にする18歳到達年度の末日までにある子または1級もしくは2級の障害の状態にある20歳未満の子がいる場合は記入する
金融機関の証明印をもらうか、預金通帳またはキャッシュカードの写しを添付することで金融機関の証明に代えることができる

⑩　あなたの配偶者は、公的年金制度等（表1参照）から老齢・退職または障害の年金を受けていますか。○で囲んでください。

1. 老齢・退職の年金を受けている	2. 障害の年金を受けている	③いずれも受けていない	4. 請求中	制度名（共済組合名等）	年金の種類

受けていると答えた方は下欄に必要事項を記入してください（年月日は支給を受けることになった年月日を記入してください）。

公的年金制度名（表1より記号を選択）	年金の種類	年　月　日	年金証書の年金コードまたは記号番号等
		・　・	
		・　・	
		・　・	

年金コードまたは共済組合コード・年金種別						
1						
2						
3						

「年金の種類」とは、老齢または退職、障害をいいます。

⑪　あなたは、現在、公的年金制度等（表1参照）から年金を受けていますか。○で囲んでください。

1. 受けている	②受けていない	3. 請求中	制度名（共済組合名等）	年金の種類

受けていると答えた方は下欄に必要事項を記入してください（年月日は支給を受けることになった年月日を記入してください）。

公的年金制度名（表1より記号を選択）	年金の種類	年　月　日	年金証書の年金コードまたは記号番号等
		・　・	
		・　・	
		・　・	

年金コードまたは共済組合コード・年金種別						
1						
2						
3						
他年金種別						

「年金の種類」とは、老齢または退職、障害、遺族をいいます。

⑫　次の年金制度の被保険者または組合員等となったことがあるときは、その番号を○で囲んでください。

①国民年金法　②厚生年金保険法　3. 船員保険法（昭和61年4月以後を除く）
4. 廃止前の農林漁業団体職員共済組合法　5. 国家公務員共済組合法　6. 地方公務員等共済組合法
7. 私立学校教職員共済法　8. 旧市町村職員共済組合法　9. 地方公務員の退職年金に関する条例　10. 恩給法

⑬　履　歴（公的年金制度加入経過）
※できるだけくわしく、正確に記入してください。

	(1) 事業所（船舶所有者）の名称および船員であったときはその船舶名	(2) 事業所（船舶所有者）の所在地または国民年金加入時の住所	(3) 勤務期間または国民年金の加入期間	(4) 加入していた年金制度の種類	(5) 備　考
最初			・　・から ・　・まで	1. 国民年金 2. 厚生年金保険 3. 厚生年金（船員）保険 4. 共済組合等	
2	この記録回答票の通り相違ありません		・　・から ・　・まで	1. 国民年金 2. 厚生年金保険 3. 厚生年金（船員）保険 4. 共済組合等	
3	佐藤太郎		・　・から ・　・まで	1. 国民年金 2. 厚生年金保険 3. 厚生年金（船員）保険 4. 共済組合等	
4			・　・から ・　・まで	1. 国民年金 2. 厚生年金保険 3. 厚生年金（船員）保険 4. 共済組合等	
5			・　・から ・　・まで	1. 国民年金 2. 厚生年金保険 3. 厚生年金（船員）保険 4. 共済組合等	
6			・　・から ・　・まで	1. 国民年金 2. 厚生年金保険 3. 厚生年金（船員）保険 4. 共済組合等	
7			・　・から ・　・まで	1. 国民年金 2. 厚生年金保険 3. 厚生年金（船員）保険 4. 共済組合等	
8			・　・から ・　・まで	1. 国民年金 2. 厚生年金保険 3. 厚生年金（船員）保険 4. 共済組合等	
9			・　・から ・　・まで	1. 国民年金 2. 厚生年金保険 3. 厚生年金（船員）保険 4. 共済組合等	
10			・　・から ・　・まで	1. 国民年金 2. 厚生年金保険 3. 厚生年金（船員）保険 4. 共済組合等	

加入履歴は、年金事務所などで記録をプリントして出してくれる。その記録に相違なければスタンプを押してくれるので、署名する

3

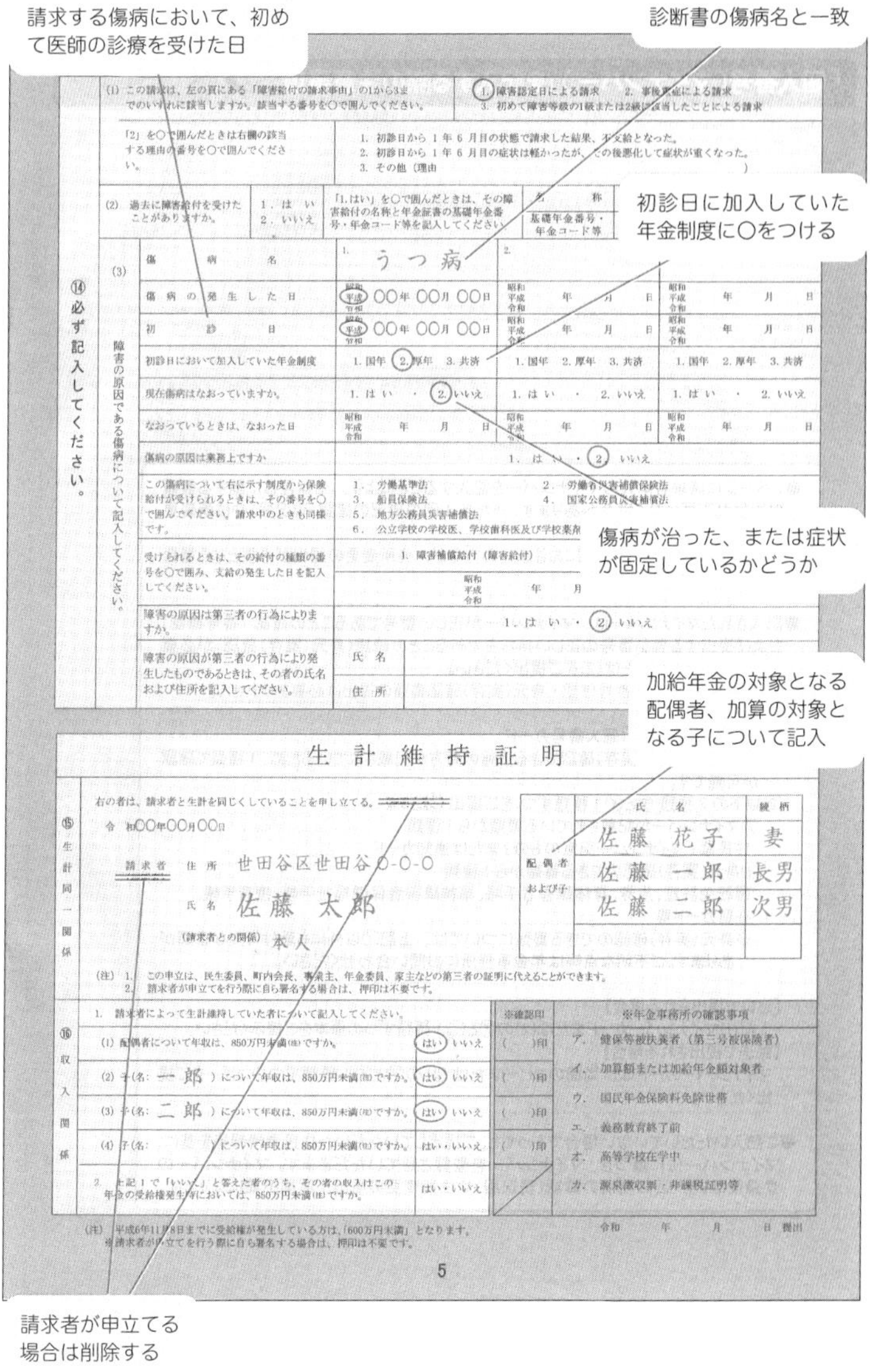
請求する傷病において、初めて医師の診療を受けた日
診断書の傷病名と一致
初診日に加入していた年金制度に○をつける
傷病が治った、または症状が固定しているかどうか
加給年金の対象となる配偶者、加算の対象となる子について記入
請求者が申立てる場合は削除する

⑭必ず記入してください。

(1) この請求は、左の頁にある「障害給付の請求事由」の1から3までのいずれに該当しますか。該当する番号を○で囲んでください。
①障害認定日による請求　2. 事後重症による請求　3. 初めて障害等級の1級または2級に該当したことによる請求

「2」を○で囲んだときは右欄の該当する理由の番号を○で囲んでください。
1. 初診日から1年6月目の状態で請求した結果、不支給となった。
2. 初診日から1年6月目の症状は軽かったが、その後悪化して症状が重くなった。
3. その他（理由　　　）

(2) 過去に障害給付を受けたことがありますか。　1. はい　2. いいえ
「1.はい」を○で囲んだときは、その障害給付の名称と年金証書の基礎年金番号・年金コード等を記入してください。　名称　基礎年金番号・年金コード等

(3) 障害の原因である傷病について記入してください。

	1.	2.	
傷病名	うつ病		
傷病の発生した日	昭和 ㊀平成 令和 〇〇年〇〇月〇〇日	昭和 平成 令和 年 月 日	昭和 平成 令和 年 月 日
初診日	昭和 ㊀平成 令和 〇〇年〇〇月〇〇日	昭和 平成 令和 年 月 日	昭和 平成 令和 年 月 日
初診日において加入していた年金制度	1. 国年 ②厚年 3. 共済	1. 国年 2. 厚年 3. 共済	1. 国年 2. 厚年 3. 共済
現在傷病はなおっていますか。	1. はい・②いいえ	1. はい・2. いいえ	1. はい・2. いいえ
なおっているときは、なおった日	昭和 平成 令和 年 月 日	昭和 平成 令和 年 月 日	昭和 平成 令和 年 月 日
傷病の原因は業務上ですか	1. はい・②いいえ		
この傷病について右に示す制度から保険給付が受けられるときは、その番号を○で囲んでください。請求中のときも同様です。	1. 労働基準法　2. 労働者災害補償保険法　3. 船員保険法　4. 国家公務員災害補償法　5. 地方公務員災害補償法　6. 公立学校の学校医、学校歯科医及び学校薬剤…		
受けられるときは、その給付の種類の番号を○で囲み、支給の発生した日を記入してください。	1. 障害補償給付（障害給付）　昭和 平成 令和 年 月		
障害の原因は第三者の行為によりますか。	1. はい・②いいえ		
障害の原因が第三者の行為により発生したものであるときは、その者の氏名および住所を記入してください。	氏名　住所		

生計維持証明

⑮生計同一関係

右の者は、請求者と生計を同じくしていることを申し立てる。
令和〇〇年〇〇月〇〇日
請求者　住所　世田谷区世田谷〇-〇-〇
氏名　佐藤太郎
（請求者との関係）本人

	氏名	続柄
配偶者および子	佐藤花子	妻
	佐藤一郎	長男
	佐藤二郎	次男

（注）1. この申立は、民生委員、町内会長、事業主、年金委員、家主などの第三者の証明に代えることができます。
2. 請求者が申立てを行う際に自ら署名する場合は、押印は不要です。

⑯収入関係

1. 請求者によって生計維持していた者について記入してください。		※確認印
(1) 配偶者について年収は、850万円未満（注）ですか。	㊀はい いいえ	（　）印
(2) 子（名：一郎）について年収は、850万円未満（注）ですか。	㊀はい いいえ	（　）印
(3) 子（名：二郎）について年収は、850万円未満（注）ですか。	㊀はい いいえ	（　）印
(4) 子（名：　）について年収は、850万円未満（注）ですか。	はい・いいえ	（　）印
2. 上記1で「いいえ」と答えた者のうち、その者の収入はこの年金の受給権発生時においては、850万円未満（注）ですか。	はい・いいえ	

※年金事務所の確認事項
ア. 健保等被扶養者（第三号被保険者）
イ. 加算額または加給年金額対象者
ウ. 国民年金保険料免除世帯
エ. 義務教育終了前
オ. 高等学校在学中
カ. 源泉徴収票・非課税証明等

令和　年　月　日提出

（注）平成6年11月8日までに受給権が発生している方は、「600万円未満」となります。
※請求者が申立てを行う際に自ら署名する場合は、押印は不要です。

5

機構独自項目

⑰ 請求者	過去に加入していた年金制度の年金手帳の記号番号で、基礎年金番号と異なる記号番号があるときは、その記号番号を記入してください。 厚生年金保険　／　国民年金 船員保険
⑱ 配偶者	②欄を記入していない方は、あなたの配偶者について、つぎの１および２にお答えください。（記入した方は、回答の必要はありません。） 1. 過去に厚生年金保険、国民年金または船員保険に加入したことがありますか。○で囲んでください。　ある・ない 「ある」と答えた方は、加入していた制度の年金手帳の記号番号を記入してください。 厚生年金保険　／　国民年金 船員保険 2. あなたと配偶者の住所が異なるときは、下欄に配偶者の住所および性別を記入してください。 住所の郵便番号　／　住所（フリガナ）　／　性別　男 女　1 2

⑲ 個人で保険料を納める第四種被保険者、船員保険の年金任意継続被保険者となったことがありますか。	1. は い ・ ② いいえ
「はい」と答えた人は、保険料を納めた年金事務所（社会保険事務所）の名称を記入してください。	
その保険料を納めた期間を記入してください。	昭和 平成 令和　年　月　日から　昭和 平成 令和　年　月　日
第四種被保険者（船員年金任意継続被保険者）の整理記号番号を記入してください。	（記号）　／　（番号）

②欄に配偶者について記入した場合は、記入の必要なし。

上・外	初診年月日	障害認定日	(外)傷病名コード	(上)傷病名コード	診断書
上・外 1・2	元号 年 月 日	元号 年 月 日			

(外)等級	(上)等級	有	有年	三	差引
			元号		

基礎	受給権発生年月日	停止事由	停止期間	条文
	元号 年 月 日		元号 年 月 元号 年 月	
	失権事由	失権年月日		
		元号 年 月 日		

厚生	受給権発生年月日	停止事由	停止期間	条文
	元号 年 月 日		元号 年 月 元号 年 月	
	失権事由	失権年月日		
		元号 年 月 日		

㊿ 共済コード　共済記録 1	2
元号 年 月 日 元号 年 月 日	元号 年 月 日 元号 年 月 日
3	㊀ 4
元号 年 月 日 元号 年 月 日	元号 年 月 日 元号 年 月 日
5	6
元号 年 月 日 元号 年 月 日	元号 年 月 日 元号 年 月 日

時効区分

7

◉受診状況等証明書

「**受診状況等証明書**」（図11）という書類は、初診日を証明するために必要な書類です。請求する病気やケガの初診日を確認できたら、初診日に受診した医療機関で、受診状況等証明書を作成してもらいます。障害年金の請求をするために最初に準備する書類となります。ただし、初診の医療機関と診断書を作成してもらう医療機関が同じ（診療科も同じ）であれば、診断書に初診日が記入されるため、受診状況等証明書は不要です。

精神遅滞（知的障害）で障害年金を請求する場合も、出生日が初診日となりますので、受診状況等証明書は必要ありません。

受診状況等証明書は、原則として、客観的なカルテの記載内容にもとづいて作成されることで証明として認められることになります。

カルテの法律上の保存期間は5年間ですので、初診日に受診した医療機関に行かなくなってから（終診から）5年を経過している場合はカルテが破棄されていることがあります。

カルテが無くても本人の申し出や医師の記憶だけで作成してもらうことは可能ですが、公的に証明力のある受診状況等証明書として、初診日を証明したことにはなりません。医療機関によっては5年より長い保存期間を定めているところもありますので、まずは連絡して確認しま

▼図11　受診状況等証明書 記入例

年金等の請求用

障害年金等の請求を行うとき、その障害の原因又は誘因となった傷病で初めて受診した医療機関の初診日を明らかにすることが必要です。そのために使用する証明書です。

受 診 状 況 等 証 明 書

① 氏　　　名　佐藤太郎

② 傷　病　名　うつ病

③ 発病年月日　昭和・(平成)・令和 00年00月00日

④ 傷病の原因又は誘因　不詳

⑤ 発病から初診までの経過

前医からの紹介状はありますか。⇒　有　(無)　（有の場合はコピーの添付をお願いします。）

食欲低下、うつ状態、希死念慮、強い倦怠感が続き、出勤不能となり、

平成00年00月00日当院初診。

※診療録に前医受診の記載がある場合
右の該当する番号に○印をつけてください
1　初診時の診療録より記載したものです。
2　昭和・平成・令和　　年　　月　　日の診療録より記載したものです。

⑥ 初診年月日　昭和・(平成)・令和 00年 00月 00日

⑦ 終診年月日　昭和・(平成)・令和 00年 00月 00日

⑧ 終診時の転帰（治癒・(転医)・中止）

⑨ 初診から終診までの治療内容及び経過の概要

薬物療法を行うが、食欲低下、うつ状態、希死念慮、強い倦怠感は不変。

○○を処方。引っ越しにより平成00年00月00日当院終診。

⑩ 次の該当する番号（1～4）に○印をつけてください。

複数に○をつけた場合は、それぞれに基づく記載内容の範囲がわかるように余白に記載してください。

上記の記載は (1) 診療録より記載したものです。
2　受診受付簿、入院記録より記載したものです。
3　その他（　　　　　　　　　　）より記載したものです。
4　昭和・平成・令和　　年　　月　　日の本人の申し立てによるものです。

⑪ 令和 00年 00月 00日

医療機関名　○○病院　　診療担当科名　精神科

所　在　地　○○○○○○○○○○　　医師氏名　○○○○

（提出先）日本年金機構　　（裏面もご覧ください。）

請求する現在の傷病と関連のある傷病名

前医からの紹介状がある場合は、そのコピーを添付

請求する傷病とは関連のない病気やケガでも受診していた場合、請求する傷病と関連のある内容のみを記入する

医師の記憶や本人の申立てのみにより記載された場合には、原則、初診日の証明として認められない。客観的な記録により記入される必要がある

しょう。

初診の医療機関にカルテがないときには、次の医療機関で受診状況等証明書を作成してもらうことになります。初診日が大分前に遡る場合は、次の医療機関でもカルテが無いこともあります。そうなると、さらに次に受診した医療機関で書類を作成してもらい、その繰り返しとなります（図13参照）。

その際に、受診したカルテが無い医療機関の、**「受診状況等証明書が添付できない申立書」**（図12）という書類を添付することになります。この書類と一緒に、初診日を証明するための客観的な証拠をできるだけ多く添付します。例えば、お薬手帳・領収書・診察券・健康診断の結果・初診日が記録されている医療機関の受付システムの記録画面・医療機関への紹介状・診療報酬明細書（レセプト）などがあります。

「受診状況等証明書が添付できない申立書」だけを添付しても、客観的な資料の提示がない場合は、初診日を証明したことになりませんので注意してください。

初診日に受診していた医療機関で受診状況等証明書が取れない場合は、これらの客観的証拠書類をもとに、最終的には認定医等が決定します。一緒に提出した書類が証拠として認められないときは、初診日不明ということで、請求が却下されてしまうことになります。あきらめず

▼図12　受診状況等証明書が添付できない申立書

明確な期間が不明な場合は、○年○月頃など、覚えている範囲で

医療機関ではなく、自ら記入して申立てる

受診状況等証明書が添付できない申立書

傷　病　名　うつ病

医療機関名　○○クリニック

医療機関の所在地　○○○○○○○○○○○○

受診期間　昭和・(平成)・令和00年00月00日　～　昭和・(平成)・令和00年00月00日

上記医療機関の受診状況等証明書が添付できない理由をどのように確認しましたか。

次の＜添付できない理由＞と＜確認方法＞の該当する□に✓をつけ、＜確認年月日＞に確認した日付を記入してください。

その他の□に✓をつけた場合は、具体的な添付できない理由や確認方法も記入してください。

＜添付できない理由＞　＜確認年月日＞　平成・(令和)　00年　00月　00日

☑ カルテ等の診療録が残っていないため
□ 廃業しているため
□ その他

＜確認方法＞　☑ 電話　□ 訪問　□ その他（　　　）

上記医療機関の受診状況などが確認できる参考資料をお持ちですか。

お持ちの場合は、次の該当するものすべての□に✓をつけて、そのコピーを添付してください。

お持ちでない場合は、「添付できる参考資料は何もない」の□に✓をつけてください。

☑ 身体障害者手帳・療育手帳・(精神障害者保健福祉手帳)
□ 身体障害者手帳等の申請時の診断書
□ 生命保険・損害保険・労災保険の給付申請時の診断書
□ 事業所等の健康診断の記録
□ 母子健康手帳
□ 健康保険の給付記録（レセプトも含む）
☑ (お薬手帳)・糖尿病手帳・領収書・診察券（可能な限り診察日や診療科が分かるもの）
□ 小学校・中学校等の健康診断の記録や成績通知表
□ 盲学校・ろう学校の在学証明・卒業証書
□ 第三者証明
□ その他（
□ 添付できる

可能な限り多くの参考資料を探して、コピーを添付する。何もない場合は、添付できる参考資料は何もないにチェックをつける

上記のとおり相違ないことを申し立てます。

令和　00年　00月　00日

請求者　住所　世田谷区世田谷0-0-0
　　　　氏名　佐藤太郎

代筆者氏名　　　　請求者との続柄

（提出先）日本年金機構　　（裏面もご覧ください。）

に、根気よく思い当たるものを全て探して、提出するようにしましょう。

受診状況等証明書を記載してもらうのにかかる金額のだいたいの目安は、3千円～1万円程度のところが多いです。

カルテの破棄や廃院などで受診状況等証明書が取得できない場合の手順を図13にまとめましたので参考にしてみてください。

◉診断書

診断書の様式は、現在8種

▼図13　受診状況等証明書取得方法のフロー

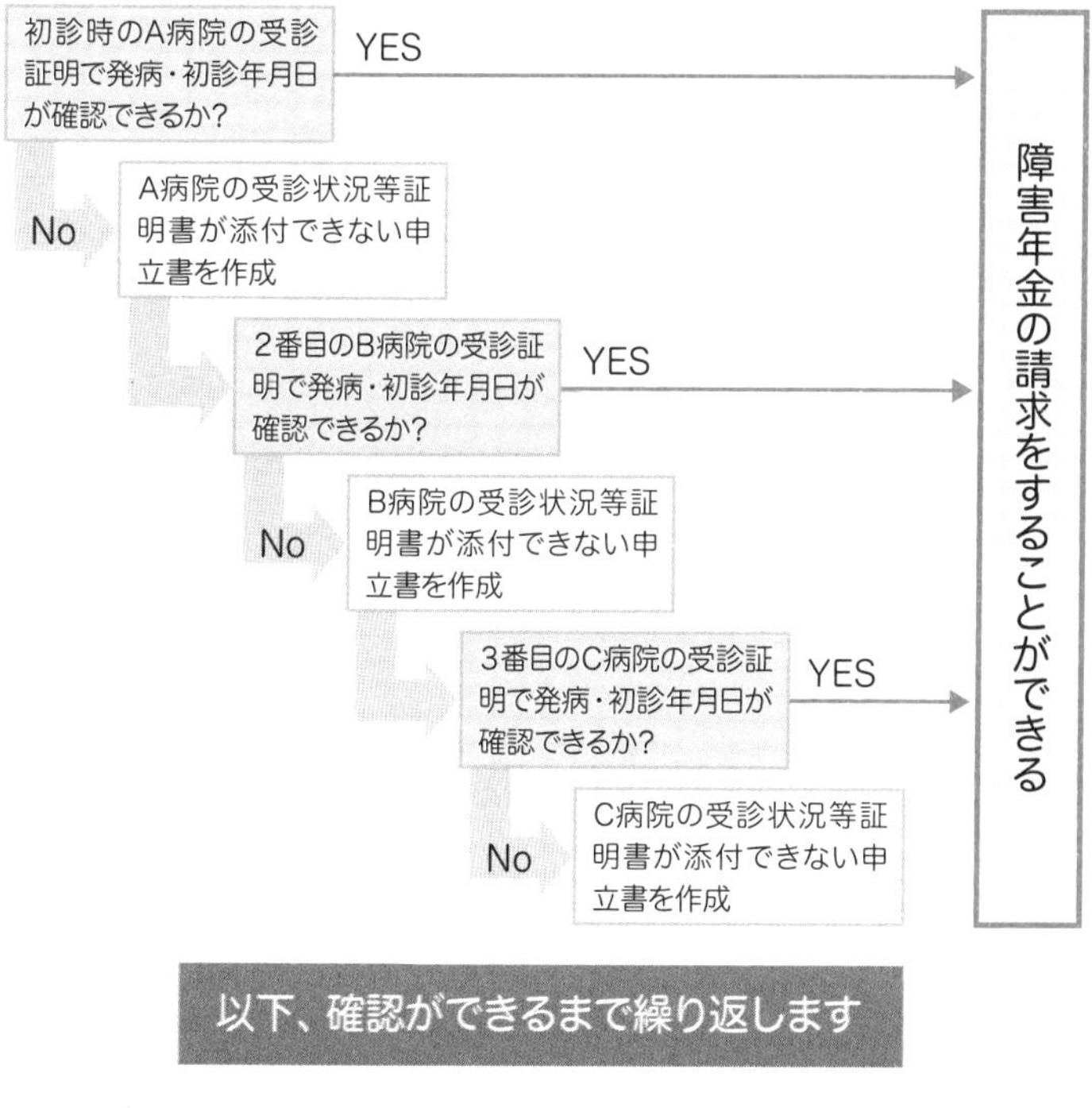
初診時のA病院の受診証明で発病・初診年月日が確認できるか?
YES
No
A病院の受診状況等証明書が添付できない申立書を作成
2番目のB病院の受診証明で発病・初診年月日が確認できるか?
YES
No
B病院の受診状況等証明書が添付できない申立書を作成
3番目のC病院の受診証明で発病・初診年月日が確認できるか?
YES
No
C病院の受診状況等証明書が添付できない申立書を作成
障害年金の請求をすることができる
以下、確認ができるまで繰り返します

類あります。障害の部位によって分けられています。

日常生活を送るのに一番困難な症状がでているところを目安に診断書を記載してもらいます。

1つの「年金請求書」で、複数の傷病の請求をすることもできます。その場合は、原則、それぞれの傷病について診断書が必要です。


【8種類の診断書】

1. 眼の障害用
2. 聴覚・鼻腔機能・平衡感覚・そしゃく・嚥下・言語機能の障害用
3. 肢体の障害用
4. 精神の障害用
5. 呼吸器疾患の障害用
6. 循環器疾患の障害用
7. 腎疾患・肝疾患・糖尿病の障害用
8. 血液・造血器・その他の障害用（一例：悪性新生物、HIV感染症、クローン病など）

遡及請求の場合は、障害認定日の障害の程度・状態を表すカルテに基づいて医師に診断書を記入してもらいます。現在の症状の診断書は、現在受診している医療機関の主治医に診断書を記入してもらいます。診断書の参考記入例は256ページ以降を参照してください。

診断書は、障害年金の等級や支給決定にかかわるとても重要な書類となります。障害年金の決定には、診断書の内容がとても大きく影響しています。病気やケガによっては、ほぼ診断書の内容で決定されることもあります。

診断書を作成していただくまでに、医療機関によっては2週間〜2か月程度かかりますので、事前に確認しましょう。

年金の対象となる期間は1月単位です。事後重症請求は請求が遅れて月をまたぐと、1月分ずつ支給の対象月も減ることになります。

医師に診断書を記載してもらうのにかかる金額のだいたいの目安は、5千円〜1万2千円程度のところが多いです。

◉病歴・就労状況等申立書

病歴・就労状況等申立書（252〜255ページ参考）は、障害の原因となった病気やケガについて、発症したときから現在までの経過を本人が申し立てる書類です。

主に記述する内容は、発症したときの状態や、受診の履歴・治療の経過、日常生活の状態です。必要な事項を漏れのないようにわかりやすく書きます。

記述するときの注意点は、医療機関を受診していなかった期間も含めて、経過がよくわかるように書くことと、診断書との整合性のある内容となっているかを確認することです。

医療機関を受診していなかった期間についても、その理由や自覚症状・日常生活の状況などを具体的に記入します。

「病歴・就労状況等申立書」の記入簡素化

令和２年10月から、20歳前に初診日がある方のうち、次のいずれかに該当する場合は、「病歴・就労状況等申立書」の病歴状況の記入を簡素化できます。

いずれか

生来性の知的障害の場合は、特に大きな変化が生じた場合を中心に、出生時から現在までの状況を一括してまとめて記入することが可能です。

P77 ～ 78の初診日証明手続きの簡素化を行った場合は、発病から証明書発行医療機関の受診日までの経過を一括してまとめて記入することが可能です。

注）証明書発行医療機関の受診日以降の経過は、通常どおり、受診医療機関等ごとに、各欄に記載を行うことが必要です。

◉その他の書類

住民票や障害者手帳のコピー、扶養している家族がいる場合は戸籍謄本や所得証明書または非課税証明書、学生証の写し、病名によっては「障害年金の初診日に関する調査票」というアンケートのような書類も必要になりますので、巻頭ページの困ったときの連絡先一覧に記載の窓口にご確認ください。必要書類は、傷病や家族構成、住所を変更した場合などによってケースバイケースです。二度手間、三度手間を防ぐためにも、電話や窓口にて確認してから書類等の一式を提出することをお勧めします。

結果が出るまでにかかる期間

障害年金の請求手続きは、年金請求書等の提出から、スムーズに進めば約3か月前後に障害年金を受けられる人には年金証書を、障害年金を受けられない場合には、不支給決定通知書が送られます。約3か月というのは、あくまでも目安であり、半年近くかかる場合もあります。

年金証書の送付から約1~2か月（40日~50日）後に、初回の年金の振り込みが始まります。その後は、偶数月に前2か月分ずつが振り込まれます。

第3章

手続きで押さえておきたいこと

第1章 障害年金とは?

第2章 障害年金受給のためのポイント

第3章 障害年金の手続き

第4章 最も重要な診断書のチェックポイント

第5章 決定通知書が届いた後のこと

第6章 相談できる場所や専門家

第7章 就労との両立

第8章 障害年金以外の制度や支援

8 書類準備時の注意点

診断書はしっかり症状などを医師に伝えてから書いてもらいましょう！

障害年金の審査において、診断書は最も重要な資料となります。年金が支給されるか否かは診断書の内容によって決定される比重がとても大きいからです。そのため、医師に診断書を記入してもらうときには、しっかり日常生活の細かい状況まで伝える必要があります。

障害年金を請求するための診断書は、治療のための医学的な診断書ではなく、生活に必要な所得保障のための社会医学的な診断書です。したがって重要なのは、病気やケガなどによって日常生活にどれくらい影響を及ぼしているかがわかるように作成されることです。特に、精神の診断書では、日常生活能力の状態が重視されています。

また、医師（特に外来の医師）は、毎日多くの患者さんを診察されていますので、一人一人に対応できる時間には限りがある場合も考えられます。その限られた時間の中で、日常生活の細かい部分までは伝えきれていないかもしれません。しかし、障害年金においては、この日常生活を送るうえでの細部まで正確な状況を、審査する障害認定医に伝えることが大切なのです。

日常生活がどのくらい困難で、そのことでどのような影響があるのか、詳しい状態まで伝えきれていないまま作成された診断書では、実際の日常生活の状況よりも軽く記入されてしまうこともあります。

このことが原因で不支給決定になってしまったら、後になって納得できずに不服申立てをすることになってしまうかもしれません。そうすると、ただでさえ障害をかかえて大変な状況なのに、さらに時間と精神的・体力的な負担がかかることになります。

そうならないためにも、日常生活の状態について、細かいことでも正しく伝えて診断書を記入してもらうようにしましょう。

9

主治医と良好な関係を保ちながら診断書を書いてもらいましょう！

よりよい治療を継続するために

医師に診断書の作成依頼をするときには、意見を押しつけてしまわないようにしましょう。最終的に、診断書にどのような内容を記入するかは医師の判断になります。もし、本人の感じている病気やケガの症状や日常生活の状態と異なる内容の診断書を受け取ったときには、医師とよく話し合い、理由を確認するようにしましょう。日常生活の細かい状況までは伝わっていなかっただけなのかもしれませんし、医師なりの考えのもとに判断されて作成した診断書なのかもしれません。

理由を把握せずに、いきなり診断書の記入内容についての希望や意見を押しつけてしまうと、信頼関係を壊してしまうことにもなりかねません。よりよい治療を継続するためにも、医師と

10

コミュニケーションをとりながら丁寧に進めましょう。

障害年金請求手続きの仕組み

請求書類受付窓口と審査官

初診日に、国民年金であった場合は、障害基礎年金のみの請求となり、原則、市区町村役場が窓口です。

障害基礎年金のみの請求でも、初診日に国民年金の第3号被保険者であった人については、年金事務所か街角の年金相談センターが窓口となりま

平成29年4月に、都道府県ごとに行われていた障害基礎年金の審査を一元化するため、東京都内に「障害年金センター」が設置され、障害厚生年金と障害基礎年金の障害状態の認定や障害年金の決定に関する審査が行われています

す。

初診日に厚生年金であった場合は、障害厚生年金の請求もすることになりますので、年金事務所か街角の年金相談センターが窓口となります（巻頭ページ参照）。

11 こんな場合はどうすればいいの？

Q 初診日のカルテがない

カルテの法定保存期限は終診から5年…でも、あきらめるのはまだ早い！

カルテの保存期間は、終診から原則5年間です。カルテを5年以上保存している医療機関もありますが、初診日がかなり過去に遡り、医療機関でカルテが廃棄されている場合、または廃院していた場合はどうしたらいいのでしょう。

初診日を確定し、証明することができないと、次の請求手続きのための準備に進むことができません。そのため、医療機関の外部にある倉庫を含め、まずはカルテが残っているかどうかをしっかり確認します。それでもカルテがないと確定したら、次は、客観的に初診日を証明できる書類をできるだけ多く集めます。

初診日を証明するものとして認められる可能性のある書類などには、次のようなものがあります。

- 身体障害者手帳・療育手帳・精神障害者保健福祉手帳
- 身体障害者手帳等の申請時の診断書
- インフォームド・コンセントによる医療情報サマリー
- 生命保険・損害保険・労災保険の給付申請時の診断書
- 交通事故証明書、労災の事故証明書
- お薬手帳・領収書・診察券（できる限り診察日や診療科がわかるもの）
- 事業所の健康診断の記録・健康保険の給付記録（レセプトも含む）

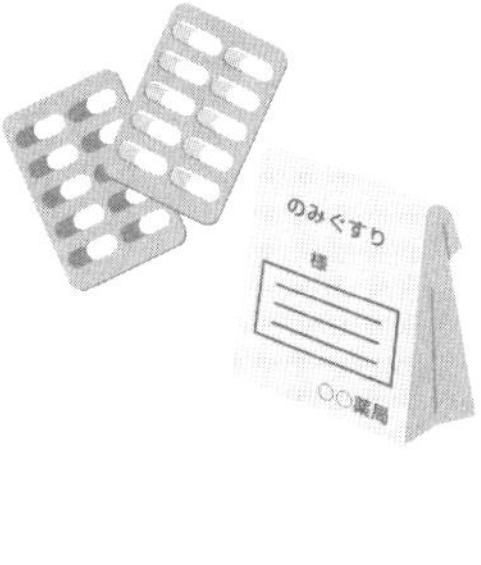

初診日（初回来院日など）が記録されている医療機関のＰＣ記録画面のコピーを添付して、初診日と認められたこともあります。

初診日を裏付けるための証拠書類などは、**「受診状況等証明書が添付できない申立書」**（116ページ）という書類と一緒に添付することになりますが、「受診状況等証明書が添付できない申立書」単体では初診日を証明したことにはなりませんので、繰り返しになりますが、あきらめずに、根気よく思い当たるものを探して、提出するようにしましょう。

また、今現在元気な人でも、いつ病気やケガをするかわかりません。そのときのためにも、お薬手帳や診察券などを大切に保管するようにしましょう。それが、将来、初診日を証明できる証拠となるかもしれません。受診状況等証明書には有効期限がないため、将来、障害年金の請求をする可能性が高いときには、先に受診状況等証明書を取得しておくという方法もあります。

それでも初診日を証明する客観的な書類が無い場合は、平成27年10月1日に初診日の証明について緩和されましたので、第三者証明等で証明する方法もあります。詳細は73ページを参照してください。

Q 初診日が20歳前（保険料納付義務がない）であり、保険料を納付していない

初診日が20歳前で保険料を納付していないのであれば、障害基礎年金を受給できる可能性があります。

障害年金は、初診日にどの公的年金制度に加入していたかで、受給できる年金が、「障害基礎年金」または「障害厚生年金」なのか決まることになります。

国民年金に加入義務のない20歳前に初診日がある場合は、就職していなければ保険料を納付していないため、障害年金は受給できないと思ってしまっている人がいます。

例えば、生まれつきの病気や、20歳前の成長過程で病気やケガをしてしまった人などは、20歳になったときに障害等級表で定める障害の状態になっていれば、障害基礎年金を受給できます。ただし、20歳前に初診日があっても、障害認定日が20歳以後のときは障害認定日に請求することになります。

Q 医師が診断書を書いてくれない

「主治医にお願いしても、診断書を書いてくれない」というようなご相談を受けることが時々あります。もしかしたら、主治医の先生にも何かの意向があるのかもしれません。そんなときには、まずは、本人やご家族からその理由を主治医に確認してみてはいかがでしょうか。

社会保険労務士ができることは、障害年金の請求をより正確に行うための、あくまでも医師への情報提供となります。障害年金についての細部にわたる情報提供が足りていない場合は、お伝えすることで解決できるかもしれませんが、最終的に診断書にどのような記入をするかは主治医の判断となります。

それでも主治医の先生との話が進まない場合は、医療機関内のソーシャルワーカーなどに相談してみることをおすすめします。ソーシャルワーカーであれば、本人と主治医のことを両方把握していると思いますので、いいアドバイスをしてもらえるかもしれません。

医療機関や主治医を変えるという方法もありますが安易に医療機関をすぐに変えてしまうと、また一から主治医との信頼関係の構築や、病歴や病状、できればお話したくないようなことまで説明しなければならなくなり、精神的にも疲れてしまうことになりかねませんから慎重に考えましょう。

Q 障害年金のことを知らなかったため、今からの手続きで過去の分も請求できるの?

障害年金の請求方法の種類を第2章で前述しました。本来であれば、障害認定日請求と呼ばれる本来請求をできればいいのですが、お伝えしてきた通り、障害年金はまだまだ知られていないことも多いのが現状です。

思いもしなかった交通事故にあい、肢体に障害が残り、3年以上も経ってから障害年金の存在を知ったということや、5年以上も経って障害年金にたどり着いたということもあります。

そんな場合には、遡及請求（100ページ）の説明のところで前述してきた通り、過去に遡って請求することができます。ただし、年金を受け取ることができるのは、時効により直近5年以内の分までとなっています。障害認定日が年金請求日から5年以上前にある場合は、時効により受け取れない期間が生じてしまいます。

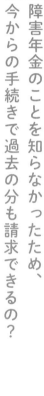

Q 2つ以上の公的年金が受けられる場合はどうなるの？

公的年金には、「一人一年金」という原則があります。障害年金以外に老齢年金や遺族年金の受給権がある場合には、65歳になるまではどちらか一方の年金を選択することになります。しかし、65歳になったら「障害基礎年金と各被用者年金制度による老齢年金と遺族年金」をあわせて受けることができます。ただし、「老齢基礎年金や遺族基礎年金と障害厚生年金」の組み合わせを受けることはできません。次のいずれかの選択になります。

- 障害基礎年金 ＋ 障害厚生年金
- 老齢基礎年金 ＋ 老齢厚生年金
- 遺族基礎年金 ＋ 遺族厚生年金
- 障害基礎年金 ＋ 老齢厚生年金
- 障害基礎年金 ＋ 遺族厚生年金

第 4 章

知っておきたい！障害等級の決定に最も影響する診断書の参考記入例

第1章 障害年金とは？

第2章 障害年金受給のためのポイント

第3章 障害年金の手続き

第4章 最も重要な診断書のチェックポイント

第5章 決定通知書が届いた後のこと

第6章 相談できる場所や専門家

第7章 就労との両立

第8章 障害年金以外の制度や支援

12

診断書は8種類ある！ 等級認定に重要な診断書の参考記入例

障害年金の診断書は8種類あります。病気やケガの症状を認定医に適切に伝えられる診断書を選びます。同じ病気やケガであっても、障害の状態によっては、異なる診断書を選択することもあります。

年金決定通知書（年金証書）の記載内容

障害年金が支給決定され、年金証書（図1）が送られてくると、支給決定された障害の等級、診断書の種類（表1）、次回診断書提出年月が記載されています。

障害の等級は、障害等級表（国年令別表／厚年令別表第1・第2）にある障害の程度が記入

▼図1 年金決定通知書(年金証書) サンプル

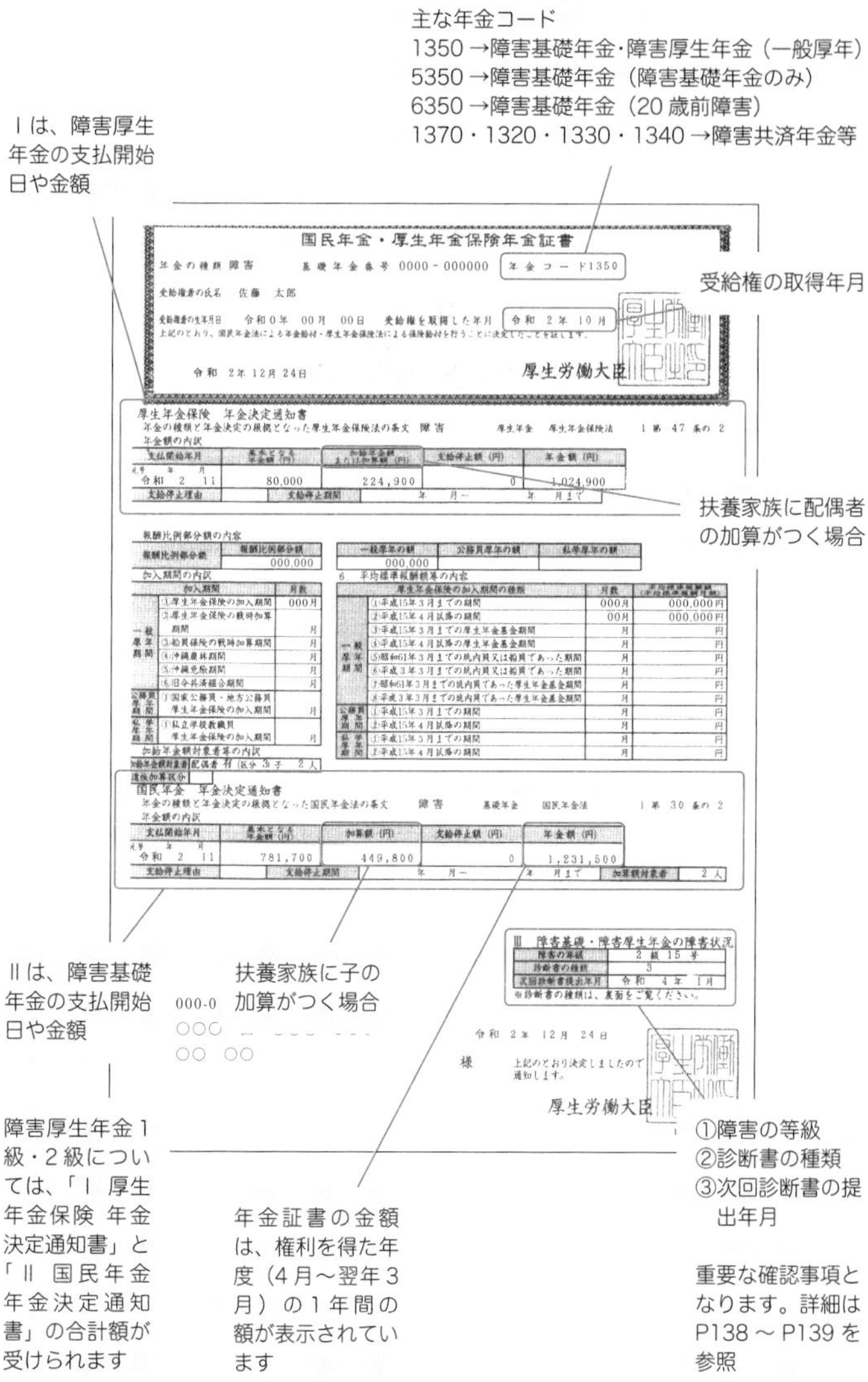

されています（92ページ参照）。

次回診断書提出年月は、有期認定と永久認定があり、有期認定の場合は1年～5年ごとに診断書を提出して更新する必要があります。誕生日月が更新月です。

次回診断書提出年月が「＊＊」で、診断書の種類（表1）が「1」の場合は、永久認定となり診断書の提出は不要です。

年金証書（図1）や診断書（図2、4、5）がどのような書類かイメージを持ってもらうために、サンプルと参考記入例を表示します。巻末資料の256ページから見やすくした診断書を掲載しています。

▼表1　8種類の診断書

1	障害の現状に関する届け出は不要
2	呼吸器疾患の障害用の診断書およびレントゲンフィルム
3	循環器疾患の障害用の診断書
4	聴覚、鼻腔機能、平衡機能、そしゃく、嚥下機能、言語機能の障害用の診断書
5	眼の障害用の診断書
6	肢体の障害用の診断書
7	精神の障害用の診断書
8	腎疾患、肝疾患、糖尿病の障害用の診断書
9	血液・造血器、その他の障害用の診断書

枠線の番号は、年金証書の「診断書の種類」に記入されます

▼図2　精神の診断書　参考記入例(うつ病による請求)

※あくまでも参考例となります。256ページに拡大した記入例があります。

①欄
障害年金を請求する傷病名及び該当するICD10コードを記載してもらいます。同時期に複数の精神疾患が併発している場合は、障害年金を請求する全ての傷病名及び該当するICD10コードを記載してもらいましょう。

③欄
①欄の傷病のために初めて医師の診療を受けた日を記入します。カルテで確認できるときは、「診療録で確認」を○で囲んでもらいます。確認できないときは、「本人の申立て」を○で囲み、聴取した日を( )内に記載してもらいます。

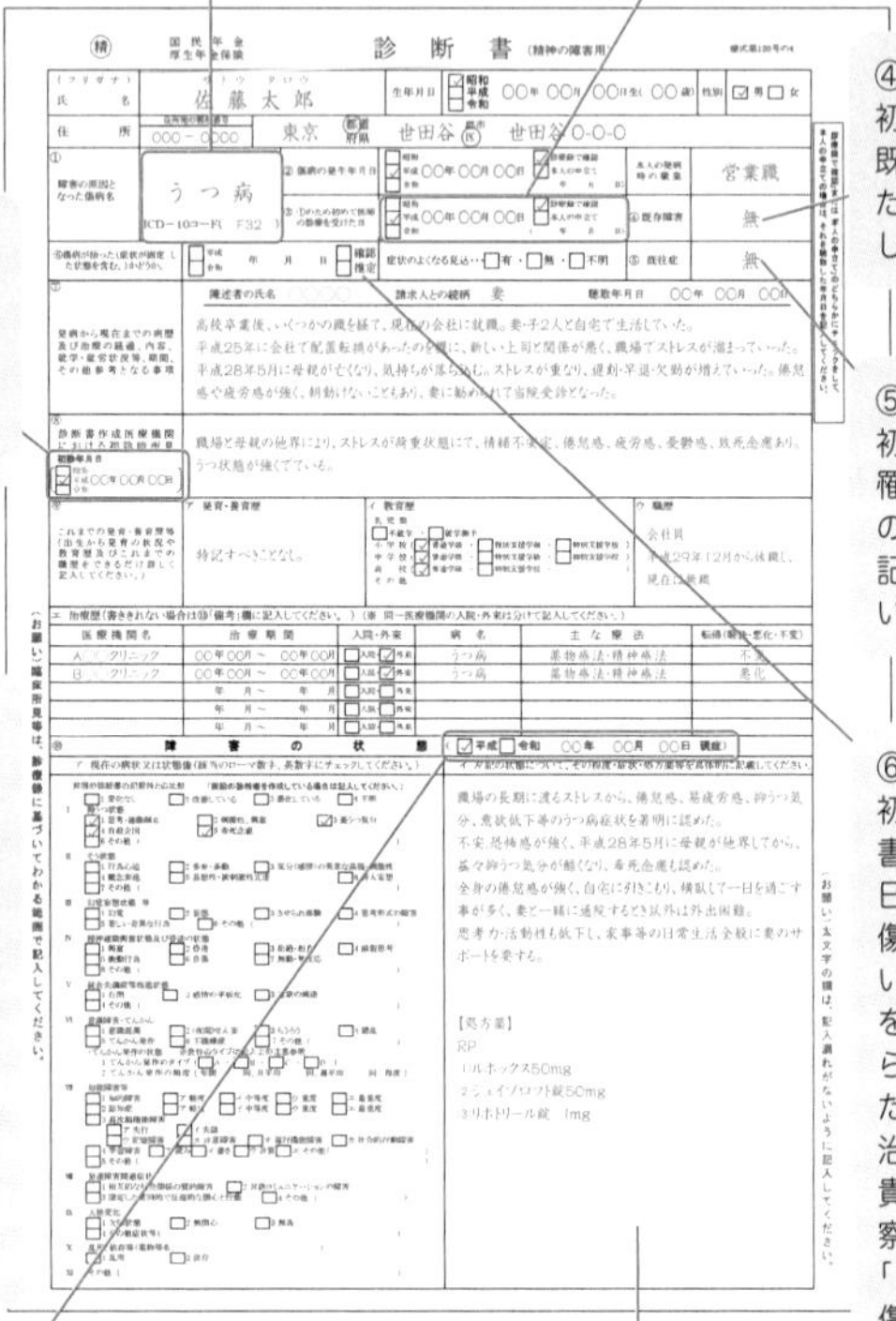

④欄
初診より前に既に有していた障害を記入します。

⑤欄
初診より前に罹患したことのある疾患を記入してもらいます。

⑥欄
初診から診断書を作成する日までの間に傷病が治っていればその日を記入してもらいます。また、傷病が治った当時に貴院で直接診察した場合は「確認」に、傷病が治った当時に貴院で直接診察していない場合は「推定」に、丸を付けてもらいます。

⑧欄
診断書を記入する病院における初診年月日を記入してもらいます。

⑨工欄
受診医療機関が多い、入退院を繰り返すなどにより記入欄が不足する場合は、⑬「備考」欄へ記入していただくか、任意の別紙に記入の上、この診断書に添付してもらいます。

現症日の記入漏れがないか確認しましょう。

⑩欄イ
ア欄に丸を付した病状又は状態像について、問診による精神医学的所見、病状の程度、処方内容などをできるだけ具体的に記入してもらいましょう。

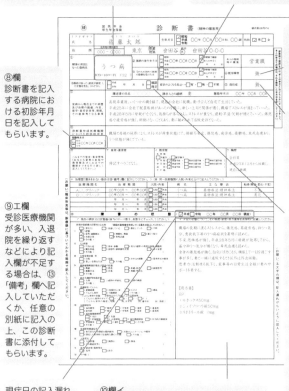

⑩欄ウ1
同居者が無しでも、定期的な支援を受けている場合は、分かるように余白などに記入してもらうことをおススメします。

⑩欄ウ3
①障害の原因となった傷病名欄に知的障害が含まれる場合（又は発達障害などで知的障害を伴っていて、《知的障害》の欄の方が本人の状態を適切に評価できる場合）は本項目の《知的障害》欄で判断し、①欄に知的障害が含まれない場合は《精神障害》欄で判定してもらいます。

⑩欄ウ2
等級認定においてとても重要な欄となります。
あくまでも『単身』で生活するとしたら可能かどうかで判断していただくよう注意してください。

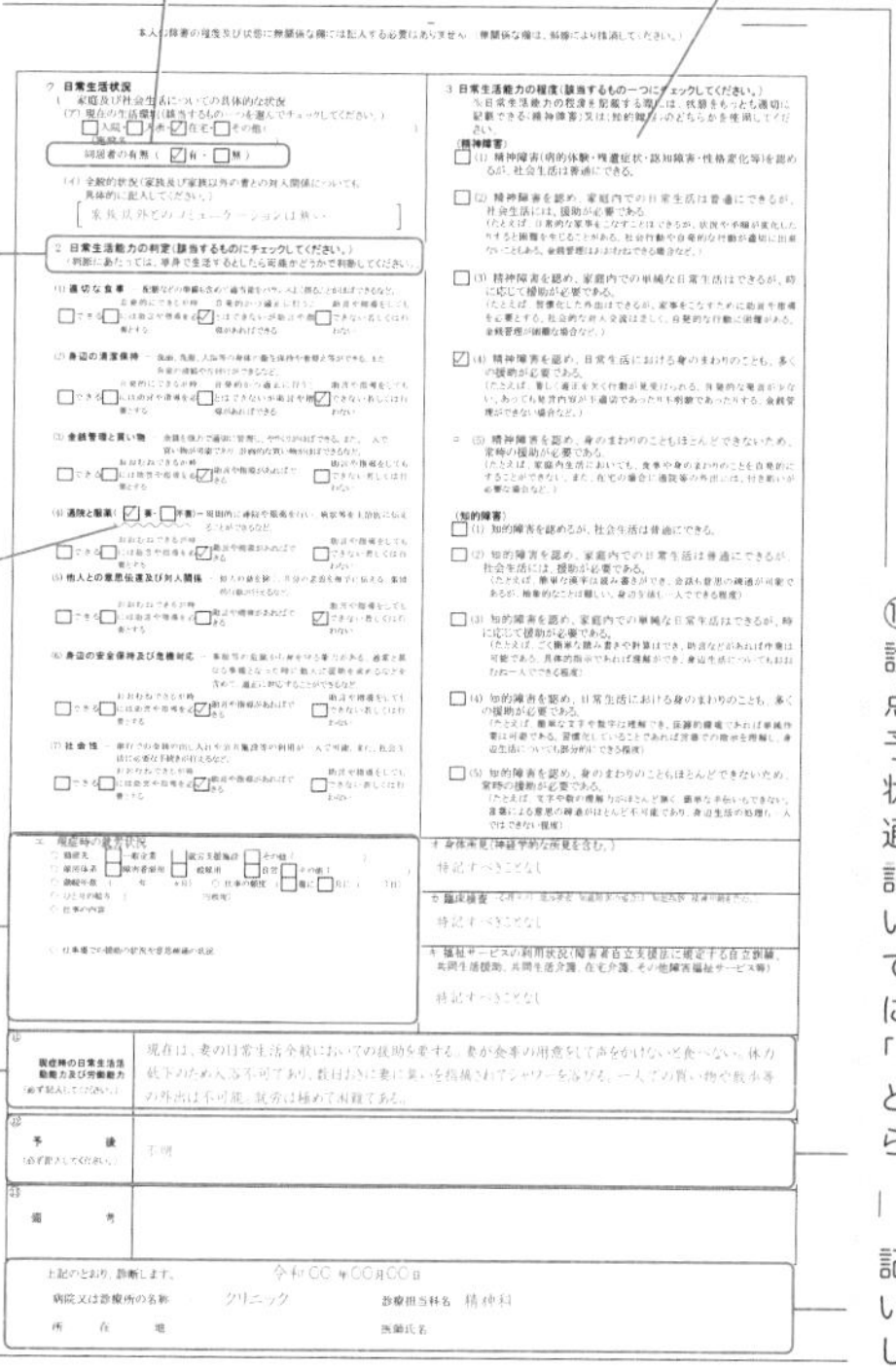

⑩欄ウ2(4)
記入漏れのないようにチェックをしてもらいましょう。

⑩欄エ
現症時の就労状況に記入がある場合は、内容に相違ないかよく確認しましょう。

⑪欄
現症時の日常生活活動能力だけでなく、労働能力についても記入してもらいます。

⑫欄
診断書作成時点において、予想される病状の今後の見通しについて記載してもらいます。判断できない場合には「不詳」「不明」などと記入してもらいます。

記入漏れがないか確認しましょう。

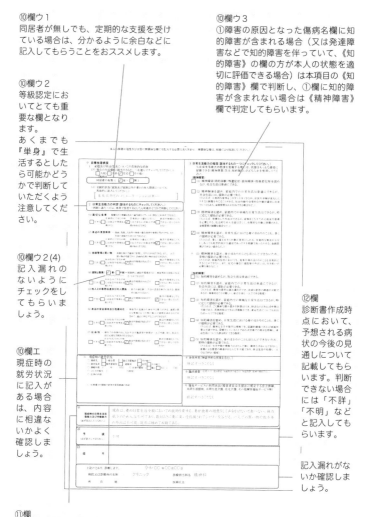

記入上の注意

1　**この診断書は、傷病の性質上、原則、精神保健指定医又は精神科を標ぼうする医師に記入していただくことになっています。ただし、てんかん、知的障害、発達障害、認知障害、高次脳機能障害など診療科が多岐に分かれている疾患について、小児科、脳神経外科、神経内科、リハビリテーション科、老年科などを専門とする医師が主治医となっている場合、これらの科の医師であっても、精神・神経障害の診断又は治療に従事している医師であれば記入可能です。**

2　この診断書は、国民年金又は厚生年金保険の障害給付を受けようとする人が、その年金請求書に必ず添えなければならない書類の一つで、初診日から１年６月を経過した日（その期間内に治ったときは、その日）において、国民年金法施行令別表又は厚生年金保険法施行令別表（以下「施行令別表」という。）に該当する程度の障害の状態にあるかどうか、又は、初診日から１年６月を経過した日において、施行令別に該当する程度の障害の状態でなかった者が、65歳に到達する日の前日までの間において、施行令別表に該当する程度の障害の状態に至ったかどうかを証明するものです。

［また、この診断書は、国民年金又は厚生年金保険の年金給付の加算額の対象者となろうとする人等についても、障害の状態が施行令別表に該当する程度にあるかどうかを証明するものです。］

3　③の欄は、この診断書を作成するための診断日ではなく、本人が障害の原因となった傷病について初めて医師の診療を受けた日を記入してください。前に他の医師が診察している場合は、本人の申立てによって記入してください。

4　「障害の状態」の欄は、次のことに留意して記入してください。
(1)　本人の障害の程度及び状態に無関係な欄には記入する必要がありません。（無関係な欄は、斜線により抹消してください。）
なお、該当欄に記入しきれない場合は、別に紙片をはりつけてそれに記入してください。
(2)　現在の病状又は状態像の「前回の診断書の記載時との比較」については、前回の診断書を作成している場合は記入してください。
(3)　知能障害の場合は、知能指数（又は精神年齢）と検査日を⑩の欄の「カ　臨床検査」欄に必ず記入してください。
(4)　てんかんの発作回数は、過去2年間の状態あるいは、おおむね今後2年間に予想される状態を記入してください。
また、てんかんの発作の欄は、下記の発作のタイプを参考にしてＡ～Ｄを○で囲んでください。
Ａ：意識障害を呈し、状況にそぐわない行為を示す発作
Ｂ：意識障害の有無を問わず、転倒する発作
Ｃ：意識を失い、行為が途絶するが、倒れない発作
Ｄ：意識障害はないが、随意運動が失われる発作

5　**「①障害の原因となった傷病名」欄に神経症圏（ＩＣＤ－１０コードが「Ｆ４」）の傷病名を記入した場合で、「統合失調症、統合失調症型障害及び妄想性障害」または「気分（感情）障害」の病態を示しているときは、「⑬備考」欄にその旨と、示している病態のICD－10コードを記入してください。**

6　**高次脳機能障害による失語障害があるときは、「言語機能の障害用」の診断書が必要になります。**

⑬欄
本人の状態について特記すべきことがあれば記入してもらいます。
①障害の原因となった傷病名欄に神経症圏（ICD10 コードが F4）の傷病名を記入した場合、「統合失調症、統合失調症型障害及び妄想性障害」または「気分（感情）障害」の病態を示しているときは、その病態とICD10 コードを記入してもらいましょう。
師に向けた、診断書の記入例や説明が書かれています。

精神の障害に係る日常生活の能力の7項目と判定

日常生活能力の次の7項目は、診断書裏面「⑩ウ　2欄」(141、258〜259ページ参照)に記載されています。

●日常生活能力の次の7項目
①適切な食事　②身辺の清潔保持　③金銭管理と買い物
④通院と服薬　⑤他人との意思伝達及び対人関係
⑥身辺の安全保持及び危機対応　⑦社会性

表2の障害等級の目安表では、この日常生活能力の判定を下記(図3)の軽い方から1〜4の数値に置き換え、4段階評価をして判定平均を算出します。

判定にあたっては、**単身**で生活するとしたら可能かどうかで判断するよう注意してください。

▼図3　日常生活能力の4段階評価

軽い
↕
重い

1．できる
2．自発的に(またはおおむね)できるが時には助言を必要とする
3．(自発的かつ適正に行うことはできないが)助言や指導があればできる
4．助言や指導をしてもできない若しくは行わない

▼表2　障害等級の目安

判定平均＼程度	(5)	(4)	(3)	(2)	(1)
3.5以上	1級	1級又は 2級			
3.0以上 3.5未満	1級又は 2級	2級	2級		
2.5以上 3.0未満		2級	2級又は 3級		
2.0以上 2.5未満		2級	2級又は 3級	3級又は 3級非該当	
1.5以上 2.0未満			3級	3級又は 3級非該当	
1.5未満				3級非該当	3級非該当

《表の見方》
1.「程度」は、診断書の記載項目である「日常生活能力の程度」の5段階評価を指す。
2.「判定平均」は、診断書の記載項目である「日常生活能力の判定」の4段階評価について、程度の軽い方から1～4の数値に置き換え、その平均を算出したものである。
3. 表内の「3級」は、障害基礎年金を認定する場合には「2級非該当」と置き換えることとする。

《留意事項》
障害等級の目安は総合評価時の参考とするが、個々の等級判定は、診断書等に記載される他の要素も含めて総合的に評価されるものであり、目安と異なる認定結果となることもあり得ることに留意して用いること。

出典：厚生労働省「国民年金・厚生年金保険　精神の障害に係る等級判定ガイドライン」(https://www.mhlw.go.jp/file/04-Houdouhappyou-12512000-Nenkinkyoku-Jigyoukanrika/0000130045.pdf)

障害等級の目安は、等級認定の参考とされていますが、総合評価の結果により目安とは異なる認定結果になる場合もあります。

表2が載っている「精神の障害に係る等級判定ガイドライン」は日本年金機構のホームページよりダウンロードできます。

診断書の取得や記入方法について

8種類の診断書は、年金事務所や街角の年金相談センター等に相談に行った際に受取ることができます。ご相談の内容から、一番適切と思われる診断書を相談員から渡されます。また、日本年金機構のホームページからダウンロードできます。事前にどのような診断書があるか、ご自身の病気やケガの特徴から該当しそうな診断書の内容をあらかじめ確

病気やケガの特徴、受診科や主治医によっても、症状を適切に記入できる診断書の種類が変わることもありますので、迷ったときには主治医に相談してみてもいいかもしれません

▼図4　肢体の診断書　参考記入例（くも膜下出血による肢体の機能障害による請求）　※あくまでも参考例となります。262ページに拡大した記入例があります。

①欄
障害年金の支給を求める傷病名を記入してもらいます。

③欄
①欄の傷病のために初めて医師の診療を受けた日を記入します。カルテで確認できるときは、「診療録で確認」を○で囲んでもらいます。確認できないときは、「本人の申立て」を○で囲み、聴取した日を（　）内に記載してもらいます。

⑦欄
「傷病が治っている場合」は、初診日から1年6か月以内において、離断・切断をした場合は離断・切断日、また、機能障害の場合はいかなる治療を行っても回復の見込みがなく、その症状がかわらない状態となった日を記入してもらいます。

「傷病が治っている」と判断した場合は、その理由を裏面の㉓欄に記入してもらいましょう。

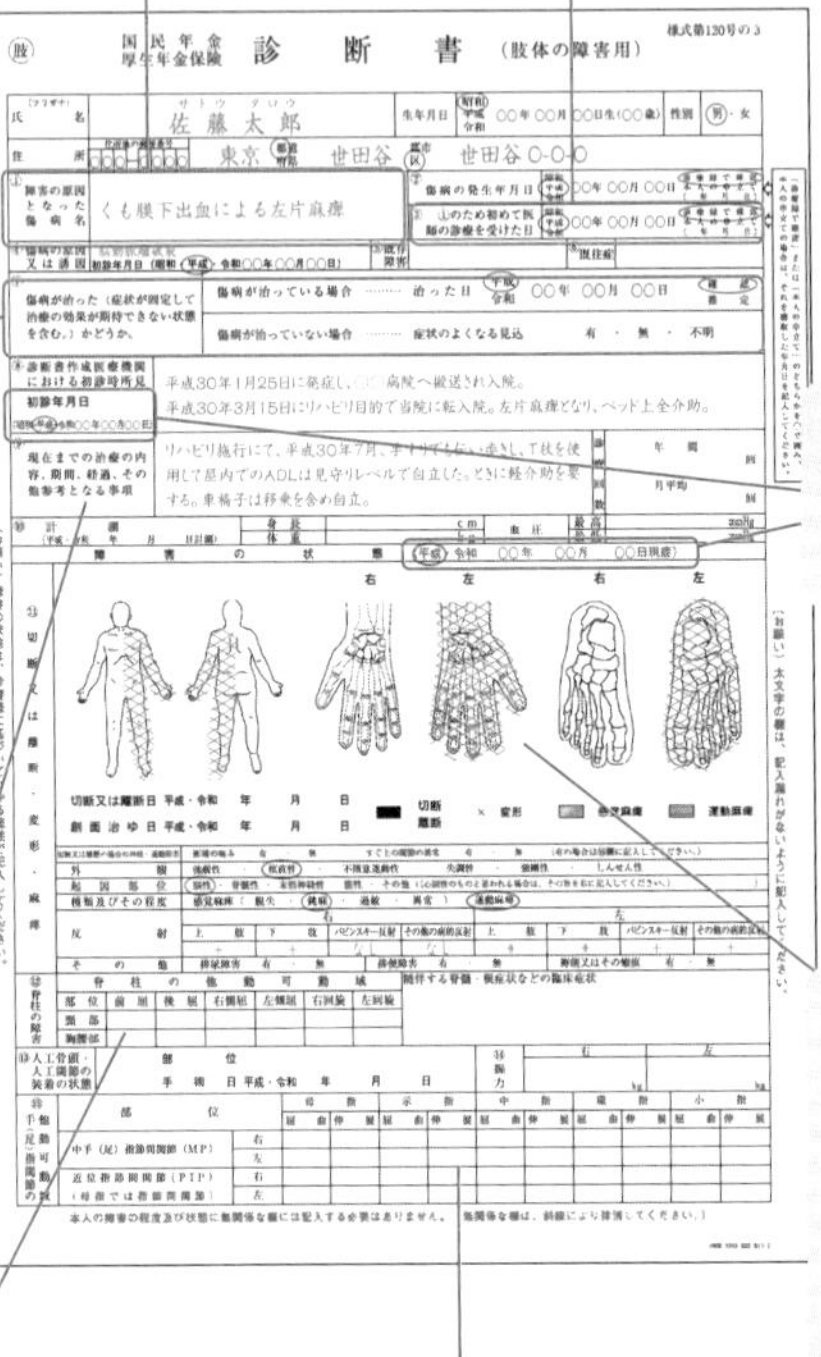

初診年月日と現症日の記入漏れがないか確認しましょう。

⑪欄
離断又は切断、変形、感覚麻痺、運動麻痺がある場合には、その部位が分かるように記入してもらいます。

⑨欄
初診日以降の治療の内容、期間、経過、その他参考となる事項を記入してもらいます。

⑫欄
脊髄に障害がある場合には、他動可動域による測定値を記入してもらいます。

⑬欄
手（足）指関節の可動域に制限がある場合は、他動可動域による測定値を記入してもらいます。

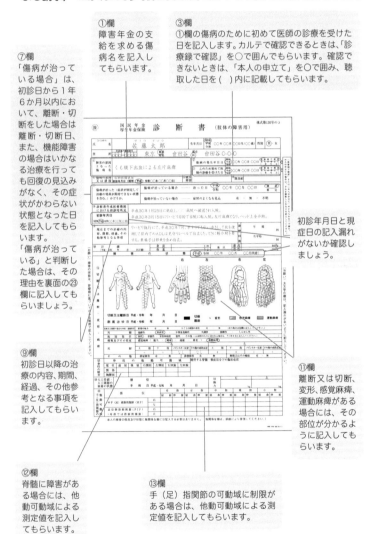

⑯欄
肩関節、肘関節、前腕、手関節、股関節、膝関節、足関節の他動可動域による測定値を記入してください。なお、健側と患側を比較して障害の程度を認定することもありますので、右・左どちらも記入してもらいましょう。
筋力の欄は、正常、やや減、半減、著減、消滅のうち該当するものに○又はチェックを記入してもらいます。

日付の記入漏れがないか確認しましょう。

記入漏れがないか確認しましょう。

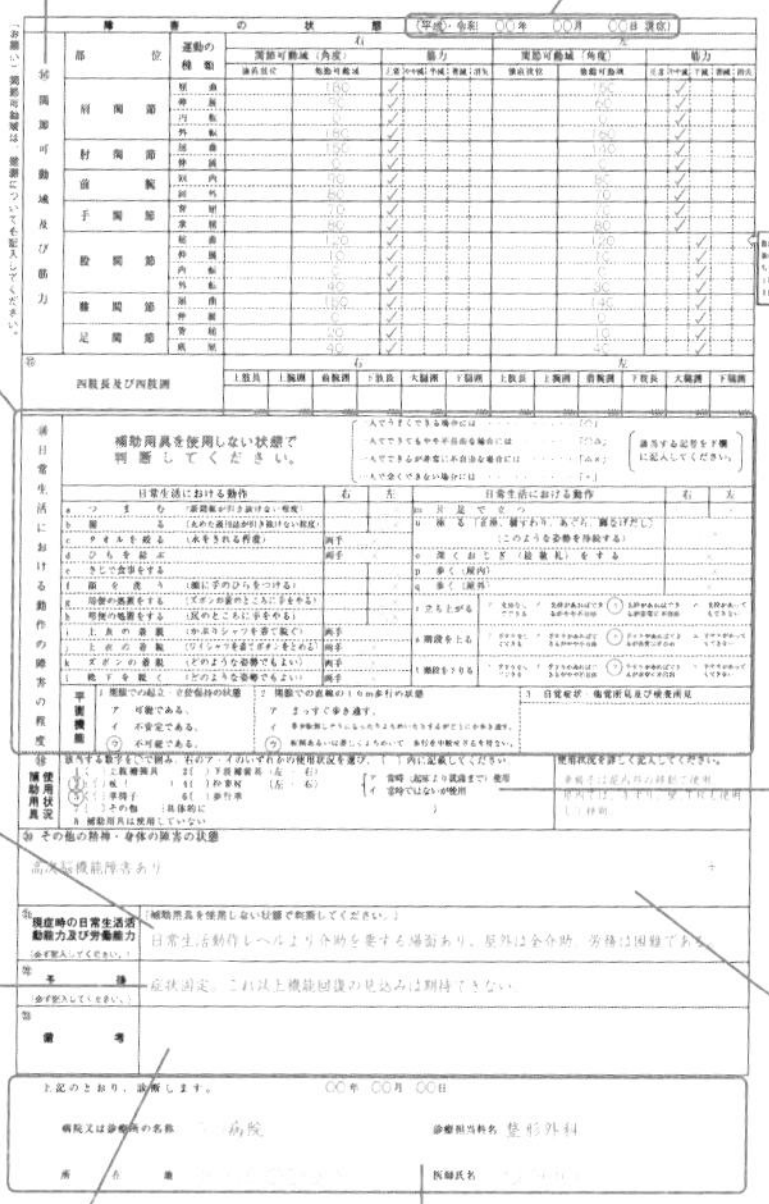

⑱欄
必ず補助用具を使用しない状態で判断してもらいます。

⑲欄
使用している補助器具の数字を○で囲み、「ア」か「イ」のいずれかの使用状況を（　）内に記入してもらいます。なお、補助用具を使用していない場合は、「8」の数字を○で囲んでもらいます。

㉑欄
現症時の日常生活活動能力だけでなく、労働能力についても記入してもらいます。

⑳欄
脳血管障害などにより言語障害がある場合は、会話状態などをできる限り具体的に記入してもらいます。

㉒欄
診断時に判断できない場合は「不詳」「不明」などと記入してもらいます。

㉓欄
⑳欄に書ききれなかった事項や請求者の状態について特記すべきことがあれば記入してもらいます。

記入漏れがないか確認しましょう。

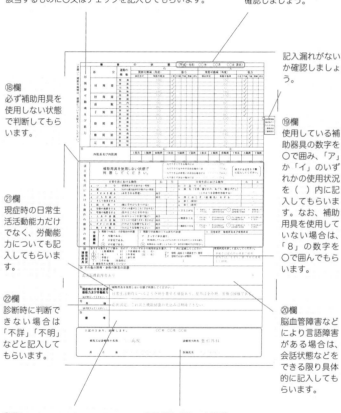

▼図5　その他の診断書　参考記入例（がんによる請求）

※あくまでも参考例となります。266ページに拡大した記入例があります。

⑨欄
現在までの治療の内容など、参考となる事項は、できるだけ詳しく記載してもらいます。がんの場合はステージもできるだけ記入してもらいましょう。

③欄
①欄の傷病のために初めて医師の診療を受けた日を記入します。カルテで確認できるときは、「診療録で確認」を○で囲んでもらいます。確認できないときは、「本人の申立て」を○で囲み、聴取した日を（　）内に記載してもらいます。

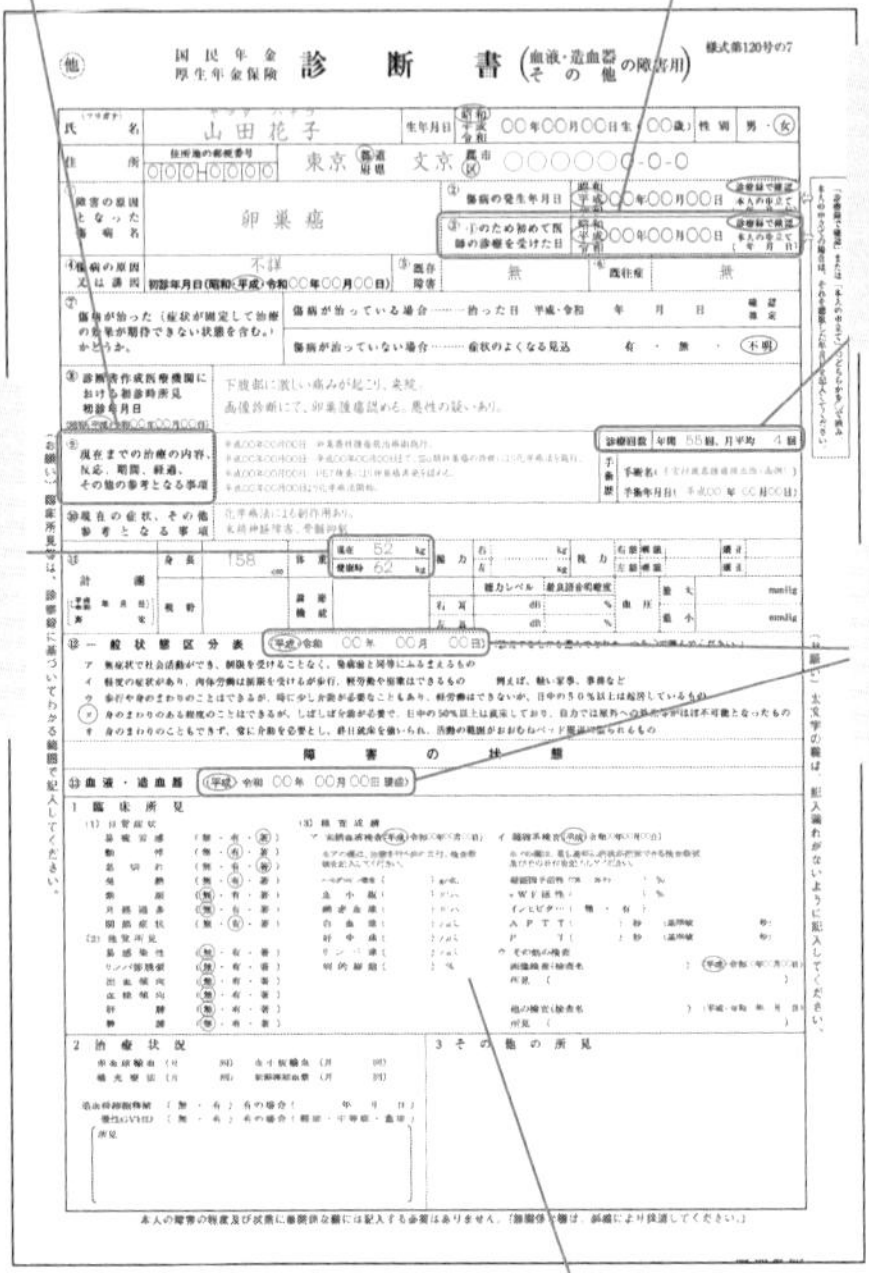

現症日前１年間の診療回数を記入。
（入院日数１日＝診療回数１回とする）

⑪欄
体重の増減があり、それが傷病によるものであれば、記載してもらいましょう。

現症日（いつの時点の状態か）は必ず記載してもらいます。

⑬欄
血液・造血器疾患の障害の状態はこの⑬の項番を記載してもらいます。血液・造血器疾患以外の傷病の場合はこの欄は斜線で消してもらいましょう。

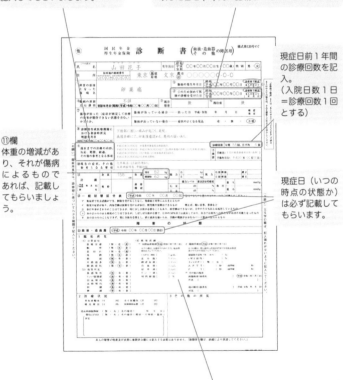

⑭欄
ヒト免疫不全ウィルス感染症による障害（HIV）はこの項番に障害の状態を記載してもらいます。請求人の障害に関係がないときは斜線で消してもらいましょう。

現症日（いつの時点の状態か）は必ず記載してもらいます。

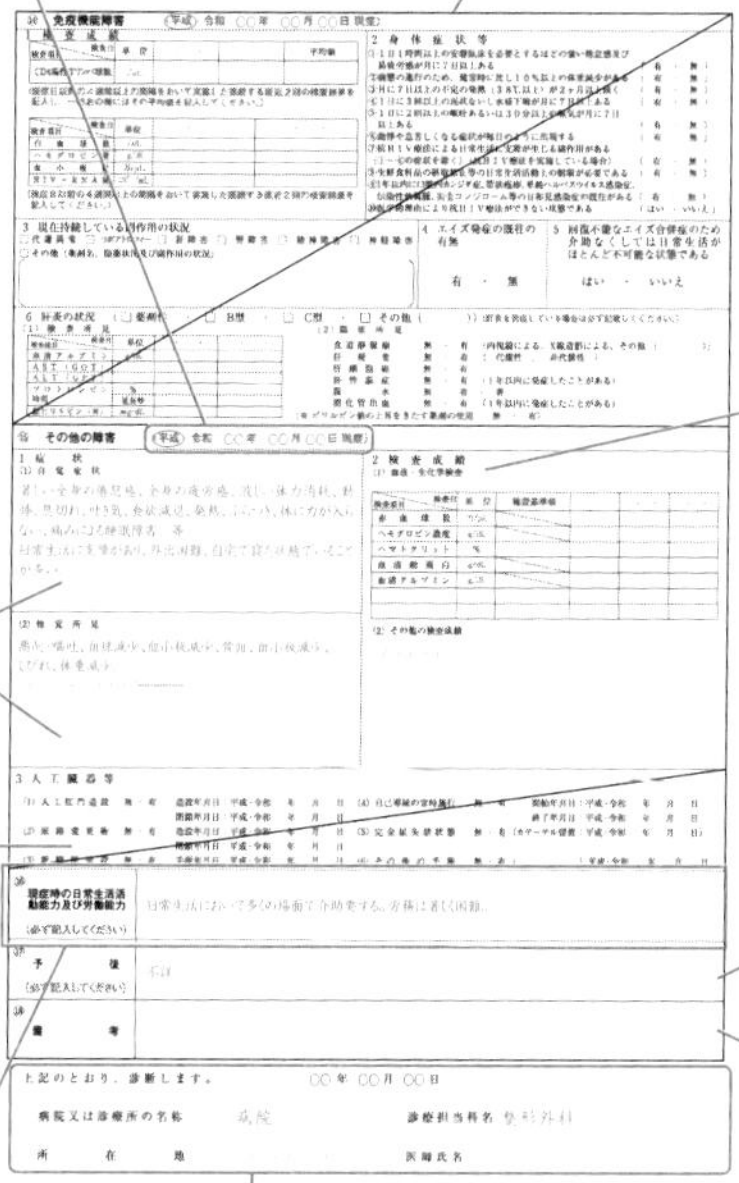

血液検査は、検査値のうち、病状を適切に表していると思われるものを記入してもらいます。

⑮１欄
自覚症状・他覚所見は具体的に記載してもらいましょう。請求人の障害に関係がないときは斜線で消します。

⑰欄予想される病状の今後の見通しについて記載してもらいます。（判断できない場合には「不詳」でも大丈夫です）

⑮３欄
人工臓器造設等がある場合は、その旨と年月日を記載してもらいます。

⑱欄特記すべきことがある場合にこの欄に記載します。

⑯欄
現症時の日常生活活動能力だけでなく、労働能力についても記入してもらいます。

記入漏れがないか確認しましょう。

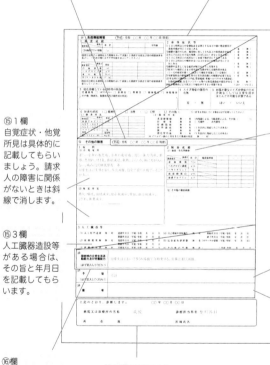

認してみてはいかがでしょうか。障害年金の診断書を書いてもらうために、主治医に伝える症状などのポイントが把握できるかもしれません。
障害年金の請求の手続きをしようとしている病気やケガが、どの診断書に該当するのか分からないときには、年金事務所等で相談して診断書を選んでもらいましょう。

【日本年金機構のホームページ　年金請求に使用する診断書・関連書類】
https://www.nenkin.go.jp/service/jukyu/todokesho/shougai/shindansho/index.html

診断書の参考記入例は、使うことの多い精神用、肢体用、その他の診断書の３種類を取り上げましたが、他の５種類の診断書も日本年金機構のホームページより確認することができます

第5章

決定通知書が届いたら

第1章	第2章	第3章	第4章
障害年金とは?	障害年金受給のためのポイント	障害年金の手続き	最も重要な診断書のチェックポイント
第5章	第6章	第7章	第8章
決定通知書が届いた後のこと	相談できる場所や専門家	就労との両立	障害年金以外の制度や支援

13

受給決定後に何か手続きは発生するの？障害の程度が変わったら？

いつまで障害年金を受給できるの？　有期認定と永久認定

障害年金を受給できる期間には、「**有期認定**」と「**永久認定**」という種類があります。

有期認定の場合は、今後の障害の状態について、定期的に障害状態確認届（診断書）を提出して更新することになります。1年、2年、3年、4年、5年のいずれかの期間になり、障害の状態によって異なります。更新などにより等級が変動した場合の受給額の変更時期は、表1の通りです。

令和2年9月10日発表の厚生労働省の資料（図1）によると、新規裁定よりも再認定の方が、更新期間が長くなる傾向にあり、新規裁定の場合、更新期間が1年～3年の間で設定されることが多いことが分かります。再認定の場合は、更新期間が3年で設定されることが多くなっています。

送られてきた年金証書の「次回診断書提出年月」という欄に記載されていますので、確認し

▼図1　更新期間別支給件数

新規裁定よりも再認定の方が更新期間が長くなる傾向にある。
新規裁定の場合、更新期間が1年～3年の間で設定されることが多い。
再認定の場合、更新期間が3年で設定されることが多い。

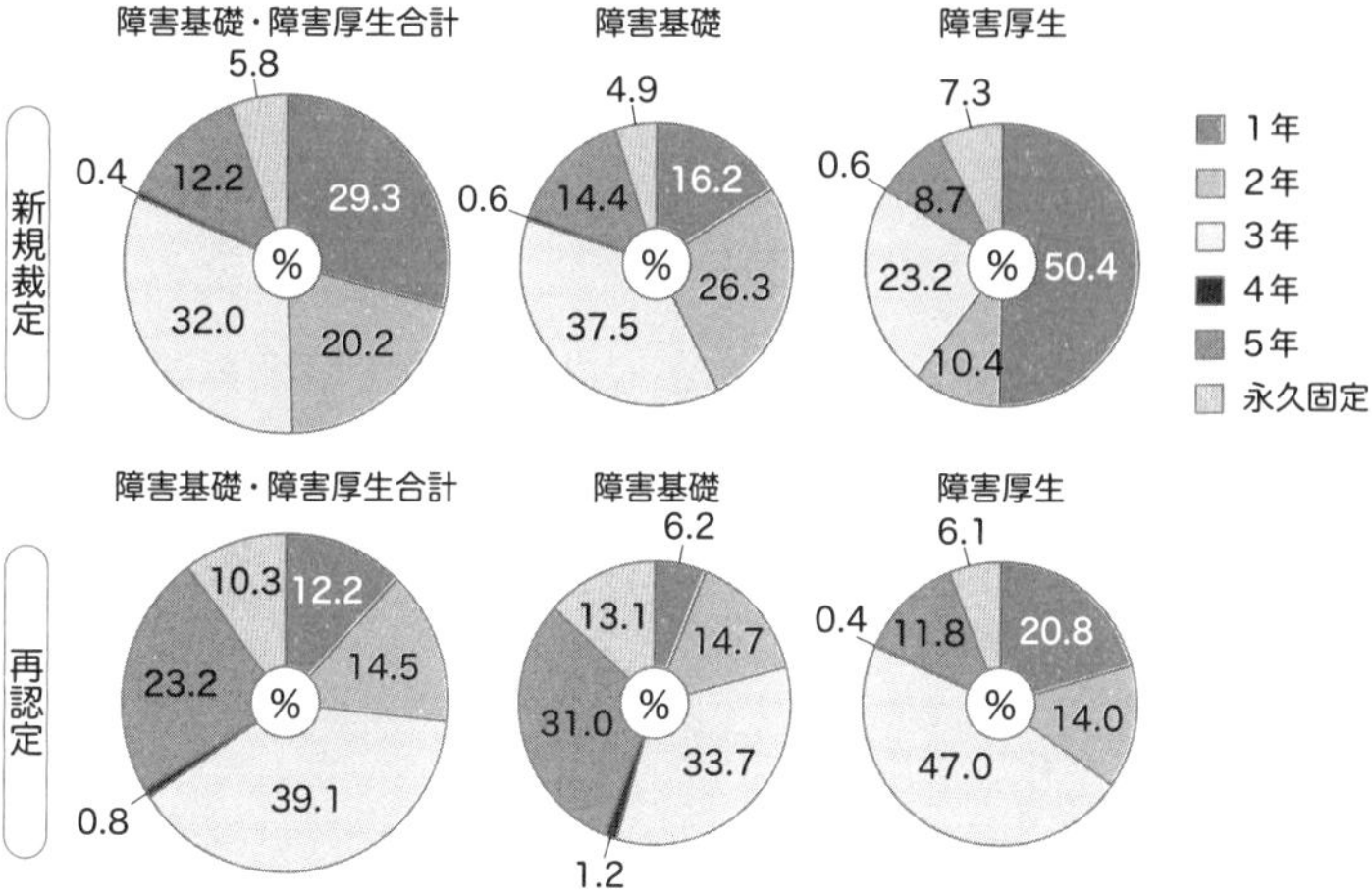

出典:令和2年9月10日 厚生労働省年金局 日本年金機構「障害年金の業務統計等について」をもとに作成
(https://www.mhlw.go.jp/content/12508000/000669908.pdf)

▼表1　受給額等の変更時期

重い等級に変わる場合	⇒	提出年月の翌月分から変更後の額に変わる
軽い等級に変わる、または支給停止になるなど不利益な改定の場合は	⇒	提出締切り月の翌月から起算して4か月目の支給分から変更

障害状態確認届（診断書）の期限は、令和元年８月１日から指定日前**３か月以内**に拡大されました。20 歳前障害の場合は、令和元年７月１日から**誕生月の月末**に変更

ましょう。障害状態確認届（診断書）の用紙は提出年月の3か月前の月末までに送付されます。配偶者加給年金や子の加算がある場合には、「生計維持確認届」も同封されてきます。提出が遅れると、年金が差止めされる場合がありますので注意しましょう。ただし、差止めされても、その後の提出で差止め分を含めて支給が再開されます。

提出後に等級の変更がなければ「次回診断書提出年月日のお知らせ」が送付され、等級が改定された場合は「国民年金・厚生年金保険支給額変更通知」が送付されます。有期認定だった場合は、認められた期間は年金を受給することができますが、更新のときに診断書を提出し、障害の状態が等級に該当しないときは**支給停止**されます。しかし、支給が一時的に止まるということで、権利は失わないため、再び障害が悪化して等級に該当すれば障害年金は再度受給できます。ただし、次のいずれかに当てはまる場合には受給権がなくなります。

1　障害年金の受給権者が死亡したとき
2　次のどちらか遅い日
①障害等級3級にあてはまらないまま65歳になったとき
②3級にあてはまらないまま3年が経過したとき

3　併合の規定により新たに障害年金の受給権を取得したとき

＊障害基礎年金には3級はありませんが、3級の状態かどうか認定されます。

症状固定などで、今後も症状が変わらないと判断されたものについては「**永久認定**」とされ、更新の必要はなく、診断書の提出を以後求められることもありません。

年金はいつ振り込まれるの？

年金証書が届いても、年金はすぐには振り込まれません。年金証書が届いた月の原則、翌月または翌々月の15日です。目安としては、支給が決定されてから40日〜50日後とされており、処理が早い場合は、翌月の15日に振り込まれることもあります。2種類以上の年金の権利が発生する人（例えば老齢や遺族をすでに受けている人）は、選択届の処理等のためさらに支給が遅れる場合もあります。

年金は原則、**偶数月**に年6回（2・4・6・8・10・12月）15日に、前2か月分が入金されることになりますが、初回の場合のみ**奇数月**に入金されることもあります。

2回目以降の振り込みは、偶数月に前2か月分が入金されます。支給日の15日が土曜日・日曜日・祝祭日の場合は、その前の平日に入金されます。

額改定の請求について

同一の障害の状態が悪化して、上位の等級に該当する程度になった場合は、等級を上げてほしいという請求ができます。

例えば、障害状態2級で有期認定5年の年金を受給している人や障害状態3級で有期認定3年の年金を受給している人の障害状態が悪化した場合は、次の更新時期を待たずに上位の等級である1級または2級に年金額を改定したいところです。

このような場合は、定期的に提出する診断書で更新されるのを待たずに、等

額改定請求書の診断書は、提出日前1か月以内に作成されたものとなっていましたが、令和元年8月1日から提出日前**3か月**以内に作成されたものに変更されました

級の見直しを請求することができます。これを**額改定請求**といいます（表2）。

また、永久認定を受けている人であっても、症状が重くなって上位の等級に該当する状態となったときには額改定請求できます。特に、永久認定の場合は、定期的に診断書が送られてくることがないため、そのままとなってしまわないように注意してください。

1年を待たなくても額改定請求ができるケースも次の22項目あります（159ページ参照）

▼表2　額改定請求のパターンと時期

パターン	額改定請求ができる日
新規で受給できるようになった場合	原則、受給権の取得日から1年後の翌日から請求可能。(注)
更新のときに額改定された場合	診査日（改定日）から1年後の翌日から請求可能。
額改定請求によって等級が変更した場合	額改定請求日の1年後の翌日から請求可能。
更新・額改定請求のときに等級が変わらなかった場合	いつでも請求可能。
支給停止中の場合	額改定請求ではなく、「障害給付支給停止事由消滅届」を提出することで、いつでも請求可能。
過去に同じ障害で2級以上に一度も該当していない障害厚生年金3級の受給者	65歳の誕生日の前々日まで請求可能。

（注）平成26年4月より、厚生労働省令に規定された、明らかに障害の程度が重くなったことが確認できる22項目のいずれかにあてはまる場合は1年を経過しなくても請求できます（図2、3）。

等級変更による年金額の変更は、請求月の翌月分からとなりますので、症状が悪化したときには早めに請求するようにしましょう。

この請求には診断書の添付が必要になります。診断書には提出日から3か月以内の症状が書かれていることが必要です。

額改定請求ができる時期には制限がありますので、表2にまとめました。

短期間のうちに障害の程度が変更したとして何度も請求を行うことのないように、原則、受給権を取得した日、または障害の程度の審査を受けた日から1年間の待機期間が設けられています。

ただし、法改正により平成26年4月より、厚生労働省令で定める、「障害の程度が増進したことが明らかである場合（図2、3）」については1年の待機期間を要しないとしています。

2つ以上の障害になったら？

障害年金を受けている人（受けていた人を含める）が、新たに別の障害が発生して、2つ以

▼図2　1年を経過しなくても重い等級へ改定請求できる場合の22項目

※ 14の場合は、完全麻痺の範囲が広がった場合も含みます。

眼・聴覚・言語機能の障害	
1	両眼の視力の和が0.04以下のもの
2	両眼の視力の和が0.05以上0.08以下のもの
3	8等分した視標のそれぞれの方向につき測定した両眼の視野がそれぞれ5度以内のもの
4	両眼の視野がそれぞれ10度以内のもの、かつ、8等分した視標のそれぞれの方向につき測定した両眼の視野の合計がそれぞれ56度以下のもの
5	両耳の聴力レベルが100デシベル以上のもの
6	両耳の聴力レベルが90デシベル以上のもの
7	喉頭を全て摘出したもの

肢体の障害	
8	両上肢の全ての指を欠くもの
9	両下肢を足関節以上で欠くもの
10	両上肢の親指および人差し指または中指を欠くもの
11	一上肢の全ての指を欠くもの
12	両下肢の全ての指を欠くもの
13	一下肢を足関節以上で欠くもの
14	四肢または手指若しくは足指が完全麻痺したもの（脳血管障害または脊髄の器質的な障害によるものについては、当該状態が6月を超えて継続している場合に限る）

内部障害	
15	心臓を移植したものまたは人工心臓（補助人工心臓を含む）を装着したもの
16	心臓再同期医療機器（心不全を治療するための医療機器をいう）を装着したもの
17	人工透析を行うもの（3月を超えて継続して行っている場合に限る）

その他の障害	
18	6月を超えて継続して人工肛門を使用し、かつ、人工膀胱（ストーマの処置を行わないものに限る）を使用しているもの
19	人工肛門を使用し、かつ、尿路の変更処置行ったもの（人工肛門を使用した状態および尿路の変更を行った状態が6月を超えて継続している場合に限る）
20	人工肛門を使用し、かつ、排尿の機能に障害を残す状態（留置カテーテルの使用または自己導尿（カテーテルを用いて自ら排尿することをいう）を常に必要とする状態をいう）にあるもの（人工肛門を使用した状態および排尿の機能に障害を残す状態が6月を超えて継続している場合に限る）
21	脳死状態（脳幹を含む全脳の機能が不可逆的に停止するに至った状態をいう）または遷延性植物状態（意識障害により昏睡した状態にあることをいい、当該状態が3月を超えて継続している場合に限る）となったもの
22	人工呼吸器を装着したもの（1月を超えて常時装着している場合に限る）

出典：日本年金機構パンフレット「平成26年4月1日から障害年金の額（障害等級）の改定を請求できる時期が変わります」（障害年金を受けている方へ）をもとに作成（https://www.nenkin.go.jp/service/pamphlet/kyufu.files/0000000011_0000018413.pdf）

▼図3　旧法の障害年金（昭和６１年３月以前に受ける権利が発生した障害年金）

※ １７の場合は、完全麻痺の範囲が広がった場合も含みます。

国民年金法の障害年金	
1	両眼の視力の和が0.04以下のもの
2	両耳の聴力損失が90デシベル以上のもの
3	両上肢の全ての指を欠くもの
4	両下肢を足関節以上で欠くもの

厚生年金保険法の障害年金	
5	両眼の視力が0.02以下のもの
6	両眼の視力が0.04以下のもの
7	一眼の視力が0.02以下、他眼の視力が0.06以下のもの
8	両耳の聴力レベルが90デシベル以上のもの
9	喉頭を全て摘出したもの
10	両上肢を腕関節以上で失ったもの
11	両下肢を足関節以上で失ったもの
12	一上肢を腕関節以上で失ったもの
13	一下肢を足関節以上で失ったもの
14	両下肢をリスフラン関節以上で失ったもの
15	両下肢の全ての足指を失ったもの
16	心臓再同期医療機器（心不全を治療するための医療機器をいう）を装着したもの

国民年金法・厚生年金保険法の障害年金（共通）	
17	四肢または手指若しくは足指が完全麻痺したもの（脳血管障害または脊髄の器質的な障害によるものについては、当該状態が6月を超えて継続している場合に限る）
18	心臓を移植したものまたは人工心臓（補助人工心臓を含む）を装着したもの
19	脳死状態（脳幹を含む全脳の機能が不可逆的に停止するに至った状態をいう）または遷延性植物状態（意識障害により昏睡した状態にあることをいい、当該状態が3月を超えて継続している場合に限る）となったもの
20	人工呼吸器を装着したもの（1月を超えて常時装着している場合に限る）

出典：日本年金機構パンフレット「平成26年4月1日から障害年金の額（障害等級）の改定を請求できる時期が変わります」（旧法の障害年金を受けている方へ）をもとに作成（https://www.nenkin.go.jp/service/jukyu/tetsuduki/shougai/jukyu/20140421-24.files/0000000011_0000018414.pdf）

上の障害の状態になり、障害年金を受ける条件を満たした場合は、前後の障害をあわせて障害の程度を認定し、一つの障害年金を受けることができます。

また、後の障害が3級以下の軽い障害のときには、65歳になるまでに2つの障害をあわせて障害の程度が重くなった場合に、年金額の改定請求することができます。

ただし、3級の障害厚生年金を受けている人が、新たに別の障害になった場合に、前後の障害をあわせて初めて2級以上の障害厚生年金を受けることができる（はじめて2級による請求（102ページ参照））のは、後の障害の保険料の納付要件を満たしている場合に限られます。

減額・支給停止に該当する場合

有期認定の更新時の診断書によって、障害の状態が軽くなったと判断されると、下位の等級に減額改定され、その結果、支給停止になることもあります。

減額改定の場合は、提出期限日の属する月の翌月から数えて4か月目の支給分から減額または停止されます。

増額改定の場合は、提出期限日の属する月の翌月分から増額されます。

お勤め先が決まったときなどに、よく、

「働いたら障害年金は受けられなくなりますか？」

というご質問をいただくことがあります。働き始めることで直ちに支給停止になるということはありませんし、原則、収入があっても減額されません。

例外として、20歳前の障害基礎年金は、自己が保険料を納付していないということから、所得が多い場合には年金額が減額されます。

減額の目安は、所得額が次の通り二段階制の所得制限が設けられています（表3）。

障害年金は非課税？

障害給付及び遺族給付は、所得税および復興特別所得税の課税対象となっていないため非課税とされています。

▼表3　20歳前傷病の障害基礎年金にかかる所得による支給制限

全額支給	2分の1　支給停止	全額支給停止
	2分の1　支給	

障害年金や遺族年金を受けている人は、その年金に対しては所得税も住民税もかかりません。ただし、あくまでも年金の金額に対して非課税ということに注意してください。

障害年金と他の給付を調整（傷病手当金、労災保険給付、第三者行為による損害賠償請求、基本手当、生活保護、児童扶養手当）

その他、傷病手当金や労災保険給付、基本手当などとの調整についてまとめます。

◉傷病手当金との調整

傷病手当金とは、業務外の病気やケガが原因で労務不能となり、仕事ができないときに、健康保険からお給料の一部の金額（標準報酬日額の3分の2）が支給開始日から1年6か月を限度に支給されるものです。協会けんぽか健康保険組合に加入している必要があります。

傷病手当金と障害年金は、基本的には同一の事由で支給される場合は同時に受給することはできません。両方が支給される場合には、次のように調整されます。

障害厚生年金（＋障害基礎年金）の場合は、障害年金の支給が優先されます。ただし、障害厚生年金（同一の事由による障害基礎年金も受給できる場合は、その年額との合算額）の年額を360で除した額が傷病手当金の1日あたりの額より少ない場合は、その差額分の傷病手当金が支給されます。

初診日が国民年金の加入で、障害基礎年金のみ受給する場合は、傷病手当金も両方受け取れます。傷病手当金の計算方法は、図4、5を参照してください。

傷病手当金を受給しているということは、労務不能ということで障害年金の2級以上に該当する可能性がありますので、要件を満たしている場合

▼図4　傷病手当金調整の計算式

『日額』計算で比較します。

傷病手当金の日額＝標準報酬月額×2／3÷30日
障害年金の日額＝障害年金の年額÷360日

傷病手当金＞障害厚生年金＋障害基礎年金＝差額を支給

傷病手当金＜＝障害厚生年金＋障害基礎年金＝支給なし

傷病手当金＋障害基礎年金のみ＝両方支給

▼図5　障害年金と傷病手当金の調整例

傷病手当金が障害年金等の日額換算額よりも多いケース

（参考例）
傷病手当金日額6,000円・障害年金（障害基礎+障害厚生）額180万円

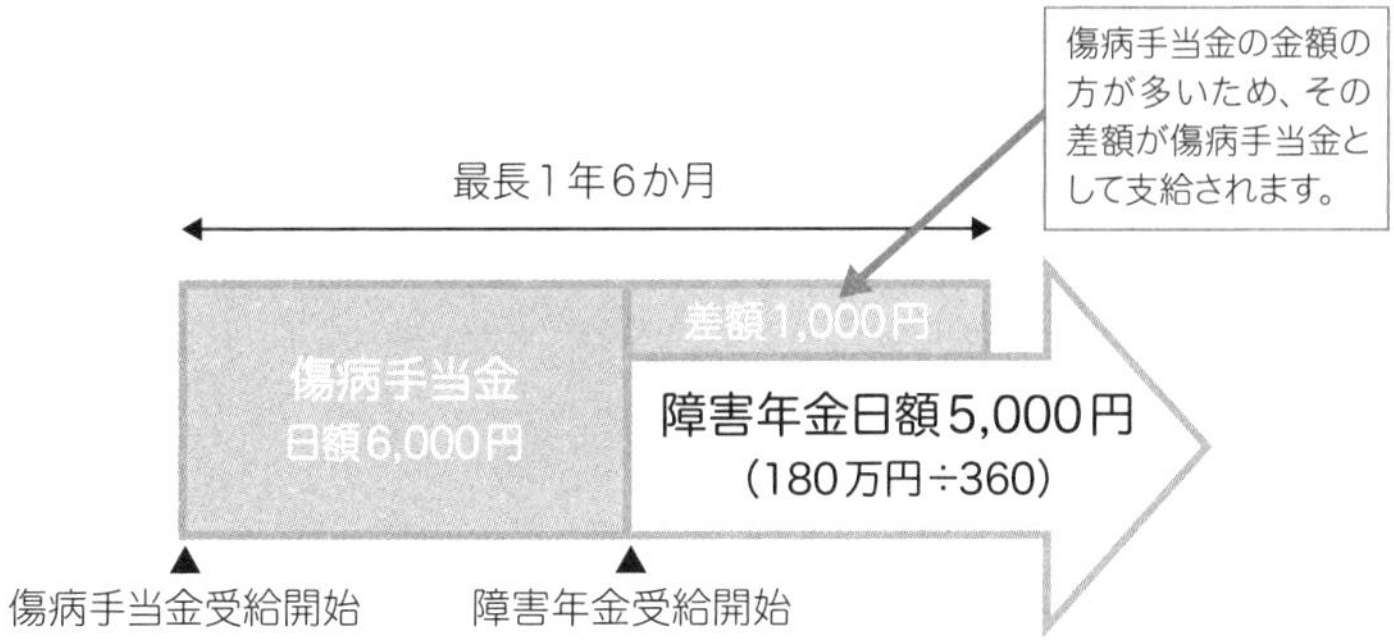

傷病手当金が障害年金等の日額換算額よりも少ないケース

（参考例）
傷病手当金日額4,000円・障害年金（障害基礎+障害厚生）額180万円

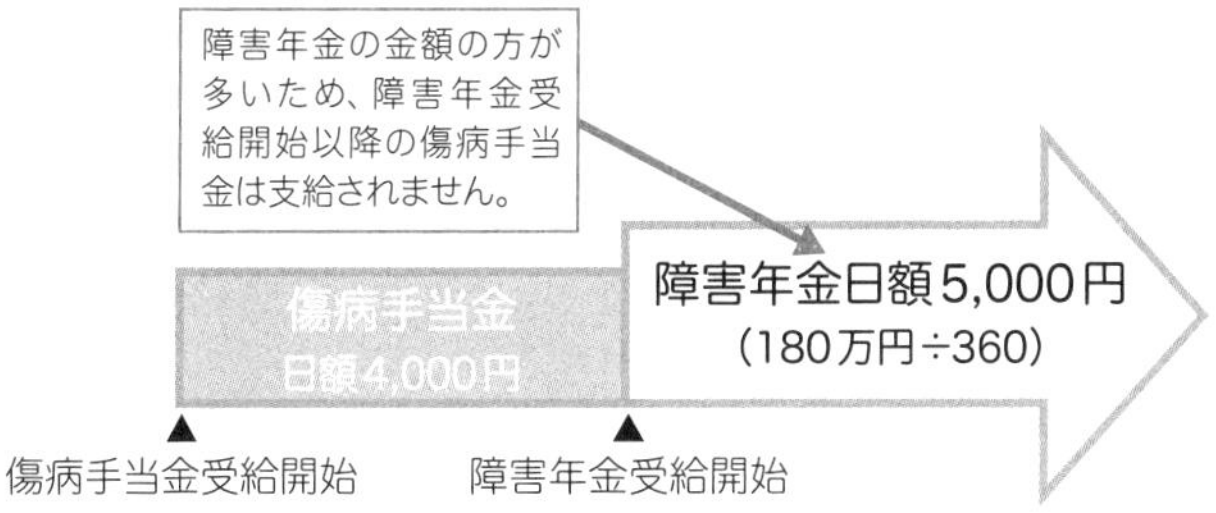

は、傷病手当金を受給している間に障害年金を申請しましょう。障害年金は、請求手続きの開始から実際に支給決定されて入金されるまでに6か月程度はかかりますので、その間に傷病手当金を受給できたほうがいいでしょう。

手続きは、協会けんぽか健康保険組合でします。まずは会社の人事担当者などに確認してみましょう。

◉労災保険給付との調整

業務上や通勤災害により、病気やケガをした場合には、労災保険から給付されます。同一の事由で障害年金も受給できるときは、労災保険の給付のみが決められた一定の率を減額調整されます（表4）。

減額調整されたとしても、調整前の労

▼表4　労災給付の減額率（令和3年1月時点）

社会保険の種類	併給される年金給付	労災給付（障害補償年金 障害年金）の減額率
厚生年金及び国民年金	障害厚生年金及び障害基礎年金	0.73
厚生年金	障害厚生年金	0.83
国民年金	障害基礎年金	0.88

災給付の額より減額後の労災給付と障害年金の合計額が少なくなることがないよう調整されますので、障害年金を受給することで労災給付が減額されても損をすることはありません。

ただし、20歳前障害による障害基礎年金は、労災の年金給付が同一事由により受けられる場合、その間は全額支給停止されます。

また、労災保険法の障害補償一時金は併給調整の対象にはならないため満額受給できます。

◉第三者行為による損害賠償請求との調整

交通事故などの第三者の行為によって障害の状態となった場合は、第三者から受ける損害賠償の金額と障害年金との間で最長2年間の調整が行われます。

労災保険の給付にしても、損害賠償にしても、同一の事由で二重の支給をしないためのものです。

第三者行為の届け出は、障害年金の請求と同時に窓口で行います。申請書類は「第三者行為事故状況届」という名称で、当該事故が確認できる書類（交通事故証明等）・確認書（念書）・示談書の写しなどの

書類を添付します。詳しくは、年金の請求受付窓口で確認してください。

◉基本手当（失業給付）との調整

基本手当とは、雇用保険の給付の一つで、「失業」したときに、働く意思や能力があるにもかかわらず、職業に就くことができない状態にある人に支給される手当です。

基本手当と障害年金は調整されることなく同時に両方受給することが可能です。

ただし、雇用保険法における「失業」とは、労働ができる状態なのに職業に就くことのできない状態をいいますので、障害等級1級・2級の人は難しい場合もあります。

基本手当の給付日数については210ページを参照してください。

◉生活保護を受ける場合の調整

生活保護とは、年金制度とは異なり、最低限の生活を保障するための福祉ですから、その人のあらゆる収入や資産、能力などを調査の上で支給されます。

年金は、一定の保険料を納めていることを条件に『請求』するものですが、生活保護は『申請』して支給が決定される点でも異なります。

生活保護費は障害年金の額を上回るケースが多いです。その場合は、まずは障害年金を優先して受給し、そのうえで不足するものを生活保護費として受けることになります。

◉児童扶養手当との調整

日本国内に住所がある、18歳の年度末までの子、または20歳未満で政令の定める程度の障害の状態にある子を監護している母、父、または、養育者は、児童扶養手当を受けることができます。児童扶養手当は、生活の安定と自立を促進するために、子どもの福祉の増進になることを目的として支給されます。

具体的には、次の①~⑤のいずれかに該当する子どもについて、母、父または養育者が監護等している場合に支給されます。ただし、この他の支給要件もありますので、支給要件に該当するかについては、お住まいの市区町村にご相談ください。

①父母が婚姻を解消した子ども
②父または母が死亡した子ども
③父または母が一定程度の障害の状態にある子ども

④父または母の生死が明らかでない子ども
⑤その他（父または母が裁判所からのＤＶ保護命令を受けた子ども、父または母が１年以上遺棄している子ども、父または母が１年以上拘禁されている子ども、母が婚姻によらないで懐胎した子どもなど）

（出典：厚生労働省ＨＰ「児童扶養手当について」を参考に作成）

障害基礎年金を受給している（前述の③に該当する）場合は、その配偶者が児童扶養手当を受給します。

同一の子を対象とした児童扶養手当と障害年金の子の加算では、平成26年12月より、障害年金の子の加算が優先されます。ただし、令和3年3月分の手当以降は障害年金の**子の加算額**よりも児童扶養手当の額の方が高額な場合は、その差額分を児童扶養手当として受け取ることができます。

児童扶養手当を受給するには申請が必要になりますので、お住まいの市区町村へ問い合わせください。

14 不支給決定または決定等級に不服な場合の審査請求、再審査請求とは？

期限に要注意

残念ながら不支給決定の通知が届いた場合でも、納得がいかない場合は不服申立てをすることができます。

不服申立ては二審制となっています。一審目が審査請求、二審目が再審査請求といいます。審査請求は決定通知書を受け取った日の翌日から起算して**3か月以内**に行わなければなりません。審査請求は社会保険審査官に対して行います。

再審査請求は、決定書が送付された日の翌日から起算して**2か月以内**にしなければなりません。再審査請求は社会保険審査会に対して行います。こちらは審査請求のときとは異なり、合議体での審査となります。審査請求、再審査請求の流れについて次の図6を参照してください。

不服申立ての仕組み

審査請求をする場合は、再審査請求までする覚悟で臨みましょう。再審査請求の社会保険審査会委員は3名による合議制で行われるため、より公平な審査が期待できるケースもあるかもしれません。

174ページの、社会保険審査会「年度別制度別受付状況」(表5)を見てみると、他の給付の種類に比べると圧倒的に障害年金の不服申立ての件数が多いことがわかります。障害年金はこの数字だけを見ても、複雑で難しく、納得のいく結果を得られていない人が多いということがわかります。

中には、障害年金の請求についてあまりよくわからないままに手続きを進めて、実際の症状や内容と一致しないまま請求した結果が不支給となり、後々気づくということもあります。

不服申立てとなると、時間だけでなく、精神も体力も費やすことになります。だからこそ、初回の請求のときから、より的確な内容で書類を集める必要があるのです。

▼図6　不服申立ての流れ

障害年金の請求
▼
請求から3〜6か月後
（支給決定・不支給決定・却下）の通知が届く

決定に不服がある場合
▼
通知を受け取った日の翌日から3か月以内に審査請求
（社会保険審査官に不服申立て）

決定書に不服がある場合
▼
決定書が送付された日の翌日から2か月以内に再審査請求
（社会保険審査会に不服申立て）

裁決書に不服がある場合
▼
裁判所へ行政訴訟提起
訴訟

●**決定・裁決の取消の訴えを起こす場合**

①審査請求の決定の送達を受けた日の翌日から起算して６か月以内
②再審査請求の裁決の送達を受けた日の翌日から起算して６か月以内
③原則として、審査請求の決定を経た後でないと提起できませんが、次に該当する場合は、審査請求の決定を経なくても訴えを提起することができます。
(1)　審査請求があった日から２か月を経過しても審査請求の決定がないとき
(2)　決定の執行等による著しい損害を避けるため緊急の必要があるとき
(3)　その他、正当な理由があるとき

ただし、原則として、審査請求の決定又は再審査請求の裁決の日から１年を経過したときは訴えを提起できません

▼表5　社会保険審査会　年度別・制度別(再)審査請求受付状況

	制度	平成29年度	平成30年度	令和元年度
健康保険	療養費	35	28	21
	傷病手当金	53	53	33
	任意継続被保険者	1	1	1
	その他	5	11	9
	計	94	93	64
健康保険・厚生年金保険	保険料	26	29	63
	被保険者資格・標準報酬	19	28	25
	その他	1	0	2
	計	46	57	90
厚生年金保険	老齢関係	37	38	26
	障害関係	553	573	693
	遺族関係	57	43	37
	その他	39	39	35
	計	686	693	791
船員保険	傷病手当金	0	0	0
	障害年金	0	1	0
	遺族年金	0	1	1
	その他	2	12	0
	計	2	14	1
船員保険・厚生年金保険	被保険者資格	0	0	0
	計	0	0	0
国民年金	老齢関係	9	53	12
	障害関係	559	677	690
	遺族関係	9	6	4
	保険料免除	31	23	40
	その他	23	14	20
	計	631	773	766
	総　計	1,459	1,630	1,712

出典：厚生労働省「社会保険審査会　年度別・制度別（再）審査請求受付状況」をもとに作成
(https://www.mhlw.go.jp/topics/bukyoku/shinsa/syakai/03-01-04.html)

再裁定請求を検討してみる

国が一度決定した結果を覆すことは難しく、時間もかかります。そこで、もう一度、新たに書類を準備し、請求をやり直しするという方法もあります。

不服申立て、再裁定請求、どちらが有利かはケースバイケースです。同時に進めることもできますので、慎重に検討しましょう。

厚生年金と国民年金の障害関係の不服申し立ては3年連続で増えているわ。こんなに結果に納得できていない人が多いのね

もう一度、請求手続きをやり直すこともできるんだ？

はい！　ただし、再裁定請求した場合でも、初回の請求手続きの時に提出した書類は確認されますので、初回の請求手続きの時からしっかり進めましょう

決定の理由を確認するために保有個人情報開示請求をする！

不服申立てや再裁定請求をするときには、認定側がどのように審査をして決定したのかを確認するために保有個人情報開示請求をすることをおススメします。理由が分からないまま闇雲に不服申立てや再裁定請求をしても同じ結果になってしまいます。

審査の過程での判断理由が書かれているのが「障害状態認定表（障害厚生年金）」と「障害状態認定調書（障害基礎年金）」です。これらは厚生労働省の年金局へ保有個人情報開示請求を送ることで入手できます。

まずは理由を把握して、理由に対して反証していけるよう準備しましょう。

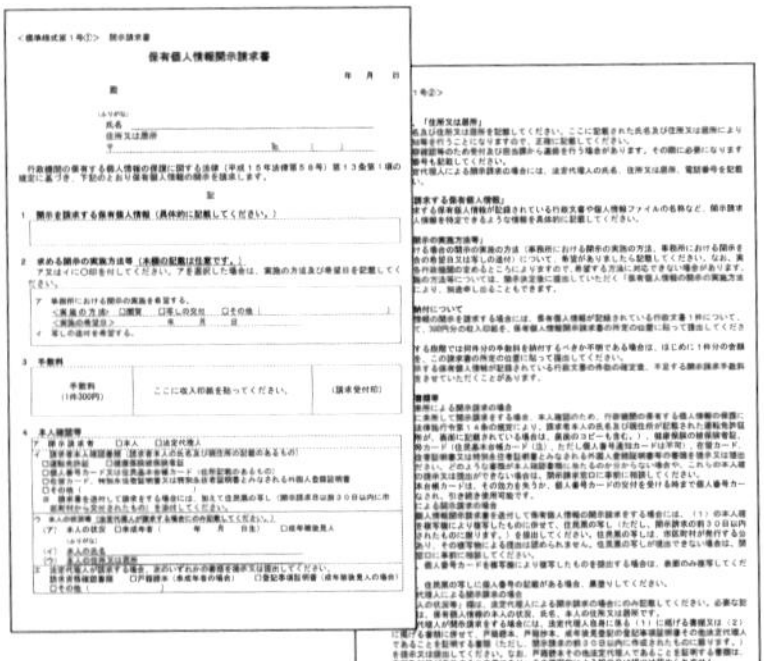
保有個人情報開示請求書

保有個人情報開示請求書（標準様式第1号（1））

出典：厚生労働省（https://www.mhlw.go.jp/jouhou/hogo06/dl/01.pdf）

障害年金業務統計に関する資料が初めて公表される

厚生労働省は、初めて障害年金業務統計に関する資料（令和2年9月10日）をまとめて、公表しました。令和元年度決定分から障害年金業務統計を整備し、障害基礎年金・障害厚生年金の新規裁定・再認定について統計の集計・公表がされます。

統計資料図7、表6を確認すると、支給決定や等級の判定結果に、障害の部位や種類により差があることが分かりました。外部障害で

▼図7　障害年金の新規裁定における等級決定区分

新規裁定においては、障害基礎・障害厚生合計や障害基礎では2級が多く、障害厚生では2級及び3級が多い。

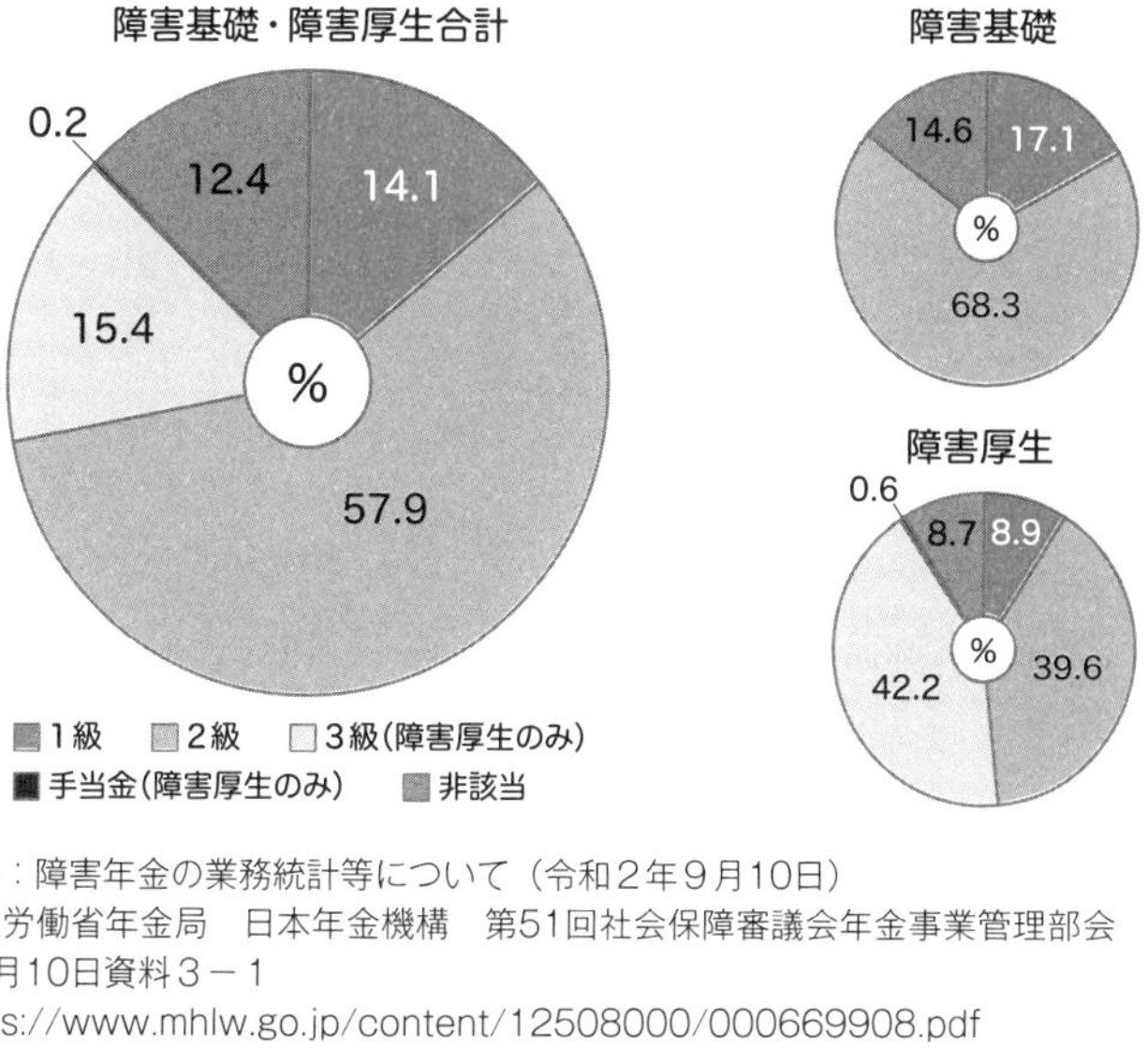

出典：障害年金の業務統計等について（令和2年9月10日）
厚生労働省年金局　日本年金機構　第51回社会保障審議会年金事業管理部会　令和2年9月10日資料3－1
https://www.mhlw.go.jp/content/12508000/000669908.pdf

ある身体・視覚・聴覚障害等は支給が認められやすい一方、内部障害や精神・知的障害では認められなかったり、等級が低く判定されたりしていました。

外部障害は検査数値などで判定基準が明確ですが、内臓疾患などの内部障害や精神・知的障害は主観が入りやすい生活能力という基準で判定されることが影響していると思われます。今後、是正されていくことを願います。

請求が一番多いのが精神・知的障害の診断書で、次が肢体の診断書であることが表6からわかります。障害基礎年金、障害厚生年金ともに内部障害の非該当（不支給）の割合が高くなっていますね

▼表6　新規裁定における診断書の種類別件数

診断書種類別件数　障害基礎

診断書種類		決定数	支給	1級	2級	非該当
精神障害・知的障害		55,200	48,435	6,941	41,494	6,765
		100.0%	87.7%	12.6%	75.2%	12.3%
内部障害		6,852	4,612	392	4,220	2,240
		100.0%	67.3%	5.7%	61.6%	32.7%
	呼吸器疾患	379	196	38	158	183
		100.0%	51.7%	10.0%	41.7%	48.3%
	循環器疾患	1,114	422	97	325	692
		100.0%	37.9%	8.7%	29.2%	62.1%
	腎疾患・肝疾患・糖尿病	3,540	3,030	114	2,916	510
		100.0%	85.6%	3.2%	82.4%	14.4%
	血液・造血器・その他	1,819	964	143	821	855
		100.0%	53.0%	7.9%	45.1%	47.0%
外部障害		13,757	11,436	6,338	5,098	2,321
		100.0%	83.1%	46.1%	37.1%	16.9%
	眼	1,473	1,299	640	659	174
		100.0%	88.2%	43.4%	44.7%	11.8%
	聴覚等	1,640	1,427	803	624	213
		100.0%	87.0%	49.0%	38.0%	13.0%
	肢体	10,644	8,710	4,895	3,815	1,934
		100.0%	81.8%	46.0%	35.8%	18.2%

※単位：各欄の上段は件数、下段は構成比（%）。
※「聴覚等」は、聴覚・鼻腔機能・平衡機能、そしゃく・嚥下機能、音声又は言語機能。
※1人の受給権者が複数枚の診断書を用いている場合は、診断書ごとに件数を計上している。

診断書種類別件数　障害厚生

診断書種類	決定数	支給	1級	2級	3級	手当金	非該当
精神障害・知的障害	17,663	15,928	525	8,760	6,643	0	1,735
	100.0%	90.2%	3.0%	49.6%	37.6%	0.0%	9.8%
内部障害	12,266	10,738	384	4,424	5,928	2	1,528
	100.0%	87.5%	3.1%	36.1%	48.3%	0.0%	12.5%
呼吸器疾患	593	484	46	132	306	0	109
	100.0%	81.6%	7.8%	22.3%	51.6%	0.0%	18.4%
循環器疾患	3,204	2,989	46	226	2,717	0	215
	100.0%	93.3%	1.4%	7.1%	84.8%	0.0%	6.7%
腎疾患・肝疾患・糖尿病	4,746	4,316	114	3,406	796	0	430
	100.0%	90.9%	2.4%	71.8%	16.8%	0.0%	9.1%
血液・造血器・その他	3,723	2,949	178	660	2,109	2	774
	100.0%	79.2%	4.8%	17.7%	56.6%	0.1%	20.8%
外部障害	14,353	13,479	3,545	4,096	5,562	276	874
	100.0%	93.9%	24.7%	28.5%	38.8%	1.9%	6.1%
眼	1,212	1,143	287	560	234	62	69
	100.0%	94.3%	23.7%	46.2%	19.3%	5.1%	5.7%
聴覚等	1,444	1,388	408	569	336	75	56
	100.0%	96.1%	28.3%	39.4%	23.3%	5.2%	3.9%
肢体	11,697	10,948	2,850	2,967	4,992	139	749
	100.0%	93.6%	24.4%	25.4%	42.7%	1.2%	6.4%

※単位：各欄の上段は件数、下段は構成比（%）。
※「聴覚等」は、聴覚・鼻腔機能・平衡機能、そしゃく・嚥下機能、音声又は言語機能。
※1人の受給権者が複数枚の診断書を用いている場合は、診断書ごとに件数を計上している。

出典：障害年金業務統計　（令和元年度決定分）
https://www.nenkin.go.jp/info/tokei/shuyotokei/shuyotokei.html
https://www.nenkin.go.jp/info/tokei/shuyotokei/shuyotokei.files/R01.pdf

第6章

手続きに困ったら、社会保険労務士に相談しよう！

第1章	第2章	第3章	第4章
障害年金とは？	障害年金受給のためのポイント	障害年金の手続き	最も重要な診断書のチェックポイント
第5章	第6章	第7章	第8章
決定通知書が届いた後のこと	相談できる場所や専門家	就労との両立	障害年金以外の制度や支援

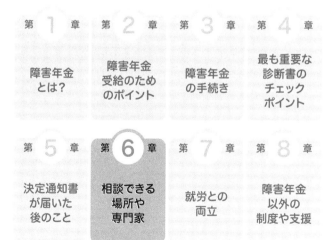

15 障害年金の専門家である社会保険労務士を活用

困ったら、社会保険労務士を有効活用！

障害年金の制度や仕組みは、複雑で難しく、間違った知識や誤解も多いのが現状です。問い合わせを繰り返しているうちに、

「いったい誰の言うことを信じたらいいの？　どう請求するのが一番いいの？」

という状況に陥るようなケースも見られます。

さらに、やっと障害年金という光が見えたと思ったら、ケースによっては、次々に立ちはだかる請求手続きをするうえでの壁を乗り越えていかなければならないかもしれません。

そんなときは、社会保険労務士の存在を思い出してください。障害年金の請求手続きは、社

第6章

会保険労務士だけが行うことを国が認めている業務です。

社会保険労務士を探すときは、障害年金を得意とする社会保険労務に相談するといいでしょう。

一概に社会保険労務士といっても、広範囲にわたる業務があります。特に、日本の年金制度は時代が変わるとともに改正を繰り返していますので、全体的に複雑化しています。中でも、障害年金の請求手続きについては、単に書類を集めるということだけではなく、老齢年金や遺族年金にはない、初診日の確定、ときには証拠探し、医療機関とのやりとりも発生します。

病気やケガにより障害年金の手続き自体が難しい場合や、手続きの途中でつまずいてしまったときなどは、初回の相談は無料にしている事務所も多いので、まずは無料相談から気軽にされてみてはいかがでしょうか。きっと何かいいアドバイスをしてくれると思います。

障害年金業務をされている社会保険労務士には高い志のある方たちがおられます。

ただし、障害年金を確実に受給できるかどうかは、決定通知書が届くまでは誰にもわかりません。ご依頼されるときには、たとえ不支給

の通知が届いたとしても、納得できない場合には、審査請求、再審査請求といった不服申立てについても、最後まで責任をもって、親身に誠実な対応をされる社会保険労務士との出会いを願っております。

第7章

障害年金を受給しながら働いてみませんか？

第1章
障害年金とは？

第2章
障害年金受給のためのポイント

第3章
障害年金の手続き

第4章
最も重要な診断書のチェックポイント

第5章
決定通知書が届いた後のこと

第6章
相談できる場所や専門家

第7章
就労との両立

第8章
障害年金以外の制度や支援

16

働いていても障害年金は受給できますか？

「障害年金」と「働くこと」について

有給休暇や休職制度を利用しながらなんとか働き続けている状態の方から、

「まだ働いていますが、障害年金を請求することはできますか」

というご質問をいただくことがあります（休職制度については196ページに後述）。

大丈夫です！　安心してください。障害厚生年金3級の障害認定基準は、『労働が著しい制限を受けるか、労働に著しい制限を加えることを必要とする状態』と定められています。ということは、通常通りには働けない状態で、労働に支障はあるけれど、周囲の協力や理解などを得ながらなんとか働けている状態であれば、障害年金を受給できる可能性はあります。さらに、日常生活への支障の程度によっては、2級に該当する可能性もあります。ただし、初診日に**厚生年金保険**に加入していて、第3章で前述した3つの要件を満たしている必要があります。

また、障害年金を既に受給されている方から、

「現在は少し症状が安定しています。まだまだ継続して働けるかは不安ですが、求職活動をしようと考えています。働き始めたら障害年金は受給できなくなってしまいますか」

と、ご相談を受けることもあります。

こちらも大丈夫です。障害年金を受給していても、働き始めたという理由だけで、すぐに年金が支給停止されることはありません。

障害年金を受給しながら働いている人の割合などについても、第1章で前述していますので、参考にしてください。

17

病気やケガになったときの仕事の選択

仕事を続ける・休む・辞める・変えるか？

病気やケガをしてしまい、今までと同じように働けなくなってしまったときは、今後の仕事についてどうしようか悩まれるかもしれません。今の仕事を続ける、休む、変える、それとも辞めるかは、仕事の内容や傷病の状態によっても変わってきますし、正解がないというのが正直なところです。あえて一つだけ言うのであれば、ご自身にとってより納得のできる選択をしてほしいということです。有効活用できる制度などについての詳細は194ページで後述していますので、ここでは簡単な流れを参考にしてください。

◉今の仕事を続ける場合

今の仕事を続ける場合は、会社には**安全配慮義務**というものがありますので、会社のルールを知るために就業規則を確認したうえで、上司や人事担当者と相談しながら理解と配慮を得ていかれてはいかがでしょう。

【安全配慮義務】

労働契約法第5条では、「使用者は、労働契約に伴い、労働者がその生命、身体等の安全を確保しつつ労働することができるよう、必要な配慮をするものとする」と、使用者は労働者の安全への配慮（安全配慮義務）を当然に負うことを規定しています。

危険作業や有害物質への対策はもちろんですが、「生命、身体等の安全」には、心身の健康も含まれます。

さらに、「必要な配慮」とは、労働者の職種、労務内容、労務提供場所等の具体的な状況に応じて、必要な配慮をすることが求められます。

病気やケガについて、上司・人事担当者・同僚など、誰に何をどこまで伝えるのか事前に決めておくと、気持ちのうえでもスムーズに話を進められるかもしれません。

また、その際には、仕事について「できること」と「できないこと」を棚卸しし、整理してから伝えましょう。上司や同僚もそうしたことを把握することで、安心して一緒に働くことができます。

病気のことで何らかの配慮をしてもらいたいときに、上司や同僚に言いたくないことがあれば、産業医に相談してみてください。

【産業医】

簡単に言うと、会社の従業員の「健康」に関することを取り扱う専門家です。労働安全衛生法という法律で、常時50人以上の労働者を使用する場合は産業医と契約することが義務づけられており、「労働者の健康管理を行うために必要な医学の知識を一定の要件備えた者」と規定されています。ただし、中小企業など労働者が50人未満の事業所では、産業医がいないことが多いです。その場合は、**産業保健推進センター**というところで無料相談ができます。

一人で抱え込むと、無理をしてしまう場面も出てきます。治療と両立しながら、できる限り病気が悪化しない方法を考え、安心して長く働ける環境作りをしたいものです。

◉会社を休んで休暇をとる場合

会社を休む場合は、会社の**就業規則**を確認してください。そこに、有給休暇のことや休職規定も記載されているかもしれません。休職中の所得の補償としては、**健康保険の傷病手当金**をもらえる可能性があります。傷病手当金の手続きには、医師や会社の証明欄もありますので、休職するときには、主治医や上司・人事の担当者にも相談されてから進めてみてください。

◉会社を辞める場合

会社を辞める場合は、次のページでもお伝えしますが、よく考えてから決めましょう。辞めることを選択し、退職されると、**雇用保険の失業給付**を受けられるかもしれません。また、退職後も傷病手当金をもらえることがあります。退職前によく要件を確認しておくことをおすすめします。

◉転職や再就職する場合

転職や再就職する場合は、できるだけ無理をせずに続けられる雇用環境を選択しましょう。無理してフルタイム勤務や、まだ働ける状態ではないのに焦って就職すると、症状が悪化してしまうこともあります。焦らずに、主治医による就労可能の判断を得てから、慎重に再就職先を探しましょう。また、就職活動の面談の際には、病気やケガのことをどのように話せばいいのか悩まれるかもしれません。前述したとおり、会社には安全配慮義務があります。働ける状態になったとしても、治療は継続中であり、病気やケガについて何らかの配慮をしてほしいことがあれば伝える必要があります。その際の面接では、まずは、志望動機や自己PRをしっかり伝えたうえで、病気の経験から学んだことなど、プラスの印象を与えられるように工夫されてみてはいかがでしょうか。

傷病が悪化して働けなくなったときは、休職？ それとも退職？

病気やケガなどの状態が重くなり、働くことが難しくなってきたときには、会社を休職しようか、それとも退職しようか悩まれることがあるかもしれません。どちらもこれが正解ということはありませんが、決める前に確認してほしいことがあります。

正社員として働いている場合に休職するということは、正社員用のルールが適用されることになります。会社によっては復職のルールなどがあり、休職する前と全く同じ条件で復職できるかどうかは就業規則などを確認しないとわかりませんが、病気やケガの状態が良くなって安定してきたときは正社員としてまた働くことが可能です。フルタイムの正社員として復職することは難しいけれど、短時間であれば復職することが可能であれば、会社にパートやアルバイトに雇用形態を変更できないか相談されてみてもいいと思います。会社によっては、**短時間正社員**などの雇用形態があるところもあります。

例えば、会社を退職することにした場合、病気の症状が良くなり、再度働こうと思ったときには一から就職活動をはじめることになります。すると、新しい職場では、あなたの病気のことや人柄などを知っている人はいないでしょうから、最初から人間関係の構築をしなければなりません。雇用の形態についても、正社員ではなく、有期契約社員や、パート・アルバイトという形態で勤務されるケースも多いでしょう。

正規雇用と有期契約社員やパート・アルバイトなどの非正規雇用とでは、一般的には適用される社内のルールが違います。もちろんルールは会社によって異なりますが、正社員は、休暇や休職制度、退職金、福利厚生など、非正規雇用の社員に比べると扱いが全般的に優遇されています。病気が治って元気になったときのことや、また病気が悪化してしまったときのことなどを考えると、会社と相談しながら、雇用を維持しながらも休みがとれる休職を可能な限り活用することも選択肢の一つかもしれません。

18 病気やケガになったら確認すること

病気やケガをしたときに知っておきたい制度

仕事と治療の両立についてご相談を受けることがあります。その悩みは、病気などの症状、仕事の内容・環境によりさまざまです。働いている人が病気やケガになったら、今までどおり仕事を続ける人も、一旦休職して療養に専念する人も、そのために使える国の制度、会社の制度について情報を得ることがとても大切です。会社にどのような制度があるのか、私傷病の場合にはどのような給付が社会保険から受けられるのか、それら制度の活用も含めて、仕事と治療の両立について考えましょう。

働く法律を知る！（就業規則を確認しよう）

◉就業規則を確認しよう！

会社にどのような制度があるのかを確認するために、就業規則を見てみましょう。

「**就業規則**」とは、職場の規律や労働条件を定めた会社のルールブックです。ご自身の会社の就業規則を見たことがないという方はとても多いのですが、就業規則は10人以上の会社に作成することが義務付けられています。

みなさんが知っている有給休暇も、この就業規則に定められているはずです。**有給休暇**は、法律で認められた休暇で、字の通りお休みをしてもお給料がもらえる休暇です。医療機関での受診や、傷病のための休養で会社を休まなければならなくなったとき、最初にこの休暇を利用される方が多いのではないでしょうか。会社が最低限与えなければいけない有給休暇の日数は労働基準法で定められています。パート社員も要件を満たせば、有給休暇を取得することができます。会社によっては、半日単位、時間単位での

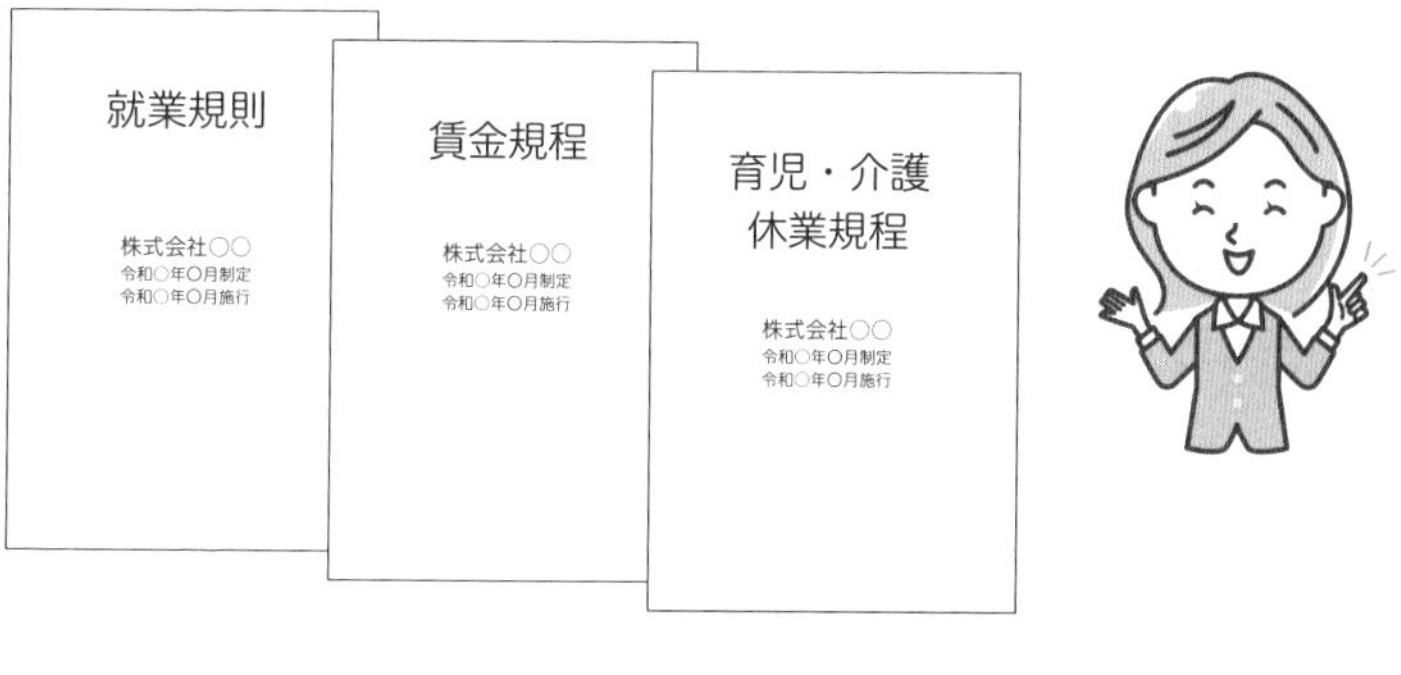

取得を認めているところもあります。

入院や休養が長引き、有給休暇を使いきってしまってもなお、お休みしなければならない場合は、**休職制度**があるか確認してみてださい。休職とは、病気やケガなどで働けなくなったとき、雇用を維持したままお休みすることです。休職制度は有給休暇と違い、法律上の制度ではありません。小さな規模の会社では設けていないところもあります。制度として規定されていなくても、慣行として認めている会社もあるようです。

就業規則に定められている場合は、対象者・期間などをしっかり確認しましょう。休職できる期間も対象者もそれぞれの会社で決めることができます。一律に同じ期間を与える会社もありますし、勤続年数に応じて期間が決められている会社もあります。勤続期間が少ない社員は対象外としている会社もあります。

休職制度は任意の制度ですので、ほとんどの会社が無給となりますが、要件を満たせば健康保険制度から傷病手当金という給付が受けられます（傷病手当金については、198ページを参照してください）。ただし、社会保険に加入している人は、休職中も社会保険料を支払わなければなりません。会社側も社員の休職期間中の社会保険料を負担することになります。

長期に休職した場合、次の有給休暇がもらえなくなる場合があるため、注意が必要です。有給休暇は「全労働日の8割以上出勤する」ことが条件になっていますので、長期に休職して、この条件をクリアできなくなると、有給休暇がもらえなくなってしまうのです。

休職中のルールや、休職期間の満了後についての規定も必ず確認しておきましょう。休職期間が満了しても就業できないときには、自然退職と定めている会社が多いようです。復職の判断基準について規定されている会社もありますので、不明なことがあれば会社に確認してください。

勤務体制や勤務形態を変えることで、仕事を継続できる方もいらっしゃいます。他に使える規定・制度はないか、確認しましょう。

例えば、**フレックスタイム制度**があります。フレックスタイム制度は、決められた労働時間内で、始業と終業の時刻をご自身で決めることのできる制度です。満員電車がつらいときに、フレックスタイム制度が利用できると通勤が楽になるかもしれません。

在宅勤務制度という制度もあります。これは、文字通り自宅で仕事をすることです。通勤が困難な場合でも、自宅での仕事ならできるという方もいらっしゃいます。**在宅勤務制度**や**短時間勤務制度**は、最近では育児や介護の両立として取り入れている会社が増えてきています。育児や介護への配慮とされているような規定であっても、利用できないか相談してみるのも一つの方法だと思われます。

正社員として働き続けることが難しくても、短時間のパート社員としてなら続けることができる可能性もあります。パート社員になった場合、必ずしもすぐに社会保険の資格を喪失する方ばかりではありません。パート社員でも要件を満たせば、社会保険の被保険者になることができます。

働く法律において、私傷病の場合の国の補償や制度・支援は十分ではありません。制度や規定がなくても、周囲の理解や協力、少しの配慮があれば仕事を続けられる方もいらっしゃいます。任意の制度は、大きな規模の会社の方が比較的に充実していますが、小さな規模の会社は、規定にとらわれず柔軟な対応をしてくださる会社もあります。就業規則には定められていなくても、社内慣行として行われていることがあれば利用できるかもしれません。また、相談してみることで、何か配慮や協力が得られるかもしれません。

社会保険を知る！（傷病手当金、高額療養費、雇用保険、退職後の健康保険）

◉傷病手当金

健康保険に「傷病手当金」という生活保障の給付があることをご存知でしょうか？

病気やケガで働くことができずにお給料がもらえないときは、加入している健康保険制度から現金給付が受けられます。受給するための要件は次の4つです。

①業務外の病気やケガの療養であること
②仕事に就くことができないこと
③連続する3日間（待期）を含み、4日以上仕事ができないこと
④お給料がもらえないこと

公休日（土日・祝日等）、有給休暇についても待期期間に含めることができます

傷病手当金は保険料を納めている被保険者本人しか受けることができない制度になります。家族（被扶養者）が病気やケガで働けなくても、もらうことはできません。

傷病手当金は入院していなくても、自宅療養でも医師の証明があれば、受給することができます。医師の証明は、申請書類に記入してもらう箇所がありますので、手続きを行うときには必ず必要です。

傷病手当金の額は1日あたり、標準報酬日額の3分の2の金額です。

受給できる期間は決められています。受給できる期間は原則、支給が開始された日から最長で1年6か月です。1年6か月分もらえるということではなく、1年6か月の期間内で、要件を満たした日に支給されます。通常は1年6か月を過ぎてしまうと、療養中でも傷病手当金は支給されなくなります。

例えば、傷病手当金を受給している人が働けるようになり復職したら、傷病手当金は支給されなくなります。再度療養が必要になりお休みした場合、1年6か月以内であれば再び傷病手当金を受給することができます。1年6か月を過ぎてしまったら、働けない状態でも傷病手当金は受給できません（図1のようなイメージです）。

また、待期3日間は、会社を休んだ日が連続して3日間なければ成立しません。

同じように傷病手当金を受給していた人が復職し、再度働けなくなったとき（図2）、最初の受給のときの傷病と、再度お休みすることになった原因の傷病が違う場合は、新し

▼図1　傷病手当金の支給期間

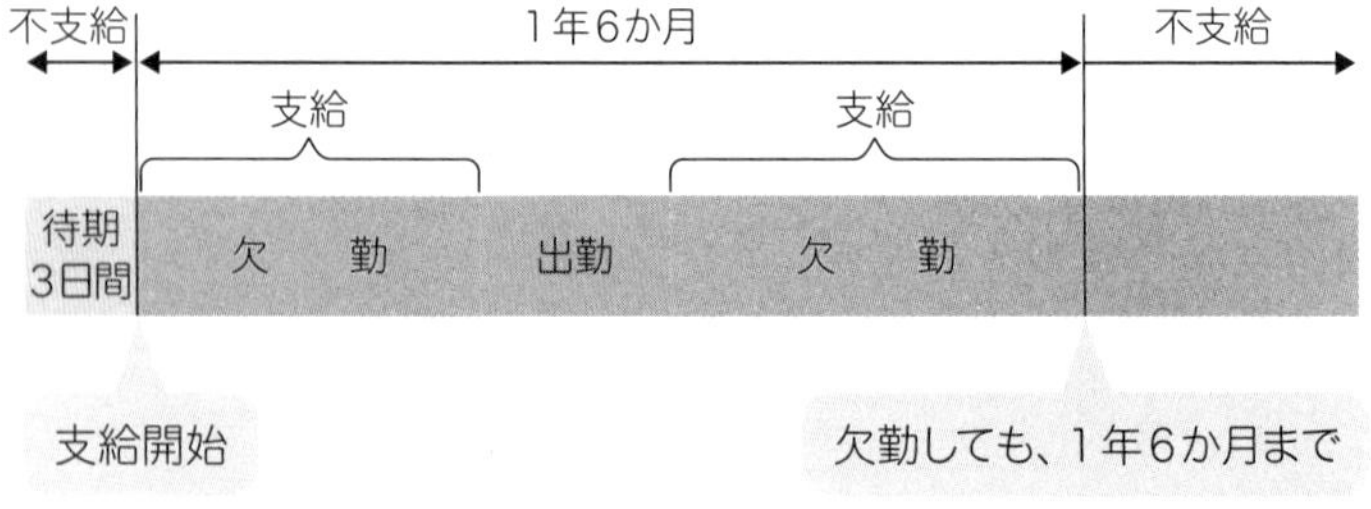

い傷病手当金の受給権が発生し、そこから1年6か月が受給期間になります（新たに連続した3日間の待期が必要です）。

前と後の傷病が同じであっても、一度働ける状態になった時点で、一旦完治（治癒）していると判断されると、新しい受給権が発生する場合もあります。

違う傷病名でも同じ傷病と判断されることもあります。例えば精神の疾患は、症状や医師の判断で診断名が変わることもあり、転医で傷病名が変わることもあるからです。

傷病手当金は、要件を満たせば退職後も受給できます。退職後に受給する要件は、次の2つです。

①辞める前に被保険者期間が連続して1年以上あること
②退職日に傷病手当金をもらっていたこと（又はもらえる状態だったこと）

▼図2　社会的治癒・新たな傷病の支給期間

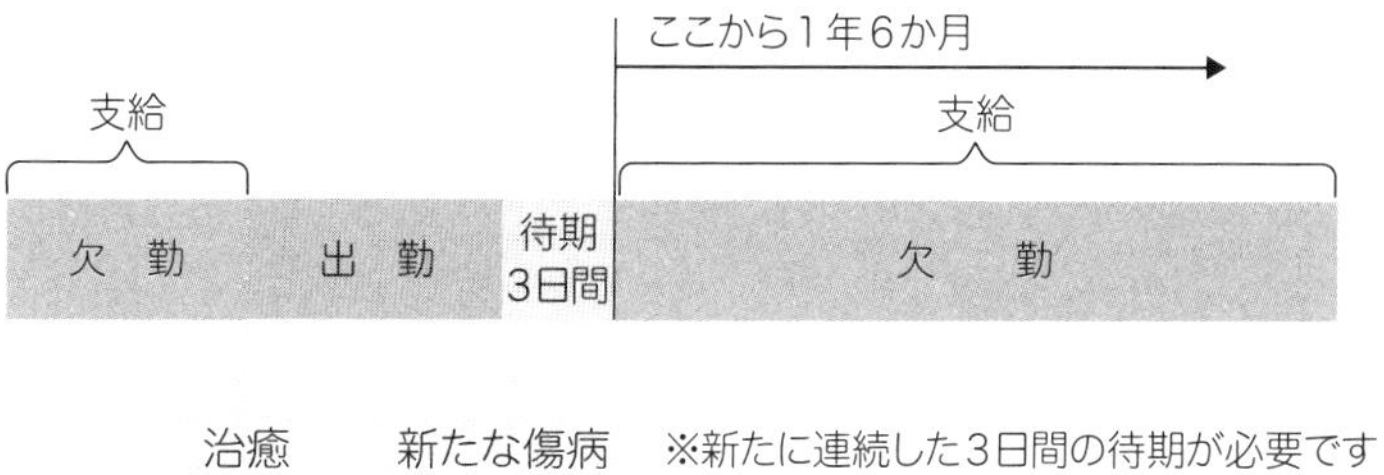

「もらえる状態だった」というのは、受給できる要件を満たしていたけど、受給していなかった状態です。退職日に「労務不能」であったと認められないと、要件を満たせないため注意が必要です。

退職後に国民健康保険に加入しても、受給している傷病手当金がストップされることはありません。ただし、資格喪失後に1日でも働いて収入をもらったら、支給はストップされます。資格喪失後の継続給付に限っては、一度働いたら、1年6か月以内に再度同じ傷病でお休みしても支給が再開されることはありませんので注意してください。

傷病手当金について、今まで病気やケガと無縁だった方は知らない場合も多いようですが、利用できると経済的な負担が軽減され、安心して治療や療養に専念することができるもしれません。障害年金に比べると申請は難しくありませんので、要件に該当する方はご活用ください。

知らずに申請していなかった方も、2年以内であれば申請できます。市町村が運営する国民健康保険では「任意給付」とされているため、傷病手当金を給付しているところはほとんどないのが現状です。職業別の国民健康保険組合では、独自の制度として、傷病手当金の上乗せ給付をしている組合もありますので、加入している健康保険組合に確認してください。

◉高額療養費

手術をしたり、入院が長引いたりすると、医療費が高額になり経済的な負担は大きくなります。

1か月あたりの医療費が高くなり、窓口での負担額が一定の限度額を超えると、負担した医療費が戻ってくる「**高額療養費**」という制度があります（図3、4、表1）。

「限度額」は年齢・収入により定められていて、1か月あたりの窓口負担金

▼図3　高額療養費の仕組み（70歳未満の一般の場合）

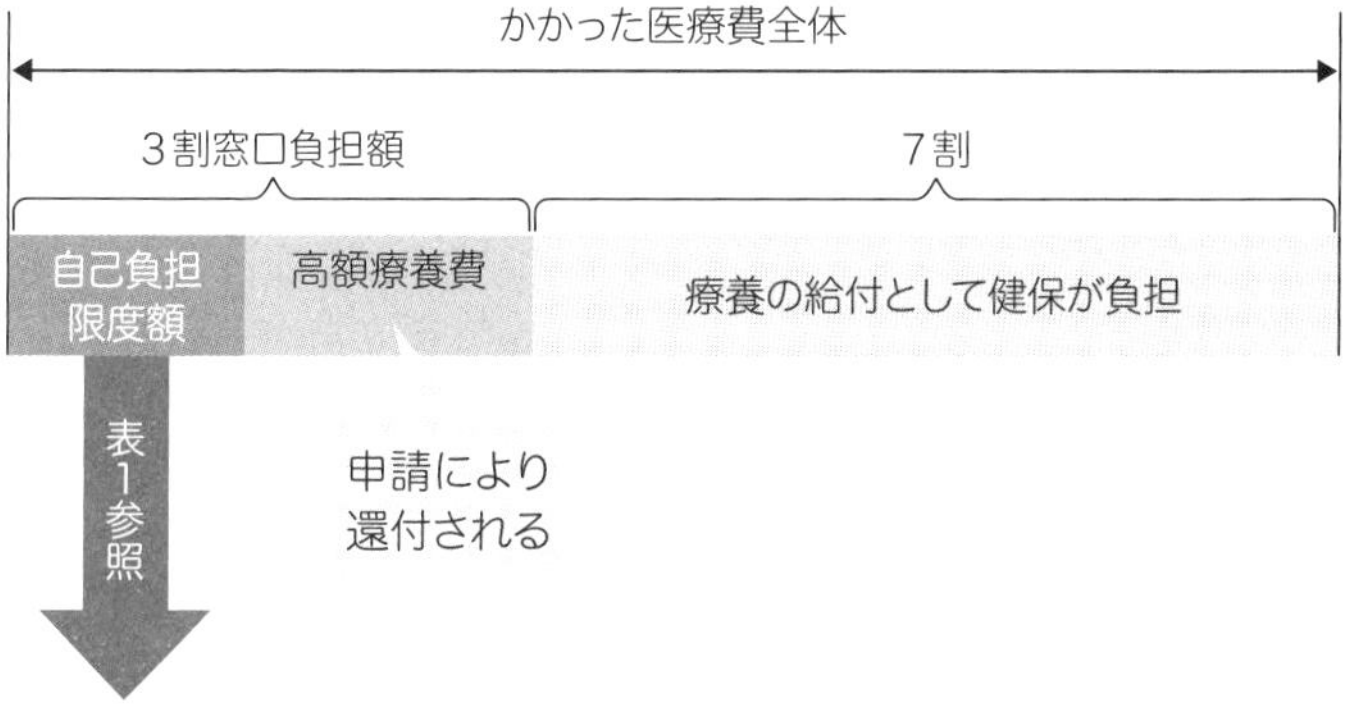

▼表1　70歳未満の自己負担限度額（平成27年1月から）

標準報酬月額	1か月の負担上限額
83万円以上	252,600円＋（医療費－842,000円）×1%
53万円～79万円	167,400円＋（医療費－558,000円）×1%
28万円～50万円	80,100円＋（医療費－267,000円）×1%
26万円以下	57,600円
低所得者（住民税非課税）	35,400円

額がその定められた限度額を超えたときに還付されます。70歳未満の自己負担限度額は、平成27年1月より表1の通りです。

高額療養費に関して、最近では医療機関の窓口で教えてくれることも増えたようですが、制度を知らずに申請していない方もおられるかもしれません。高額療養費の計算方法は図4を参考にしてください。2年以内であれば過去の分も申請できます。一番大事なことですが、申請しないと還付されないので、このような制度があることをぜひ覚えておいてください。

・高額療養費の多数該当とは?

高額療養費の対象となる月が何度もあるときには軽減措

▼図4　高額療養費の計算例(70歳未満の一般の場合)(平成26年12月まで)

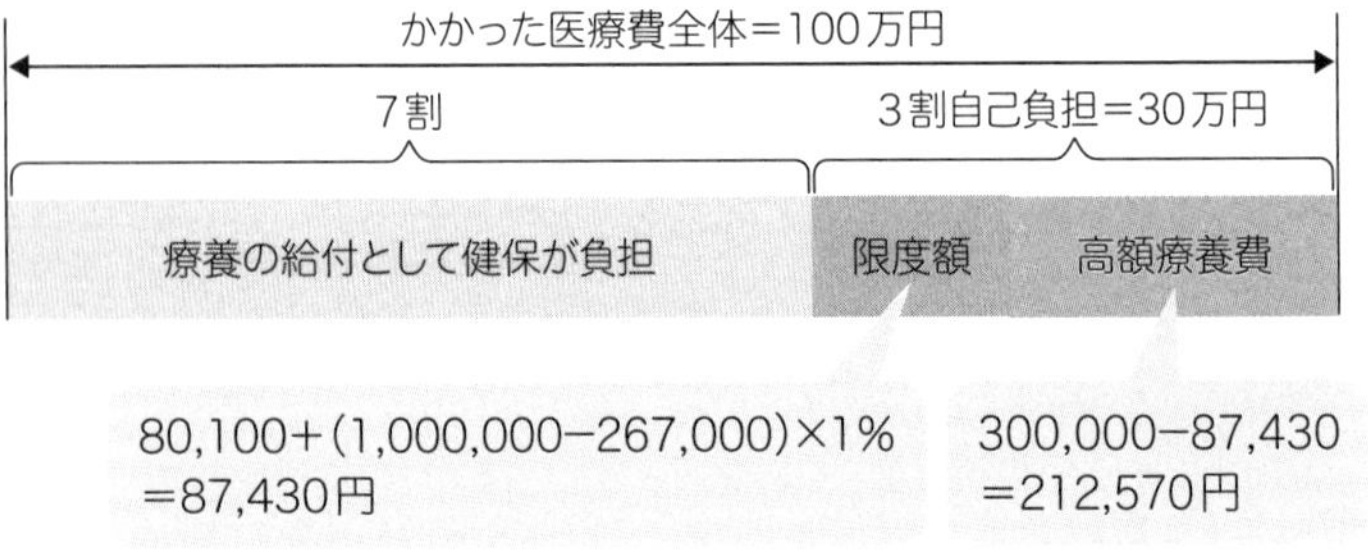

置があります。「**多数該当**」と呼ばれる制度で、1年（直近の1年でみます）に3回以上高額療養費に該当した場合は、4回目からはさらに限度額が軽減されます（図5）。多数該当時の限度額も表2のように年齢・収入別に定められています。

●高額療養費の世帯合算とは？

同じ世帯でかかった医療費を合算できる「**世帯合算**」という軽減措置もあります（図6）。合算した額が自己負担限度額を超えた場合に申請可能になります。

一人の医療費では基準額に満たなくても、同じ世帯にいる別の家族に、同じ月に医療費の負担があった場合、21,000円以上であれば、合算することができます。

合算できるのは、同じ健康保険の被保険者と被扶養者の分です。共働きなどで違う健康保険のものは合算できません。

また、一人で複数の病院を受診した場合にも、自己負担額が21,000円以上であれば、合算することができます（70歳以上は、21,000円未満でも合算できます）。

医療機関ごとに、外来と入院は別で計算します。

高額療養費は、治療や診察にかかった医療費負担を軽減する制度です。時々、税金が安くな

▼図5　多数該当の仕組み（70歳未満の場合）

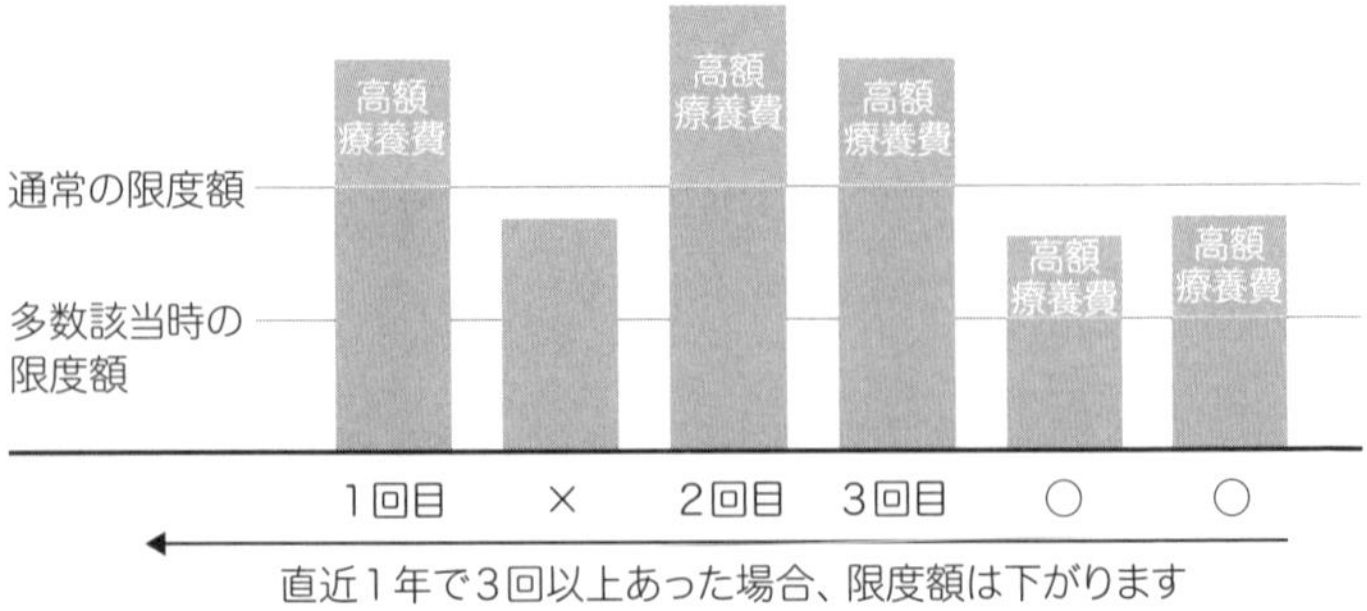

▼表2　多数該当時の自己負担限度額（70歳未満の場合）

標準報酬月額	平成26年12月まで	平成27年1月から
83万円以上	83,400円	140,100円
53万円〜79万円	83,400円	93,000円
50万円以下	44,400円	44,400円
低所得者（住民税非課税）	24,600円	24,600円

▼図6　高額療養費の世帯合算とは（70歳未満の場合）

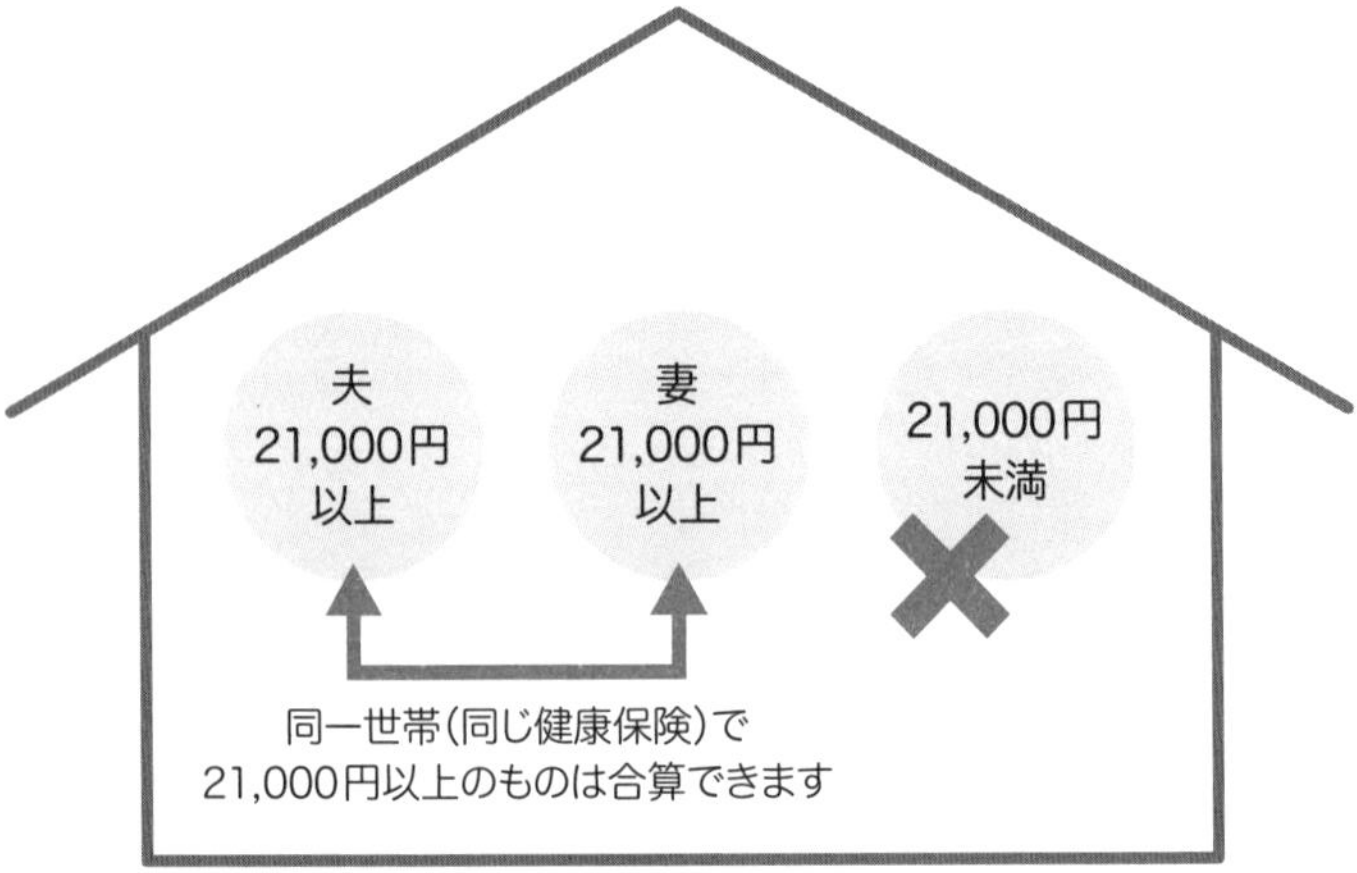

る年末調整の「医療費控除」と勘違いされている方がいらっしゃいますが、全く別の制度になります。税金の「医療費控除」は病院までのタクシー代なども含めることができますが、健康保険の「高額療養費」は保険診療の対象になるものしか合算できません。

高額療養費の計算は少し複雑です。申請するときは、加入している健康保険制度に確認、相談してください。

・限度額適用認定証とは?

高額療養費には現物給付もあります。事前に医療費が高額になるとわかっている場合は、こちらの制度を利用してください。先に、加入している健康保険で必要な手続きを行い、「**限度額適用認定証**」を発行してもらいます。「限度額適用認定証」を窓口で提示することにより、負担が限度額までに抑えられるため、高額な医療費を払わなくて済みます。これは、入院でも外来でも利用できます。入院によってかかる医療費が限度額を超えることがあらかじめわかっている場合や、がん患者さんのように外来での薬物療法が必要な場合は活用してください。給付額・限度額は、高額療養費と同じです。一度払った後に戻ってくるのが「高額療養費」、限度額以上払わなくて済むのが「限度額適用認定証」です。

・高額医療費貸付制度

高額療養費は、申請後から支給されるまでに3か月ぐらいがかかります。その間、病院によっては支払いを待ってくれるところもありますが、原則、一度窓口で高額の負担金を払わなければなりません。抗がん剤治療など、一度の治療で驚くほどの高額な医療費がかかることもあります。そんなときには、「**高額医療費貸付制度**」があります。高額療養費の支給見込額の範囲で決められた割合（加入している制度によって異なります）の金額を**無利子で**借りることができます。協会けんぽの場合は、高額療養費支給見込額の8割相当額が借りられます。

事前に「限度額適用認定証」の手続きができなかったとき、窓口で高額な医療費を払わなければいけなくなったときに利用できるかもしれません。

◉雇用保険

雇用保険の基本手当については知っている方が多いと思われます。一般に「**失業手当**」や「**失業保険**」と呼ばれている給付です。正確には「基本手当」と言い、失業中の生活を保障するための制度です。

会社を辞めた後、要件を満たせば求職期間中に基本手当をもらうことができます。受給するための要件は原則、離職の日以前2年間に、被保険者期間が通算して12か月以上あることです。受給できる金額は退職する前の6か月の給与から計算されます。給付が受けられる日数は、年齢と勤続年数、離職理由により異なります（表3）。

自己都合で退職した場合は、通常、給付制限という期間があり、2か月待たないと受給できません。しかし、病気やケガが理由で退職し、「**特定理由離職者**」として認められると、2か月の給付制限がなく、一般の方より早く受給することが可能になります。「特定理由離職者」の認定には医師の証明が必要になります。

基本手当は、働ける状態にないと受給することができません。すぐに働ける状態ではなく、30日以上働けないときは、「**受給期間の延長**」の申請をしておきましょう。基本手当を受給できる期間は、原則1年間ですが、その間に病気やケガで働くことができないときは、受給期間を延長することができます。延長できる期間は最長で3年間です。

また障害をお持ちの方は、「**就職困難者**」として、一般の人より給付日数を多く受給できます。

基本手当はこのように、同じ病気やケガによる退職でも、退職するときの状況やタイミングにより、給付の条件や手続きが異なってきます。手続きをする際には、住所地のハローワーク

▼表3　基本手当（失業手当）の給付日数（令和3年２月現在）

• 一般（自己都合、期間満了、定年退職で離職した方など）全年齢

区分＼被保険者であった期間	1年以上5年未満	5年以上10年未満	10年以上20年未満	20年以上
全年齢	90日	90日	120日	150日

• 就職困難者（障害者手帳を持っている方など）

<table>
<tr><th>区分＼被保険者であった期間</th><th>1年未満</th><th>1年以上5年未満</th><th>5年以上10年未満</th><th>10年以上20年未満</th><th>20年以上</th></tr>
<tr><td>45歳未満</td><td rowspan="2">150日</td><td colspan="4">300日</td></tr>
<tr><td>45歳以上65歳未満</td><td colspan="4">360日</td></tr>
</table>

• 特定受給資格者（倒産・解雇などの会社都合による退職）及び一部の特定理由離職者（就職困難者を除く）

<table>
<tr><th colspan="2">区分＼被保険者であった期間</th><th>6か月以上1年未満</th><th>1年以上5年未満</th><th>5年以上10年未満</th><th>10年以上20年未満</th><th>20年以上</th></tr>
<tr><td colspan="2">30歳未満</td><td rowspan="5">90日</td><td>90日</td><td>120日</td><td>180日</td><td>-</td></tr>
<tr><td colspan="2">30歳以上45歳未満</td><td rowspan="2">90日</td><td rowspan="2">180日</td><td>210日</td><td>240日</td></tr>
<tr><td></td><td>35歳以上45歳未満</td><td>240日</td><td>270日</td></tr>
<tr><td colspan="2">45歳以上60歳未満</td><td>180日</td><td>240日</td><td>270日</td><td>330日</td></tr>
<tr><td colspan="2">60歳以上65歳未満</td><td>150日</td><td>180日</td><td>210日</td><td>240日</td></tr>
</table>

にご相談ください。

令和2年10月1日から「給付制限期間」が3か月から2か月に短縮されました。

令和2年10月1日以降に離職された方は、正当な理由がない自己都合により退職した場合でも、5年間のうち2回までは給付制限期間が2か月（図7（1））となります。つまり、5年間のうち3回目からは従前の3か月（図7（2））となります。

給付制限が短くなるのは、正当な理由がない自己都合により退職した場合であり、懲戒解雇

▼図7　給付制限期間（令和2年10月〜）

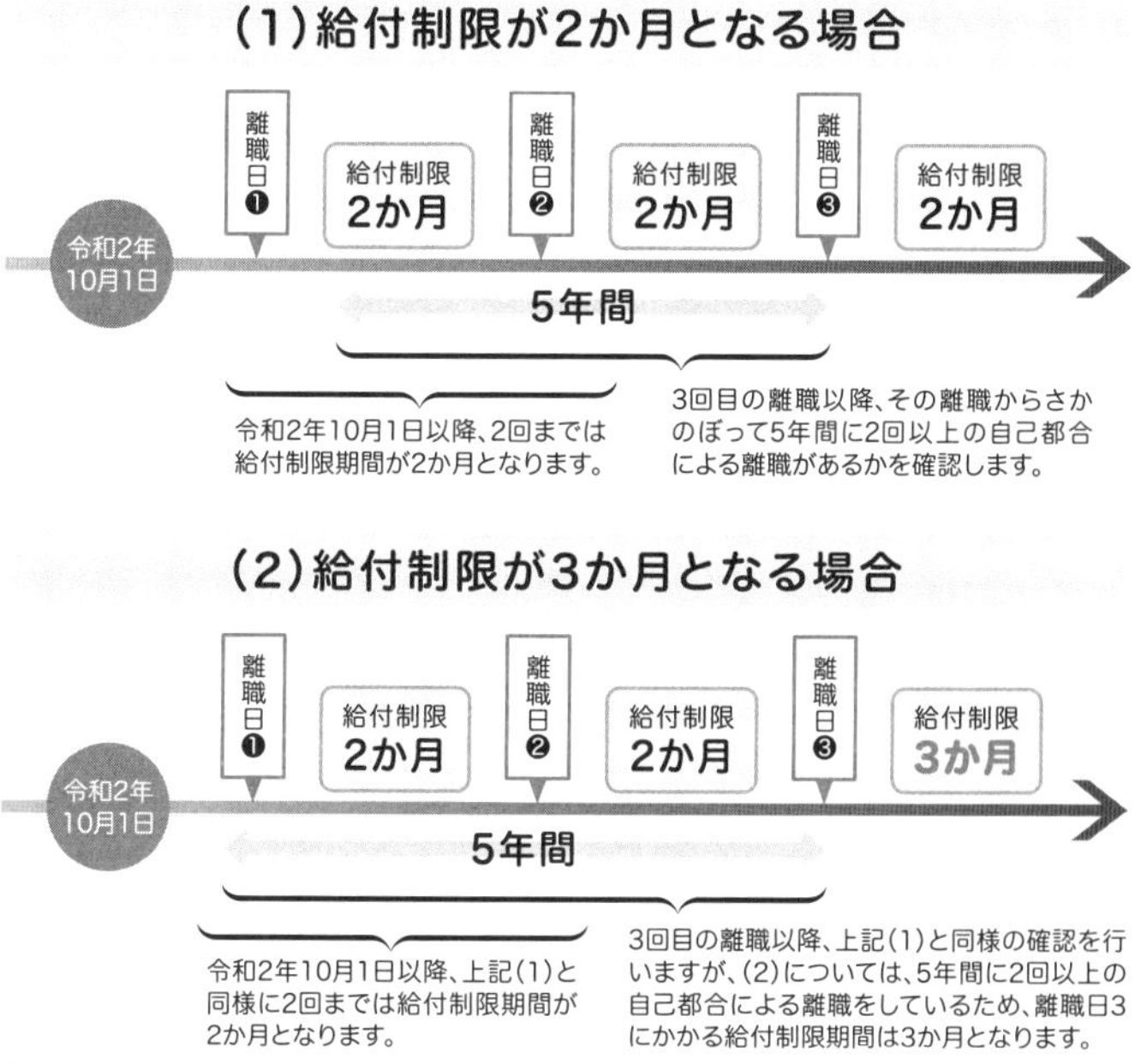
(1)給付制限が2か月となる場合
令和2年10月1日
離職日❶
給付制限 2か月
離職日❷
給付制限 2か月
離職日❸
給付制限 2か月
5年間
令和2年10月1日以降、2回までは給付制限期間が2か月となります。
3回目の離職以降、その離職からさかのぼって5年間に2回以上の自己都合による離職があるかを確認します。
(2)給付制限が3か月となる場合
令和2年10月1日
離職日❶
給付制限 2か月
離職日❷
給付制限 2か月
離職日❸
給付制限 3か月
5年間
令和2年10月1日以降、上記(1)と同様に2回までは給付制限期間が2か月となります。
3回目の離職以降、上記(1)と同様の確認を行いますが、(2)については、5年間に2回以上の自己都合による離職をしているため、離職日3にかかる給付制限期間は3か月となります。

出典：厚生労働省・都道府県労働局・ハローワークのリーフレット
（https://www.mhlw.go.jp/content/11600000/000655465.pdf）

等を含む自己の責めに帰すべき重大な理由で退職された方の給付制限期間はこれまでどおり3か月となります。

◉退職後の健康保険

会社を退職したら、今まで使用していた健康保険証は使えなくなってしまうため、あらたに自分で公的な健康保険制度に加入しなければなりません。退職後の健康保険制度には3つの選択肢があります（表4）。

①任意継続被保険者になる

▼表4　退職後の健康保険の比較

	加入条件	保険料	問合せ先
① 任意継続被保険者	退職日までに被保険者期間が継続2か月あること（20日以内に手続きすること）	在職中の保険料の2倍 ※上限あり	在職中に加入していた健康保険
② 家族の健康保険（被扶養者）	けんぽの場合は年収130万未満（60歳以上又は障害者の場合は、年間収入180万円未満） ※ご家族の健康保険制度に確認してください。	なし	家族が加入している健康保険 ※手続きは家族の勤務先を通して行う
③ 国民健康保険	市区町村に住所がある人など（各市区町村に確認してください）	市区町村により異なる 前年の所得・世帯の人数から計算される	お住まいの市区町村の担当窓口

②家族の健康保険制度に被扶養者として加入する
③市区町村の国民健康保険に加入する

「**任意継続被保険者**」（表4①）とは、退職後も従前に働いていた会社の健康保険の被保険者になることができる制度です。退職前に継続2か月以上の被保険者期間があれば、退職後も2年間は引き続き同じ健康保険制度の給付を受けることができます。扶養しているご家族も被扶養者として、引き続き保険給付を受けることができます。

注意が必要な点は、保険料が変わるということです。在職中は、会社が半分保険料を負担してくれていましたが、退職後は全額本人の負担になってしまうため、保険料は2倍になります。原則、退職時の標準報酬月額を基準に保険料は決まりますが、上限額が決められています。

任意継続被保険者は退職後、20日以内に手続きしなければなりません。保険料の納付が1日でも遅れてしまったら、資格を失いますのでその点に注意してください。

ご家族が加入している健康保険の被扶養者（表4②）として加入することもできます。被扶養者になるには所得要件があります。この所得には傷病手当金や失業手当も含まれますので、これらを受給している間は被扶養者として認められない場合もあります。ご家族が加入している健康保険に確認してください。手続きはご家族の会社を通して行います。

お住まいの市区町村の**国民健康保険**（表4③）に加入する選択もあります。国民健康保険には被扶養者という区分はありません。世帯みんな一人一人が国民健康保険の被保険者として加入することになります。保険料に関しては、市区町村で決められており、収入などにより異なります。病気などの理由で保険料の支払いが困難な場合は、前年の所得により保険料の減免制度もありますので、お住まいの市区町村に直接問合せください。

月の途中で保険制度が切り替わると、1か月の医療費が高額になっても、高額療養費の対象にならない場合もありますので注意してください。

社会保険はこのように、病気やケガをしたときや、失業したときなどに給付を受けられる公的な保険です。要件を満たした場合には、ぜひ手続きをして、治療と仕事を両立するために活用しましょう。

19 社会復帰に向けて

社会復帰し、継続して働くために…

病気やケガにより一度は働けなくなってしまっても、症状が少しずつ改善し、状態が安定してきたら、社会復帰について考え始めるでしょう。治療と両立できるのか心配になったり、復帰後に不安要素を抱えていたりして思い悩むことがあるかもしれません。社会復帰するための準備や心構えについて、参考になるようにお伝えいたします。

◉長く働くための準備（再就職の面接、会社の健康診断など）

これから社会復帰しようと考えるときに、履歴書や再就職活動のときの面談で、病気のことをどこまで伝えればいいのか？　会社の健康診断は受けなければならないのか？　など、疑問や不安に思うことがでてくるかもしれません。これが必ず正しいという方法はありませんが、そんな場面で参考にして頂けたらと思います。

履歴書を記載するときに、健康状態の欄がある場合があります。履歴書には様々な種類のものがありますので、ご本人が書きやすいものを選べばいいのですが、会社によっては、様式を指定されることもあります。健康状態などを記載する欄がある場合には、どこまで病気のことを伝えればいいのか迷われると思います。傷病や職種にもよりますが、病歴や病名は必ずしも書く必要はありません。ただし、受診のために定期的に会社を休まなければならない場合など、病気のことで配慮をしてほしいことがあれば伝えた方がいいでしょう。そのときには、他には業務に支障になることはないことを追記するなどの工夫をされることをおすすめします。

再就職の際の面談については、189ページの「転職や再就職する場合」でもお伝えしましたが、会社には**安全配慮義務**があります。働くうえで、病気のことで配慮をしてほしいことがある場合には事前に伝えておくと、就職が決まった後のことを考えた場合に、安心して働くことができます。確かに、面談の際に病気のことを話すとマイナスイメージを与えてしまうかもしれませんが、志望動機や病気から学んだことなど、プラスイメージに変えられるような伝え方になるよう工夫するというのも一つの方法です。

また、定期診断を受けているのに、会社の健康診断も受けないといけないの？　と思われることがあるかもしれません。

会社には毎年一回以上の健康診断の実施が義務付けられています。健康診断の項目は、あくまでも会社の安全配慮義務に基づく範囲のものです。普段から定期診断を受けていて項目が重複する場合は、会社で相談してみましょう。

◉社会復帰の心構え（会社とのコミュニケーションなど）

社会復帰した後は、職場で気持ちのいい関係を構築し、安心して仕事を続けていきたいものです。そのためにはどのようなことができるのか、知っておきたい心構えについて考えていきましょう。

まずは、どんな不安があるのでしょうか。例えば、「病名は伝えなければならないのか」、「治療のための受診や入院で会社を休むときの対応」、「重い荷物を持つことができないなど、配慮が必要なことをどこまで伝えるべきか」、このようなことがあげられるかもしれません。

そんなときには、「誰に何をどこまで伝えるのか?」を事前に整理します。『誰に』の対象には、上司、同僚、先輩、部下、人事担当者、医務室、産業医などがいます。例えば、病名までは伝える必要はないけれど、受診や入院のために有給休暇を使うことや、配慮が必要なことは会社の安全配慮義務にも関わりますので、事前に上司に伝えることにしたり、入院することがあるときは、傷病手当金などの手続きにも関係するため、人事担当者に伝えたりしてもいいでしょう。話したくないことを、誰にいつどこまで伝えるかを具体的決め、気持ちを事前に整理しましょう。

また、相手にも安心してもらうために、「受診や入院の日をできるだけ早めに知らせる」、「休職中の定期的な状況報告をする」、「配慮が必要なことを伝えるときは、できることも同時に伝える」、「できることは一生懸命やることを伝える」、こういったコミュニケーションや工夫に向けた心構えも大切です。

第8章

生活・仕事・心の不安から安心へ

20 障害者を雇用する企業について

障害者雇用についての動向

少子高齢化などを背景に労働人口が減少していることもあり、企業のＣＳＲ（企業の社会的責任）への関心が高まってきています。積極的に障害者の雇用に取り組む企業が増加するとともに、障害者の就業意欲も高まり、障害者雇用は着実に進展しています。企業の障害者雇用についての動向や、上手く有効活用できる支援はないか確認していきましょう。

◉障害者の法定雇用率

「障害者の雇用の促進等に関する法律」では、障害者の職業の安定のために、法定雇用率を設定して、事業主に対して義務づけています。この法定雇用率が平成30年4月1日以降に2・2％に引き上げられました。さらに、障害者を雇用しなければならない事業主の範囲が、従業員「50人以上」から「45・5人以上」の会社に変わりました。

また、新型コロナウイルスの影響により後倒しになりましたが、令和3年3月1日から表1のように変わります。この法定雇用率の変更に伴い、障害者を雇用しなければならない民間企業の事業主の範囲も、従業員45・5人以上から43・5人以上に広がります。

就労のために支援機関を活用しよう!

医療機関を定期的に受診し、治療と両立しながら働くことへの不安があるなか、「どのように仕事を探していいのかわからない」、「働きたいけど、何から始めればいいのかわからない」、「どんな職場なら継続して働いていけるのか、自分に合った仕事とは何か……」、など考えることがでてきたら、一人で悩まずに、後述する支援機関を活用して相談しましょう。

▼表1　障害者の雇用の促進等に関する法律による法定雇用率

事業主区分	法定雇用率 令和3年3月1日以降
民間企業	2.3%
国、地方公共団体等	2.6%
都道府県等の教育委員会	2.5%

◉ハローワーク

求職の登録をすると、専門職員や職業相談員が障害の種類や程度に応じたきめ細かな職業相談・紹介、就職先の開拓、職業訓練への紹介、職場定着指導などをしてくれます。

主な支援内容は次のとおりです。

●求職登録・職業相談・職業紹介

ハローワークに求職の申込を行うと、具体的な就職活動の方法などの相談や指導を受けることができます。

また、求職者の能力などと職務の要件とを十分照合して職業紹介を行っています。

●関係機関との連携

的確な職業紹介を行うために、より専門的な支援などが必要な場合に、地域障害者職業センターにおける専門的な職業リハビリテーションや、障害者就業・生活支援センターにおける生活面を含めた支援を紹介するなど、関係機関と連携した就職支援を行っています。

（出典：厚生労働省ＨＰ「ハローワークにおける障害者の就労支援」を参考に作成）

また、ハローワークでは次のような支援も行っています。

- 職業適応訓練
- 精神障害者ステップアップ雇用
- 公共職業訓練
- 求人受理、職業紹介（仕事と障害者とのマッチング）
- 継続雇用の支援
- 障害者試行雇用（トライアル雇用）事業

◉地域障害者職業センター

地域障害者職業センターは、ハローワークと密接に連携し、障害者に対する専門的な職業リハビリテーションを提供する施設として、全国に設置され、独立行政法人高齢・障害・求職者雇用支援機構が運営しています。

職業リハビリテーションの内容は、障害者一人ひとりのニーズに応じて、職業評価、職業指導、職業準備訓練及び職場適応援助などの実施です。

次のジョブコーチ支援、リワーク支援なども実施し、専門性の高い支援内容となっています。

● **職場適応援助者（ジョブコーチ）による支援**

職場に適応できるか不安なため、専門的な支援を受けながら就労したい場合は、ジョブコーチ支援というのがあります。事業所にジョブコーチを派遣し、障害のある方や事業主に対して、雇用の前後を通じて障害特性を踏まえた直接的、専門的な援助を行っています。

● **精神障害者の職場復帰支援（リワーク支援）**

うつ病等により休職しているが、もとの職場へ復帰するために、専門的な支援を受けたい場合などは、センター専門の支援担当者が雇用事業主・主治医との連携の下、職場復帰に向けたコーディネート、生活リズムの建て直し、リハビリ出勤による復職前のウォーミングアップ、職場の受入体制の整備等の支援を行っています。

（出典：厚生労働省ＨＰ「障害者の就労支援のためのメニュー一覧」、独立行政法人 高齢・障害・求職者雇用支援機構「精神障害者総合雇用支援のご案内」「職場復帰支援（リワーク支援）」を参考に作成）

◉**障害者就業・生活支援センター**

就業及びそれにともなう日常生活上の支援を必要とする障害のある方に対し、センター窓口での相談や職場・家庭訪問等を行うため、全国に設置されています。

●**就業面と生活面の一体的な支援**

様々な悩みについて相談したいなど、**職場での生活**（［就業面での支援］参照）だけでなく、**日常生活面**（［生活面での支援］参照）での相談もしたい場合は、障害者が抱える課題に応じて、関係機関と連携している、障害者就業・生活支援センターの窓口相談や職場訪問等により、就業と生活の両面にわたる一体的な相談・支援を受けることができます。

特に、精神科医療機関との密接な連携のある場合、高い効果を上げています。

（出典：厚生労働省ＨＰ「障害者雇用対策の概要」を参考に作成）

［就業面での支援］

○就職に向けた準備支援（職業準備訓練、職場実習のあっせん）、就職活動の支援、職場定

着に向けた支援
○障害のある方それぞれの障害特性を踏まえた雇用管理についての事業所に対する助言
○関係機関との連絡調整
［生活面での支援］
○生活習慣の形成、健康管理、金銭管理等の日常生活の自己管理に関する助言
○住居、年金、余暇活動など地域生活、生活設計に関する助言
○関係機関との連絡調整
（出典：厚生労働省ＨＰ「障害者雇用対策の概要（障害者就業・生活支援センター）」を参考に作成）

病気やケガと一緒に、無理なく続けられる働き方を考えてみよう

障害をお持ちの方の働き方には、障害のない人と同様に企業などで雇用される一般就労と、福祉サービス等を受けながら働く福祉的就労があります。

障害者雇用や福祉的就労で働くには、障害者手帳を取得していることが条件となります。

働き方の種類や頼れる相談・支援をしてくれる場所について見ていきましょう。

◉一般就労で働く

障害者手帳を取得しないで、一般の人と同じように一般企業等で働きます。困難な業務や制限される仕事があっても、職場の上司や同僚等の理解と協力により就労の継続が可能です。

◉一般企業や公共機関等で障害者として働く

障害者手帳を取得して、障害者として働く、**法定雇用率**に含まれる働き方です。障害の特性や希望を考慮されて業務に配属されるため、安心して働くことができます。

◉障害者職業能力開発校

一般の公共職業能力開発施設において職業訓練を受講することが困難な重度障害者などを対象として、障害者の態様に応じた多様な企業、社会福祉法人、NPO法人、民間教育訓練機関などに委託して就職に必要な知識・技能を習得するための公共職業訓練を行っています。

◉発達障害者支援センター

発達障害児（者）への支援を総合的に行うことを目的とした専門的機関です。都道府県・指定都市自ら、または、都道府県知事等が指定した社会福祉法人、特定非営利活動法人等が運営しています。発達障害者が充実した生活を送れるように保険、医療、福祉、教育、労働などの関係機関と連携しながら、本人やその家族に対する支援を行うとともに、地域の支援体制の充実を図り、相談支援、発達支援、就労支援、普及啓発・研修を行っています。

◉難病相談・支援センター

難病患者等の療養上、生活上の悩みや不安などの解消を図るとともに、電話や面接などによる相談、患者会などの交流促進、就労支援など、難病患者等がもつ様々なニーズに対応することを目的として、公益財団法人　難病医学研究財団／難病情報センターが運営しています。

◉就労移行支援事業所

就職に向けての訓練から就職後の定着支援までを一貫して受けたい場合に、一般就労などへの移行に向けて、就労移行支援事業所内での作業や、企業における実習、適性に合った職場探し、就労後の職場定着のための支援を行っています。

◉就労継続支援事業所

A型（雇用型）とB型（非雇用型）があり、現段階で一般就労が難しい人、就労に向け訓練したい人が対象です。直接事業所に問合せしたり、お住まいの市区町村の障害福祉窓口で相談したりしてみましょう。

就労継続支援A型（雇用型）
雇用契約に基づく就労の機会を提供するとともに、就労に向けて必要な知識・能力の向上のために必要な訓練者支援を行います。

就労継続支援B型（非雇用型）
就労や生産活動の機会を提供するとともに、就労に向けて必要な知識・能力の向上のために必要な訓練や支援を行います。

◉特例子会社

親会社が障害者の雇用の促進等に関する法律の法定雇用率を達成することを一つの目的として、障害のある人の雇用の促進と安定を図るために設立された会社のことです。

特例子会社として認定されるためには、障害のある人に対する施設の改善や専任の指導員の配置といった、働きやすい職場環境が準備されていることが要件の一つとなっています。そのため、一般的な企業と比べて障害の特性に対するサポート環境が整っている職場で働くことが可能です。

◉在宅で働く（在宅就業障害者支援制度）

障害のある人が在宅での就労の機会を拡大することを目的とした在宅就業障害者支援制度があります。この制度を利用し、企業から直接、または仲介してくれる支援団体を通じて仕事を請け負うことができます。

在宅就業障害者支援制度では、障害のある人が企業から仕事を直接受注するだけでなく、国に登録した在宅就労支援団体が、企業から受注した仕事を、自宅や福祉施設などで在宅にて働く就業障害者に発注します。仕事が完了したら、発注元の団体に納品してチェックを受ける仕組みです。

就労の能力があるにもかかわらず、通勤が困難等の理由で就業できない障害をお持ちの方にとっては、就労の機会を増やす制度となります。

企業に対しては、障害者雇用促進法、障害者雇用納付金制度に基づいて助成金が支給されます。

また、一般の就労と同じように、ハローワークで在宅の仕事も紹介してくれます。

◉その他、障害者の人材紹介サービスなど

企業の障害者雇用の意欲の高まりから、障害者の人材紹介会社も増えました。

障害の状況や、必要な配慮、今までの経験をふまえた希望条件などを伝えると、企業に対する就業条件の交渉や配慮の依頼なども代わって行っているところもあります。

派遣会社を有効活用し、「できること」と「できないこと」をしっかり整理し、できることを積極的にアピールして伝えましょう。ご自身に合った長く働ける会社とマッチングしてもらえるかもしれません。

21 その他の知っておきたい制度や支援

把握し漏れていませんか？　知られていない制度や支援
～国民健康保険の減額・減免制度、介護保険制度、年金生活者支援給付金…

　ここでは、障害年金以外の、知っておきたい制度や支援について紹介します。金額などについては令和3年2月時点のものを記載しています。

◉国民健康保険の減額・減免制度

　国民健康保険では、保険料を納めたいのに、経済的・身体的な理由により納められない方のために、保険料の減額と減免という制度を使える場合があります。

　「減額」制度は法律で一律に定められており、「減免」制度は各市区町村によって違う基準が定められています。

減額は、被保険者の人数に応じてかかる均等割額と世帯あたりにかかる平等割額について、国の法律により定められた所得基準を下回る世帯については、保険料が軽減される全国一律の制度です。

失業中でも、前年度の所得が多いと減額の対象にならない場合もあります。

そのような場合には、市区町村ごとに基準のある減免制度を利用できないか確認してみましょう。

減免は、災害にあった場合や、病気や解雇などによって失業中のために生活が著しく困難になった場合、前年より極端に所得が減った場合などに保険料の全部、または一部が免除される制度です。

申請手続きは各市区町村役場で行い、審査があります。

自治体ごとの条例で定められており、きちんとした基準のある市区町村もありますが、詳しい減免の基準を示していない市区町村もあります。また、減免制度自体がない場合もあります。

保険料の納付が困難になってしまったときには、お住まいの市町村の国民健康保険窓口にご相談ください。

◉介護保険制度で利用できる支援サービス

介護保険は65歳以上の人だけではなく、40〜65歳未満の人も、脳血管障害・ガン末期・初老期における認知症・脊柱管狭窄症・糖尿病神経障害、糖尿病腎症、糖尿病性網膜症などの特定の病気（16の特定疾病（図1））により支援が必要になったときには介護保険サービスを利用することができます。

介護保険の被保険者は年齢により次の2種類に分かれます。

1. 第1号被保険者・・・65歳以上の人
2. 第2号被保険者・・・16の特定疾病の何れかにかかっている40歳以上65歳未満の人

障害福祉サービスと介護保険サービスの内容が重複するときには介護保険サービスを優先利用します。

介護保険の介護サービスを利用することで自己負担額が少なくなります。市町村より要介護・要支援の認定を受けると、利用料の1割負担（所得によっては2〜3割）で介護サービスを受

▼図1　介護保険制度の16の特定疾病

16の特定疾病

1. がん(医師が一般に認められている医学的知見に基づき回復の見込みがない状態に至ったと判断したものに限る。)
2. 関節リウマチ
3. 筋萎縮性側索硬化症
4. 後縦靱帯骨化症
5. 骨折を伴う骨粗鬆症
6. 初老期における認知症
7. 進行性核上性麻痺、大脳皮質基底核変性症及びパーキンソン病(パーキンソン病関連疾患)
8. 脊髄小脳変性症
9. 脊柱管狭窄症
10. 早老症
11. 多系統萎縮症※
12. 糖尿病性神経障害、糖尿病性腎症及び糖尿病性網膜症
13. 脳血管疾患
14. 閉塞性動脈硬化症
15. 慢性閉塞性肺疾患
16. 両側の膝関節又は股関節に著しい変形を伴う変形性関節症

けることができます。市区町村単位で運営しています。

公的介護保険サービスには、居宅介護支援サービス・訪問介護などの自宅で利用できるものや、デイサービスや、通所リハビリ、ショートステイなど、自宅以外で過ごしながら生活支援やリハビリをうけられるサービスもあります。また、福祉用具の貸与や購入費の支給・住宅改修費の支給などもあります。

介護について分からないことがあるときは、地域包括支援センターに相談しましょう。介護の専門家（社会福祉士・保健師・ケアマネージャーなど）が相談に乗ってくれます。

◉年金生活者支援給付金とは？（障害年金生活者支援給付金）

消費税率引き上げ分を活用し、公的年金等の収入や所得額が一定基準額以下の年金受給者の生活を支援するために上乗せ給付される、年金生活者支援給付金という制度が２０１９年10月に開始されました。

次の支給要件をすべて満たす必要があります。

①障害基礎年金の受給者である。
②前年の所得が「4,621,000円＋扶養親族の数×38万円※」以下
※障害年金等の非課税収入は、年金生活者支援給付金の判定に用いる所得には含まれません。
※所得の金額については、扶養親族の数に応じて増額。

給付額は、障害等級により次の通りです。
給付額は、毎年度、物価の変動による改定（物価スライド改定）があります。

障害等級が2級の方　⇒　5,030円（月額）
障害等級が1級の方　⇒　6,288円（月額）

給付金を受け取るには、年金生活者支援給付金請求書の提出が必要です（図2）。
原則、提出した日の属する月の翌月分から支給されます。

年金生活者支援給金は、「年金」ではないため、さかのぼって支給されることはないため、提出漏れに気をつけましょう

▼図2　年金生活者支援給付金請求書

年金生活者支援給付金請求書

届書コード	712

※基礎年金番号（10桁）で届出する場合は左詰めでご記入ください。

①個人番号（マイナンバー）または基礎年金番号	0 0 0 0 0 0 0 0 0 0 0 0	
②氏名	フリガナ　サトウ 氏　佐藤	タロウ 名　太郎
③生年月日	1．明治　3．大正　⑤昭和　7．平成　9．令和　00 年 00 月 00 日	
④住所	〒 000－0000 世田谷区世田谷0-0-0 電話番号　00（ 0000 ）0000	
⑤届出年月日	令和　00 年　00 月　00 日	

※ ①～⑤の上記空白欄内にご記入ください。

※ 給付金は、年金と同じ受取口座に、年金とは別途お支払いします。

日中に通じる電話番号を書く

【日本年金機構記入欄】※以下、記入しないでください。

給付金種別	1．老齢　2．障害　3．遺族

⑤市区町村受付	⑥年金口座指定	⑦所得額	⑧世帯区分
		円	

回付先（該当に○）		
事務センター	中央年金センター	障害年金センター

⑨認定年月日	⑩請求年度	⑪所得証明対象年
9　年　月　日		

⑱不支給事由	⑲不支給事由該当年月日
	9　年　月　日

事務センター長/所長	副事務センター長/副所長	グループ長/課（室）長	担当者

市区町村　受付年月日

年金事務所　受付年月日

2018 1018 019

障害者手帳のメリットと助成の内容

障害者手帳の種類は39ページの通り3種類あります。

障害者手帳を取得すると、医療費の助成や、申請することで各種手当が受給できるなど、次の表2のような様々なメリットがあります。

ただし、障害の種類や程度により該当しないこともあるため、役所の窓口などで確認しましょう。

障害者手帳がなくても福祉支援は受けることができます。相談支援事業所では、障害をお持ちの人が自分にあった福祉サービスを受けるための相談ができます。ご本人や家族などが利用できます。どこに相談していいのか分からない方は、お住いの自治体の福祉担当窓口に問い合わせると良いでしょう

◉税金の障害者控除（所得税・住民税）

納税者本人又は控除対象配偶者や扶養親族が、所得税法・地方税法上の障害者に当てはまる場合には、一定の金額の所得税・住民税の控除を受けることができます。これを障害者控除と

▼表2　障害者手帳の助成の内容の一部

税金の障害者控除・減免の対象になる	所得税、住民税、相続税、贈与税などで控除がある。自動車税、自動車取得税の減免がある。
医療費の助成を受けられる	条件に該当すれば、都道府県や市区町村が実施している障害者医療費助成制度を利用することができる。
障害者雇用枠に応募できる	一般雇用枠の他に、221ページの障害者の法定雇用枠を選択できるようになる。 一般枠に比べると給与水準は低い傾向にありますが、障害の種類や特性によって、業務内容や配属先を希望できるなど、障害への配慮を受けながら就労できる。
各種公共料金が割引される	ＮＨＫの受信料の減免や携帯電話の割引、水道料金・下水道料金の免除の対象になる
運賃・運行料の割引対象になる	ＪＲ旅客運賃、私鉄の旅行運賃、航空運賃、路線バス運賃、タクシー運賃、有料道路通行料などが割引や助成の対象になる。
博物館や映画館などの入館料の割引	自治体が運営する、公園、動物園、博物館、美術館などが無料のケースが多い。 都道府県・市区町村が提携する保養施設などが割引や優先的に利用できることが多い。付添人も無料になるケースもある。

いいます。

また、納税義務者本人が障害のある方で、前年の合計所得金額が125万円以下の場合は、市民税・県民税が課されません。

◉障害者控除の対象となる人の範囲・控除額

障害者控除の対象となる人は、次の表3、4のとおりです。

特別障害者と同居している場合は、さらに23万円の住民税控除額が加算されます。

同一生計配偶者または扶養親族が特別障害者であり、常に同居している場合は、75万円が障害者控除として一人あたり所得金額から差し引かれます。

◉自動車税・自動車取得税の減免

自動車税（軽自動車税）種別割は4万5千円まで減免、自動車税環境性能割は取得価格300万円相当分まで全額免除。詳細は、最寄りの都道府県税事務所または自動車税管理事務所等にお問い合わせください。

▼表3　所得税法施行令等に基づく障害者控除の対象者について

障害者（控除額：所得税27万円、住民税26万円）	
①	児童相談所等で重度以外の知的障害者と判定された人
②	精神障害者保健福祉手帳（２級・３級）を有している人
③	身体障害者手帳（３級〜６級）を有している人
④	戦傷病者手帳を有している人
⑤	精神又は身体に障害のある年齢が満65歳以上の人で、障害の程度が①又は③に準ずる人として市町村長等や福祉事務所長の認定を受けている人

特別障害者（控除額：所得税40万円、住民税30万円）	
①	精神上の障害により事理を弁識する能力を欠く常況にある者又は児童相談所等で重度の知的障害者と判定された人
②	精神障害者保健福祉手帳の１級を有している人
③	身体障害者手帳の１級または２級を有している人
④	戦傷病者手帳を有している重度の人（恩給法に定める特別項症から第3項症までの人）
⑤	原子爆弾被爆者に対する援護に関する法律の規定により厚生労働大臣の認定を受けている人
⑥	その年の12月31日の現況で引き続き６か月以上にわたって身体の障害により寝たきりの状態で、複雑な介護を必要とする人
⑦	精神又は身体に障害のある年齢が満65歳以上の人で、障害の程度が①又は③に準ずる人として市町村長等や福祉事務所長の認定を受けている人

出典：厚生労働省HP、国税庁HPをもとに作成
（根拠法令条項：所得税法第79条、租税特別措置法第41条の16第1項、地方税法第34条第1項⑥、第314条の2第1項⑥、第34条第4項第5項、第314条の2第4項5項）

◉医療費控除　交通費も含まれる！

本人と、本人と生計を一にする配偶者やその他の親族のために、原則合計10万円を超える医療費を支払った場合には、確定申告をすることにより、一定の金額の所得控除を受けることができます。これを医療費控除といいます（医療費に関するという面では似ていますが、第7章で前述した高額療養費制度とは別のものです）。

医療費控除は、医療費が10万円を超えないと受けられないと思ってしまいがちですが、実は、10万

▼表4　所得税法施行令、地方税法施行令等に基づく控除額

障害者の区分	条件	所得税控除額	住民税控除額
一般の障害者（表3参照）	身体障害者手帳3～6級 重度以外の知的障害者 精神障害者保健福祉手帳2または3級など	27万円	26万円
特別障害者（表3参照）	身体障害者手帳1級または2級 重度の知的障害者 精神障害者保健福祉手帳1級 身体の障害により寝たきりの状態で、複雑な介護を受けている人など	40万円	30万円
同居特別障害者	控除対象配偶者又は扶養親族が特別障害者で、かつ、納税者又はその配偶者若しくは納税者と生計を一にする親族のいずれかと常に同居している場合	75万円	53万円

出典：国税庁HP、厚生労働省HPをもとに作成
（根拠法令：所得税法、租税特別措置法、地方税法）

円を超えなくても医療費控除を受けられる場合があります。

次の表5にも記載しましたが、医療費控除には「10万円」以外に、「その年の総所得金額等が200万円未満の人は、総所得金額等5％の金額」という基準があります。つまり、「所得金額の5％」か「10万円」のどちらか低いほうが基準になります。

総所得金額等とは、例えば、給与所得だけの人であれば年収ではなく、給与所得控除後の金額です。病気やケガで働けなくなった人は、意外と10万円未満で受けられる方は多いかもしれません。

▼表5　医療費控除の対象となる医療費と金額

医療費控除の対象となる医療費の要件	
①	納税者が、自己又は自己と生計を一にする配偶者やその他の親族のために支払った医療費であること
②	その年の1月1日から12月31日までの間に支払った医療費であること

医療費控除の対象となる金額	
医療費控除の対象となる金額（最高で200万円） （実際に支払った医療費の合計額－①の金額）－②の金額	
①	保険金などで補てんされる金額 （例）生命保険契約などで支給される入院費給付金や健康保険などで支給される高額療養費など
②	10万円 （注）その年の総所得金額等が200万円未満の人は、総所得金額等5％の金額

出典：国税庁HP「医療費を支払ったとき（医療費控除）」をもとに作成

医療費控除の対象には、受診・入院のための交通費（マイカーのガソリン代や駐車料金は対象になりません）や薬局で買った薬の代金も含まれることをご存知でしたか？

さらに、子どもの受診に母親が付き添う場合のように、患者の年齢や病状からみて、患者を一人で受診させることが危険な場合には、患者の受診費のほかに付添人の交通費も、原則、医療費控除の対象となります。

領収書のない交通費はまめに日時、経路、運賃をメモしておきましょう。交通費に限らず、医療費控除の対象となるすべての領収書を保存することをおすすめします。

確定申告書を所轄税務署に提出して、納め過ぎた税金を返してもらいましょう！

◉自立支援医療（精神受診医療）

自立支援医療（精神受診医療）とは、精神疾患・精神障害や、精神障害のために生じた病態のために、受診による精神医療を続ける必要がある病状の人に対し、その受診のための医療費の自己負担を軽減するものです。

精神受診医療の範囲は、医療機関に**入院しないで行われる医療**です。症状がほとんどなくなっている人でも、軽快状態を維持し、再発を予防するために受診治療を続ける必要がある場合も対象となります。管轄は各都道府県・指定都市となります。申請の窓口は市区町村です。

対象となる精神疾患は精神保健福祉法第5条に規定されており、次のようなものが含まれます。

- うつ病、躁うつ病などの気分障害
- 統合失調症
- 不安障害
- 知的障害
- てんかん

など

医療費の自己負担は、自立支援医療にかかった費用の10%です。通常、健康保険の自己負担割合は30%ですが、そのうち20%が軽減されることになります（地域によっては、10%も自治体で負担し、本人の負担がないところもあります）。

例えば、医療費が8，000円かかったとすると、健康保険による自己負担は2，400円ですが、この制度を利用すれば自己負担は800円に軽減されます。

さらに、次のような自己負担の軽減措置があります。

①利用者の負担が過大なものとならないよう、所得に応じて1か月当たりの負担額を設定

②費用が高額な治療を長期にわたり継続しなければならない「**重度かつ継続**」の対象になる人に対しては、さらに1か月当たりの負担限度額が低くなります。

「重度かつ継続」の対象となるのは、次のいずれかに該当する人です。

- **疾病、症状等から対象となる人**

①統合失調症、躁うつ病・うつ病、てんかん、認知症等の脳機能障害、薬物関連障害（依存症等）の人

②精神医療に一定以上の経験を有する医師が判断した人

- **疾病等に関わらず、高額な費用負担が継続することから対象となる、医療保険の「多数該当」の人**

自立支援医療制度は、心身の障害を除去・軽減するための医療について、医療費の自己負担額を軽減する公費負担医療制度です。精神受診医療の他には、「更生医療」と「育成医療」があります。

「**更生医療**」は、身体障害者福祉法に基づき身体障害者手帳の交付を受けた者で、その障害を除去・軽減する手術等の治療により確実に効果が期待できる人（18歳以上）が対象となります。

「**育成医療**」は、身体に障害を有する児童で、その障害を除去・軽減する手術などの治療により確実に効果が期待できる人（18歳未満）が対象となります。

その他の手当

国、都道府県、市区町村では手当が設けられています。地域や年度によって内容が変わりますので、地域の手当については直接問合せください。ここでは、前述していない国の手当を紹介します。

◉特別障害者手当・障害児福祉手当

特別障害者手当は、精神または身体に著しく重度の障害があるため、日常生活において常時特別の介護を必要とする20歳以上の人に、月額27,350（令和2年4月より）円支給されます。

障害児福祉手当は、精神又は身体に重度の障害があるため、日常生活において常時の介護を必要とする20歳未満の人に月額14,880（令和2年4月より）円支給されます。

どちらも、原則として毎年2月、5月、8月、11月に、それぞれの前月分までが支給されます。また、手当額は、物価スライドにより改定される場合があります。支給月額や支給要件は全国で同じ内容です。

ただし、障害者総合支援法で定める障害者支援施設などに入所されている人や、受給者もしくはその配偶者又は扶養義務者の前年の所得が一定の額以上であるときなど、手当が支給されない場合もあります。手続きは住所地の市区町村の窓口となります。

◉特別児童扶養手当

特別児童扶養手当は、**20歳未満で**精神または身体に障害を有する児童を家庭で監護、養育している父母等に支給されます。児童扶養手当（169ページ参照）とは別の手当となります。

支給月額は、1級　52,500（令和2年4月より）円、2級　34,970（令和2年4月より）円です。

原則として毎年4月、8月、12月に、それぞれの前月分までが支給されます。

受給者もしくはその配偶者または扶養義務者の前年の所得が一定の額以上であるときは、手当は支給されません。支給手続は住所地の市区町村の窓口となります。

巻末資料

		…もできなくなり、一人でいることが増えた。業務に対する…からのクレームが重なり、上司から呼び出しを受けて怒鳴られた。 遅刻・早退・欠勤が増え、酷い倦怠感と憂鬱感により、体が動かない日があったり、周囲の視線が気になった。いつも誰かに悪口を言われているような気がした。死にたいと思うようになり、主治医に相談したところ、休職するように勧められ、平成29年12月5日から休職開始となった。休職しても症状は改善されなかった。
3	平成 31 年 2 月 8 日から 令和 2 年 11 月現在日まで ☑受診した ・ □受診していない 医療機関名 B○○クリニック 精神科	左の期間の状況 休職しても症状が改善されるどころか、さらに悪化し、人目が恐くて外出不可能となり、1日自宅にこもり、寝ているだけの日を過ごしていたため、クリニックを変えてみることにした。 クリニックを変えても、症状は改善されず、テレビを見ることもできなくなった。強い絶望感と倦怠感・憂鬱感より体が動かず、身の回りのほとんどのことを妻に支援してもらっていた。休職期間を過ぎても職場復帰することができず退職した。 自責の念が強く、消えていなくなりたいと考えてしまう。致死念慮が強く、主治医からは入院を勧められている。 傷病手当金の受給期間も終わり、収入がなくなり、主治医に相談したところ、障害年金について教えてもらい、手続きをすることになった。
4	元号を選んでください 年 月 日から 元号を選んでください 年 月 日まで □受診した ・ □受診していない 医療機関名	左の期間の状況
5	元号を選んでください 年 月 日から 元号を選んでください 年 月 日まで □受診した ・ □受診していない 医療機関名	左の期間の状況

※裏面（署名欄）も記入してください。

「1～5」には、発病から順番に現在までの状況について、期間をあけずに記入する。1つの期間が、5年を超える場合は、その期間を3～5年ごとに区切って記入。

「医療機関に受診している期間」医療機関に受診している場合は、「受診した」を○で囲んで、「医療機関名」を記入する。「医療機関に受診していなかった期間」医療機関に受診していなかった場合は、「受診していない」を○で囲む又はチェックを付ける。

書き入れないときは、続紙に複数枚記入する。
年金事務所等から受け取ることも、日本年金機構のホームページからダウンロードすることもできます。

【記入を簡素化できる場合がある】
20歳前に初診日がある方のうち、以下の①・②に該当する場合は、病歴状況の記入を簡素化できる。
①生来性の知的障害の場合は、1つの欄の中に、特に大きな変化が生じた場合を中心に、出生時から現在までの状況をまとめて記入することが可能。
②2番目以降に受診した医療機関の証明書を用いて初診日証明を行った場合、発病から証明書発行医療機関の受診日までの経過を、1つの欄の中にまとめて記入することが可能。
なお、証明書発行医療機関の受診日以降の経過は、通常どおり、受 診医療機関等ごとに、各欄に記載を行います。

▼病歴・就労状況等申立書　参考記入例(1)

発病日は、自覚症状が現れた日を記入する。自覚症状が現れる前に次のようなことがありましたら、その日を記入する。
□先天性疾患の場合は、症状を自覚したとき または は検査で異常が発見された日
□生来性の知的障害（精神遅滞）の場合は出生日

傷病名は、障害年金を請求する傷病（診断書の傷病）を記入する。

複数枚記入した場合は、順番と記入した枚数を数字で記入する。
例えば、全部で２枚作成した場合
１枚目 → No.1-2 枚中
２枚目 → No.2-2 枚中

初診日は、初めて診療を受けた日を記入する。生来性の知的障害（精神遅滞）の場合は出生日を記入。

病歴・就労状況等申立書

No. 1 － 1 枚中

（請求する病気やけがが複数ある場合は、それぞれ用紙を分けて記入してください。）

病歴状況	傷病名	うつ病		
	発病日	平成 28 年 5 月 頃 日	初診日	平成 28 年 6 月 15 日

記入する前にお読みください。
○ 次の欄には障害の原因となった病気やけがについて、発病したときから現在までの経過を年月順に期間をあけずに記入してください。
○ 受診していた期間は、通院期間、受診回数、入院期間、治療経過、医師から指示された事項、転医・受診中止の理由、日常生活状況、就労状況などを記入してください。
○ 受診していなかった期間は、その理由、自覚症状の程度、日常生活状況、就労状況などについて具体的に記入してください。
○ 健康診断などで障害の原因となった病気やけがについて指摘されたことも記入してください。
○ 同一の医療機関を長期間受診していた場合、医療機関を長期間受診していなかった場合、発病から初診までが長期間の場合は、その期間を３年から５年ごとに区切って記入してください。

1	平成 28 年 5 月 頃 日から 平成 28 年 6 月 14 日まで □受診した ・ ☑受診していない 医療機関名	左の期間の状況 職場の配置が換わったことをきっかけに、新しい上司との人間関係上手くいかず、注意されたり、怒られることが度々あった。上司の機嫌によって当たられているのではないかと感じることもあり、どうして自分ばかりが理不尽なことで指摘されなければならないのか、不満やストレスが溜まっていた。 さらに、母親が5月に亡くなったことを機に、気持ちが落ち込み、上司とのこともあり、遅刻や早退が増え、朝に強い倦怠感があり、起き上がれない日もあり欠勤した。
2	平成 28 年 6 月 15 日から 平成 31 年 2 月 5 日まで ☑受診した ・ □受診していない 医療機関名 A○○クリニック 精神科・心療内科	左の期間の状況 心配している妻から勧められて、精神科を受診することとした。 主治医からは、職場のストレスとプライベートでのストレスが重なり、自律神経が乱れていると言われた。薬を処方され、その後も2週間に1回程度受診した。 しかし、症状は改善することはなく、日に日に悪化していった。上司との関係は相変わらず悪く、他の職場の人とのコミュニケーションもできなくなり、一人でいることが増えた。業務に対する集中力がなくなり、顧客からのクレームが重なり、上司から呼び出しを受けて怒鳴られた。 遅刻・早退・欠勤が増え、酷い倦怠感と憂鬱感により、体が動かない日があったり、周囲の視線が気になった。いつも誰かに悪口を言われているような 主治医に相談したところ、休職 休職しても症状は

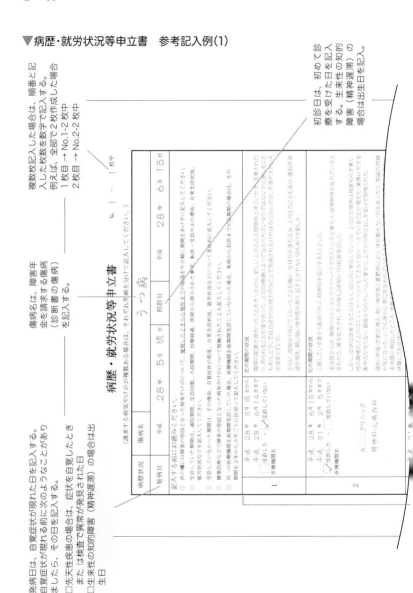

①事後重症による請求をする場合に記入。
②障害認定日による請求をする場合で、障害認定日と請求日が1年以上離れている場合は、「1.障害認定日（昭和・平成・令和 年 月 日）頃の状況」「2.現在（請求日頃）の状況」の両方を記入。

就労状況	している場合	出勤日数を記入してください。	通勤方法 通勤時間（片道）　時間　分 請求日の前月　日　請求日の前々月　日
		仕事中や仕事が終わった時の身体の調子について記入してください。	
	就労していない場合	仕事をしていない（休職している）理由すべてチェックしてください。 なお、オを選んだ場合は、具体的な理由を（ ）内に記入してください。	☐ア　体力に自信がないから ✓イ　医師から働くことを止められているから ☐ウ　働く意欲がないから ☐エ　働きたいが適切な職場がないから ✓オ　その他（理由　）
日常生活状況		日常生活の制限について、該当する番号を○で囲んでください。 1 → 自発的にできた 2 → 自発的にできたが援助が必要だった 3 → 自発的にできないが援助があればできた 4 → できなかった	着替え（1 2 ✓3 4）　洗面（1 2 ✓3 4） トイレ（✓1 2 3 4）　入浴（1 2 ✓3 4） 食事（1 ✓2 3 4）　散歩（1 2 3 ✓4） 炊事（1 2 3 ✓4）　洗濯（1 2 3 ✓4） 掃除（1 2 3 ✓4）　買物（1 2 3 ✓4）
		その他日常生活で不便に感じていることがありましたら記入してください。	倦怠感・憂鬱感・疲労感が強く、体が動かない。自責の念が強く、どうすれば消えることができるのか、いろいろ考えてしまう。妻からは目が離せないと言われ、主治医より入院を勧められている。
障害者手帳		障害者手帳の交付を受けていますか。	☐1 受けている　☐2 受けていない　✓3 申請中
		交付されている障害者手帳の交付年月日、等級、障害名を記入してください。 その他の手帳の場合は、その名称を（ ）内に記入してください。 ※ 略字の意味 身→ 身体障害者手帳　療→ 療育手帳 精→ 精神障害者保健福祉手帳　他→ その他の手帳	① ☐身・☐精・☐療・☐他・（　） 元号を選んでください　年　月　日（　級） 障害名（　）
			② ☐身・☐精・☐療・☐他・（　） 元号を選んでください　年　月　日（　級） 障害名（　）

上記のとおり相違ないことを申し立てます。　※請求者本人が署名する場合、押印は不要です。

令和　年　月　日

請求者　現住所　世田谷区世田谷○-○-○
氏　名　佐藤 太郎
電話番号　○○ － ○○○○ － ○○○○

代筆者　氏　名
請求者からみた続柄（　）

申立者は、請求者の現住所、氏名、電話番号を記入する。
代筆者が作成した場合は、代筆者の氏名、電話番号、請求者からみた続柄を記入。

手帳について、交付状況等を記載する。

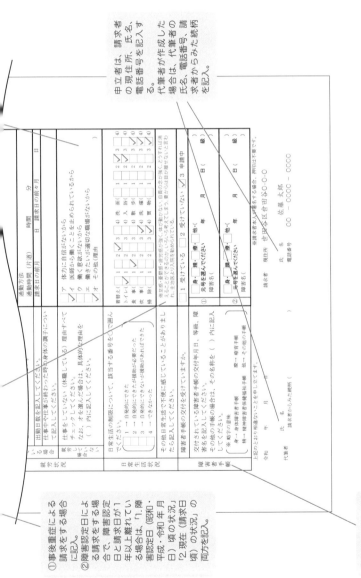

▼病歴・就労状況等申立書　参考記入例(2)

障害認定日頃の状況は、障害認定日による請求をする場合に記入する。

職種について、仕事の内容を具体的に記入する。
（例）飲食店で接客業務 工事現場で交通誘導員 派遣先でデータ入力業務

日常生活において本人がどのくらいの不自由さ を感じているかを記入してください。 主治医に確認する必要はありません。

就労していない（いなかった）場合 休職中だった場合にも理由を記入する。

就労・日常生活状況	1. 障害認定日（初診日から1年6月目または、それ以前に治った場合は治った日）頃と 2. 現在（請求日頃）の就労・日常生活状況等について該当する太枠内に記入してください。

1. 障害認定日（□昭和・✓平成・□令和 29年 12月 15日）頃の状況を記入してください。

就労状況	就労していた場合	職種（仕事の内容）を記入してください。	
		通勤方法を記入してください。	通勤方法 通勤時間（片道）　時間　分
		出勤日数を記入してください。	障害認定日の前月　日　障害認定日の前々月　日
		仕事中や仕事が終わった時の身体の調子について記入してください。	
	就労していなかった場合	仕事をしていなかった（休職していた）理由すべてチェックしてください。 なお、オを選んだ場合は、具体的な理由を（　）内に記入してください。	□ア 体力に自信がなかったから ✓イ 医師から働くことを止められていたから □ウ 働く意欲がなかったから □エ 働きたかったが適切な職場がなかったから ✓オ その他（理由 出勤不可能となり休職中　）
日常生活状況		日常生活の制限について、該当する番号にチェックしてください。 1 → 自発的にできた 2 → 自発的にできたが援助が必要だった 3 → 自発的にできないが援助があればできた 4 → できなかった	着替え（□1 □2 ✓3 □4）　洗面（□1 □2 ✓3 □4） トイレ（✓1 □2 □3 □4）　入浴（□1 □2 ✓3 □4） 食事（□1 ✓2 □3 □4）　散歩（□1 □2 □3 ✓4） 炊事（□1 □2 ✓3 □4）　洗濯（□1 □2 □3 ✓4） 掃除（□1 □2 □3 ✓4）　買物（□1 □2 ✓3 □4）
		その他日常生活で不便に感じたことがありましたら記入してください。	倦怠感・憂鬱感・疲労感が強く、体が動かない 集中できない 以前は気にならなかった小さな物音にも強いストレスを感じてしまう

2. 現在（請求日頃）の状況を記入してください。

就労状況	就労している場合	職種（仕事の内容）を記入してください。	
		通勤方法を記入してください。	通勤方法 通勤時間（片道）　時間　分
		出勤日数を記入してください。	請求日の前月　日　請求日の前々月　日
		仕事中や仕事が終わった時の身体の調子について記入してください。	
	就労	仕事をしていない（休職している）理由すべてチェックしてください	

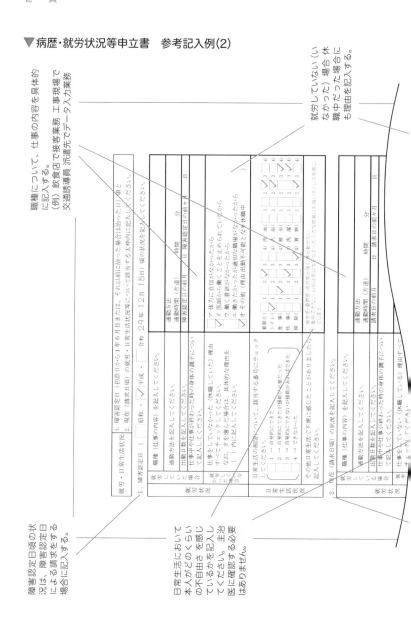

⑨エ欄
受診医療機関が多い、入退院を繰り返すなどにより記入欄が不足する場合は、⑬「備考」欄へ記入していただくか、任意の別紙に記入の上、この診断書に添付してもらいます。

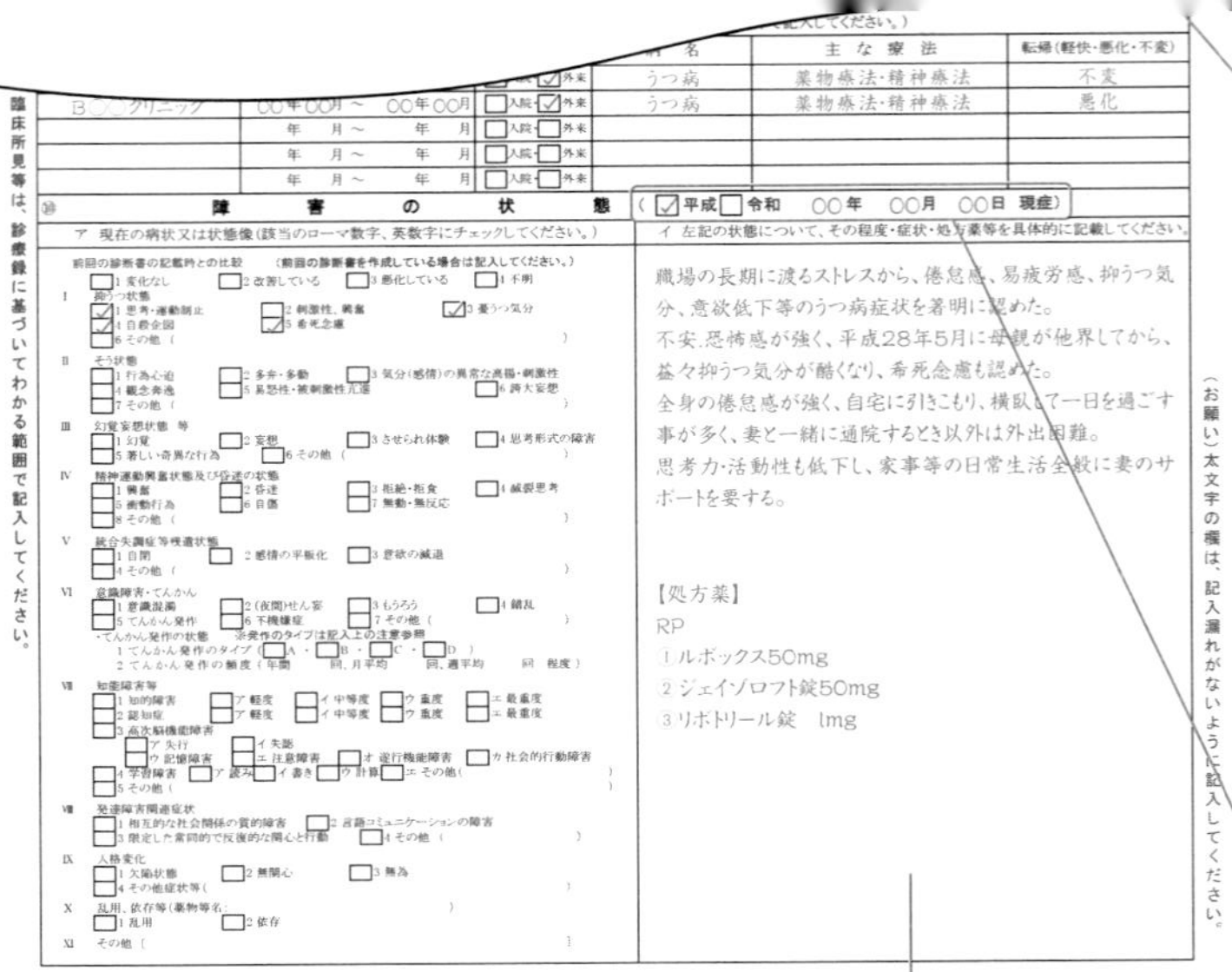

⑥欄
貴院の初診から診断書を作成する日までの間に傷病が治っていればその日を記入してもらいます。また、傷病が治った当時に貴院で直接診察した場合は「確認」に、傷病が治った当時に貴院で直接診察していない場合は「推定」に、丸を付けます。

⑩欄イ
ア欄に丸を付した病状又は状態像について、問診による精神医学的所見、病状の程度、処方内容などをできるだけ具体的に記入してもらいましょう。

現症日の記入漏れがないか確認しましょう。

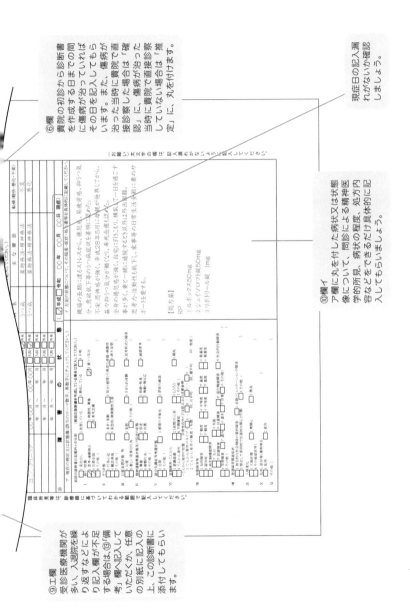

▼精神の診断書　参考記入例(1)　(うつ病による請求)

※あくまでも参考例となります。

①欄
障害年金を請求する傷病名及び該当するICD10コードを記載してもらいます。同時期に複数の精神疾患が併発している場合は、障害年金を請求する全ての傷病名及び該当するICD10コードを記載してもらいましょう。

③欄
①欄の傷病のために初めて医師の診療を受けた日を記入します。カルテで確認できるときは、「診療録で確認」を○で囲んでもらいます。確認できないときは、「本人の申立て」を○で囲み、聴取した日を(　)内に記載してもらいます。

④欄
初診より前に既に有していた障害を記入します。

⑤欄
初診より前に罹患したことのある疾患を記入してもらいます。

⑧欄
診断書を記入する病院における初診年月日を記入してもらいます。

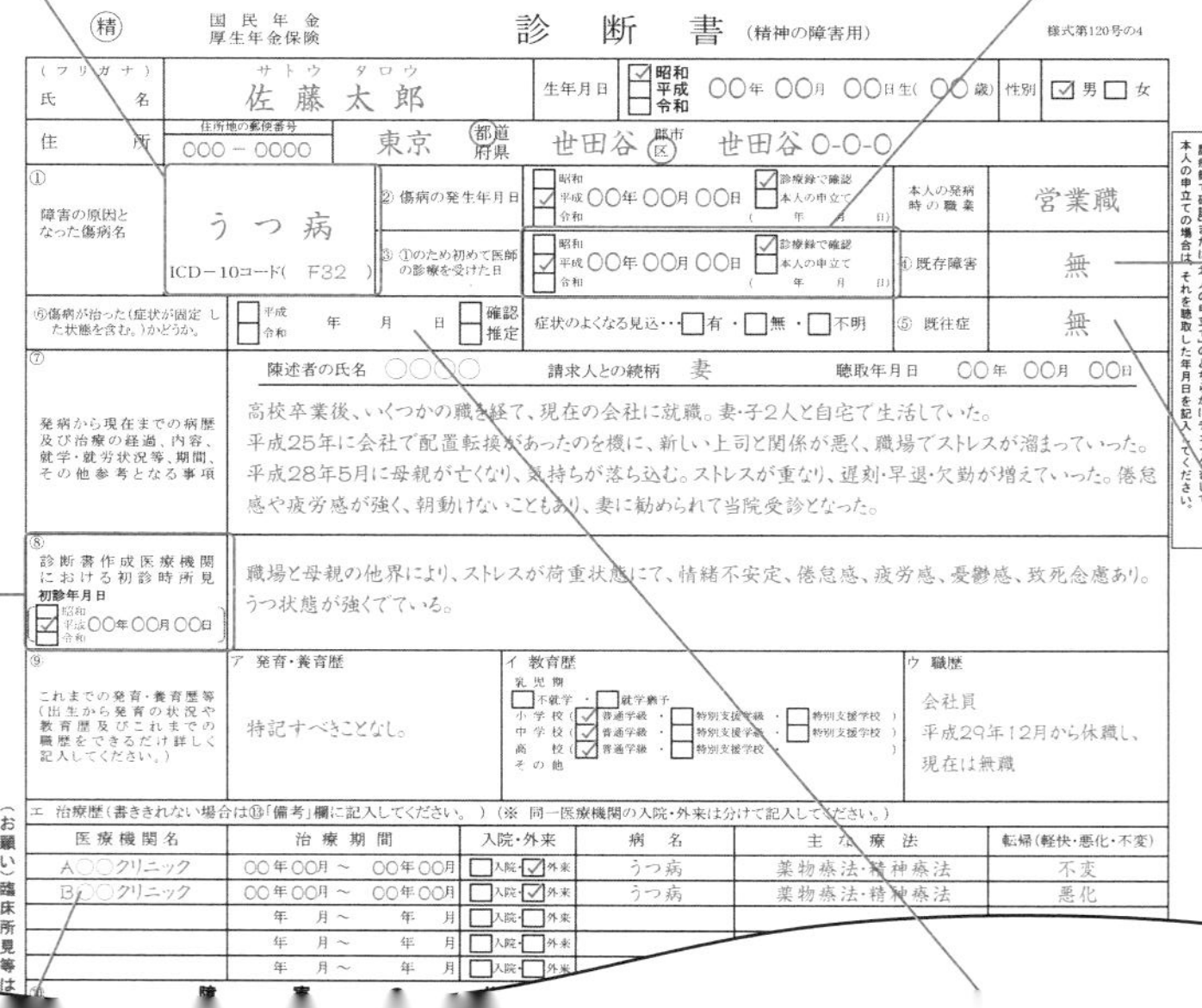

(精)　国民年金 厚生年金保険　診断書 (精神の障害用)　様式第120号の4

(フリガナ) 氏名	サトウ タロウ 佐藤太郎	生年月日 ☑昭和 □平成 □令和 〇〇年〇〇月〇〇日生(〇〇歳)	性別 ☑男 □女
住所	住所地の郵便番号 〇〇〇－〇〇〇〇	東京 都道府県 世田谷 区 世田谷〇-〇-〇	
① 障害の原因となった傷病名	うつ病 ICD－10コード(F32)	② 傷病の発生年月日 □昭和 ☑平成 □令和 〇〇年〇〇月〇〇日 ☑診療録で確認 □本人の申立て(年 月 日)	本人の発病時の職業 営業職
		③ ①のため初めて医師の診療を受けた日 □昭和 ☑平成 □令和 〇〇年〇〇月〇〇日 ☑診療録で確認 □本人の申立て(年 月 日)	④ 既存障害 無
⑥ 傷病が治った(症状が固定した状態を含む。)かどうか。	□平成 □令和 年 月 日 □確認 □推定	症状のよくなる見込…□有・□無・□不明	⑤ 既往症 無

診療録で確認」または「本人の申立て」のどちらかにチェックし、本人の申立ての場合は、それを聴取した年月日を記入してください。

⑦ 発病から現在までの病歴及び治療の経過、内容、就学・就労状況等、期間、その他参考となる事項
陳述者の氏名 〇〇〇〇　請求人との続柄 妻　聴取年月日 〇〇年 〇〇月 〇〇日
高校卒業後、いくつかの職を経て、現在の会社に就職。妻・子2人と自宅で生活していた。
平成25年に会社で配置転換があったのを機に、新しい上司と関係が悪く、職場でストレスが溜まっていった。
平成28年5月に母親が亡くなり、気持ちが落ち込む。ストレスが重なり、遅刻・早退・欠勤が増えていった。倦怠感や疲労感が強く、朝動けないこともあり、妻に勧められて当院受診となった。

⑧ 診断書作成医療機関における初診時所見
初診年月日 □昭和 ☑平成 □令和 〇〇年〇〇月〇〇日
職場と母親の他界により、ストレスが荷重状態にて、情緒不安定、倦怠感、疲労感、憂鬱感、致死念慮あり。うつ状態が強くでている。

⑨ これまでの発育・養育歴等(出生から発育の状況や教育歴及びこれまでの職歴をできるだけ詳しく記入してください。)
ア 発育・養育歴：特記すべきことなし。
イ 教育歴：乳児期 □不就学・□就学猶予　小学校(☑普通学級・□特別支援学級・□特別支援学校)　中学校(☑普通学級・□特別支援学級・□特別支援学校)　高校(☑普通学級・□特別支援学校)　その他
ウ 職歴：会社員　平成29年12月から休職し、現在は無職

エ 治療歴(書ききれない場合は⑬「備考」欄に記入してください。)(※ 同一医療機関の入院・外来は分けて記入してください。)

医療機関名	治療期間	入院・外来	病名	主な療法	転帰(軽快・悪化・不変)
A〇〇クリニック	〇〇年〇〇月～〇〇年〇〇月	□入院 ☑外来	うつ病	薬物療法・精神療法	不変
B〇〇クリニック	〇〇年〇〇月～〇〇年〇〇月	□入院 ☑外来	うつ病	薬物療法・精神療法	悪化
	年 月～ 年 月	□入院 □外来			
	年 月～ 年 月	□入院 □外来			
	年 月～ 年 月	□入院 □外来			

(お願い)臨床所見等は

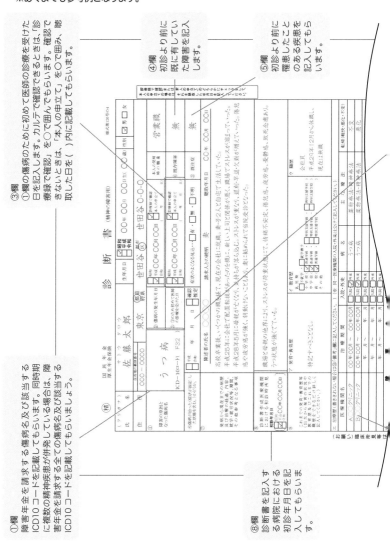

の援助が必要である。
(たとえば、簡単な文字や数字は理解でき、保護的環境であれば単純作業は可能である。習慣化していることであれば言葉での指示を理解し、身辺生活についても部分的にできる程度)

□ (5) 知的障害を認め、身のまわりのこともほとんどできないため、常時の援助が必要である。
(たとえば、文字や数の理解力がほとんど無く、簡単な手伝いもできない。言葉による意思の疎通がほとんど不可能であり、身辺生活の処理も一人ではできない程度)

(7) 社会性 … 一人で可能。また、社会生活に必要な手続きが行えるなど。

□できる □おおむねできるが時には助言や指導を必要とする ☑助言や指導があればできる □助言や指導をしてもできない若しくは行わない

エ 現症時の就労状況
○ 勤務先 □一般企業 □就労支援施設 □その他（ ）
○ 雇用体系 □障害者雇用 □一般雇用 □自営 □その他（ ）
○ 勤続年数 （ 年 ヶ月） ○ 仕事の頻度 （□週に □月に （ ）日）
○ ひと月の給与 （ 円程度）
○ 仕事の内容
○ 仕事場での援助の状況や意思疎通の状況

オ 身体所見（神経学的な所見を含む。）
特記すべきことなし

カ 臨床検査（心理テスト・認知検査、知能障害の場合は、知能指数、精神年齢を含む。）
特記すべきことなし

キ 福祉サービスの利用状況（障害者自立支援法に規定する自立訓練、共同生活援助、共同生活介護、在宅介護、その他障害福祉サービス等）
特記すべきことなし

⑪ 現症時の日常生活活動能力及び労働能力（必ず記入してください。）	現在は、妻の日常生活全般においての援助を要する。妻が食事の用意をして声をかけないと食べない。体力低下のため入浴不可であり、数日おきに妻に臭いを指摘されてシャワーを浴びる。一人での買い物や散歩等の外出は不可能。就労は極めて困難である。
⑫ 予後（必ず記入してください。）	不明
⑬ 備考	

上記のとおり、診断します。　令和 OO 年 OO月 OO日

病院又は診療所の名称　○○クリニック　診療担当科名　精神科

所在地　○○○○○○○○　医師氏名　○○○○

⑩欄エ
現症時の就労状況に記入がある場合は、内容に相違ないかよく確認しましょう。

⑪欄
現症時の日常生活活動能力だけでなく、労働能力についても記入してもらいます。

⑫欄
診断書作成時点において、予想される病状の今後の見通しについて記載してもらいます。判断できない場合には「不詳」「不明」などと記入してもらいます。

記入漏れがないか確認しましょう。

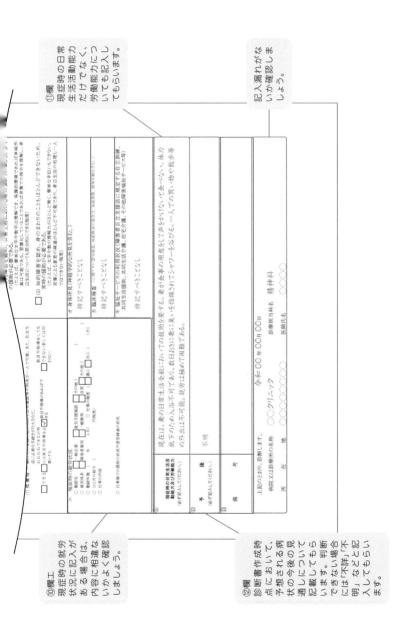

▼精神の診断書　参考記入例(2)

⑩欄ウ１
同居者が無しでも、定期的な支援を受けている場合は、分かるように余白などに記入してもらうことをおススメします。

⑩欄ウ２
等級認定においてとても重要な欄となります。

あくまでも『単身』で生活するとしたら可能かどうかで判断していただくよう注意してください。

⑩欄ウ２(4)
記入漏れのないようにチェックをしてもらいましょう。

本人の障害の程度及び状態に無関係な欄には記入する必要はありません。（無関係な欄は、斜線により抹消してください。）

ウ　日常生活状況
1　家庭及び社会生活についての具体的な状況
（ア）現在の生活環境（該当するもの一つを選んでチェックしてください。）
☐入院・☐入所・☑在宅・☐その他（　　　　）
（施設名　　　　　）
同居者の有無（☑有・☐無）
（イ）全般的状況（家族及び家族以外の者との対人関係についても具体的に記入してください。）
［家族以外とのコミュニケーションは無い］

2　日常生活能力の判定（該当するものにチェックしてください。）
（判断にあたっては、単身で生活するとしたら可能かどうかで判断してください。）

(1) **適切な食事** － 配膳などの準備も含めて適当量をバランスよく摂ることがほぼできるなど。
☐できる　☐自発的にできるが時には助言や指導を必要とする　☑自発的かつ適正に行うことはできないが助言や指導があればできる　☐助言や指導をしてもできない若しくは行わない

(2) **身辺の清潔保持** － 洗面、洗髪、入浴等の身体の衛生保持や着替え等ができる。また、自室の清掃や片付けができるなど。
☐できる　☐自発的にできるが時には助言や指導を必要とする　☐自発的かつ適正に行うことはできないが助言や指導があればできる　☑助言や指導をしてもできない若しくは行わない

(3) **金銭管理と買い物** － 金銭を独力で適切に管理し、やりくりがほぼできる。また、一人で買い物が可能であり、計画的な買い物がほぼできるなど。
☐できる　☐おおむねできるが時には助言や指導を必要とする　☑助言や指導があればできる　☐助言や指導をしてもできない若しくは行わない

(4) **通院と服薬**（☑要・☐不要）－ 規則的に通院や服薬を行い、病状等を主治医に伝えることができるなど。
☐できる　☐おおむねできるが時には助言や指導を必要とする　☑助言や指導があればできる　☐助言や指導をしてもできない若しくは行わない

(5) **他人との意思伝達及び対人関係** － 他人の話を聞く、自分の意思を相手に伝える、集団的行動が行えるなど。
☐できる　☐おおむねできるが時には助言や指導を必要とする　☐助言や指導があればできる　☑助言や指導をしてもできない若しくは行わない

(6) **身辺の安全保持及び危機対応** － 事故等の危険から身を守る能力がある、通常と異なる事態となった時に他人に援助を求めるなどを含めて、適正に対応することができるなど。
☐できる　☐おおむねできるが時には助言や指導を必要とする　☑助言や指導があればできる　☐助言や指導をしてもできない若しくは行わない

(7) **社会性** － 銀行での金銭の出し入れや公共施設等の利用が一人で可能。また、社会生活に必要な手続きが行えるなど。
☐できる　☐おおむねできるが時には助言や指導を必要とする　☑助言や指導があればできる　☐助言や指導を…

3　日常生活能力の程度（該当するもの一つにチェックしてください。）
※日常生活能力の程度を記載する際には、状態をもっとも適切に記載できる（精神障害）又は（知的障害）のどちらかを使用してください。

（精神障害）

☐(1) 精神障害（病的体験・残遺症状・認知障害・性格変化等）を認めるが、社会生活は普通にできる。

☐(2) 精神障害を認め、家庭内での日常生活は普通にできるが、社会生活には、援助が必要である。

（たとえば、日常的な家事をこなすことはできるが、状況や手順が変化したりすると困難を生じることがある。社会行動や自発的な行動が適切に出来ないこともある。金銭管理はおおむねできる場合など。）

☐(3) 精神障害を認め、家庭内での単純な日常生活はできるが、時に応じて援助が必要である。

（たとえば、習慣化した外出はできるが、家事をこなすために助言や指導を必要とする。社会的な対人交流は乏しく、自発的な行動に困難がある。金銭管理が困難な場合など。）
☑(4) 精神障害を認め、日常生活における身のまわりのことも、多くの援助が必要である。
（たとえば、著しく適正を欠く行動が見受けられる。自発的な発言が少ない、あっても発言内容が不適切であったり不明瞭であったりする。金銭管理ができない場合など。）

☐(5) 精神障害を認め、身のまわりのこともほとんどできないため、常時の援助が必要である。

（たとえば、家庭内生活においても、食事や身のまわりのことを自発的にすることができない。また、在宅の場合に通院等の外出には、付き添いが必要な場合など。）


（知的障害）

☐(1) 知的障害を認めるが、社会生活は普通にできる。

☐(2) 知的障害を認め、家庭内での日常生活は普通にできるが、社会生活には、援助が必要である。

（たとえば、簡単な漢字は読み書きができ、会話も意思の疎通が可能であるが、抽象的なことは難しい。身辺生活も一人でできる程度）

☐(3) 知的障害を認め、家庭内での単純な日常生活はできるが、時に応じて援助が必要である。

（たとえば、ごく簡単な読み書きや計算はでき、助言などがあれば作業は可能である。具体的指示であれば理解ができ、身辺生活についてもおおむね一人でできる程度）

☐(4) 知的障害を認め、日常生活における身のまわりのことも、多くの援助が必要である。

（たとえば、簡単な文字や数字は理解でき、保護的環境であれば単純作業は可能である。…

⑩欄ウ３
①障害の原因となった傷病名欄に知的障害が含まれる場合（又は発達障害などで知的障害を伴っていて、《知的障害》の欄の方が本人の状態を適切に評価できる場合）は本項目の《知的障害》欄で判断し、①欄に知的障害が含まれない場合は《精神障害》欄で判定してもらいます。

⑬欄
本人の状態について特記すべきことがあれば記入してもらいます。
①障害の原因となった傷病名欄に神経症圏（ICD10コードがF4）の傷病名を記入した場合、「統合失調症、統合失調症型障害及び妄想性障害」または「気分（感情）障害」の病態を示しているときは、その病態とICD10コードを記入してもらいましょう。
師に向けた、診断書の記入例や説明が書かれています。

▼精神の診断書　参考記入例(3)

記入上の注意

1　**この診断書は、傷病の性質上、原則、精神保健指定医又は精神科を標ぼうする医師に記入していただくことになっています。ただし、てんかん、知的障害、発達障害、認知障害、高次脳機能障害など診療科が多岐に分かれている疾患について、小児科、脳神経外科、神経内科、リハビリテーション科、老年科などを専門とする医師が主治医となっている場合、これらの科の医師であっても、精神・神経障害の診断又は治療に従事している医師であれば記入可能です。**

2　この診断書は、国民年金又は厚生年金保険の障害給付を受けようとする人が、その年金請求書に必ず添えなければならない書類の一つで、初診日から１年６月を経過した日（その期間内に治ったときは、その日）において、国民年金法施行令別表又は厚生年金保険法施行令別表（以下「施行令別表」という。）に該当する程度の障害の状態にあるかどうか、又は、初診日から１年６月を経過した日において、施行令別に該当する程度の障害の状態でなかった者が、65歳に到達する日の前日までの間において、施行令別表に該当する程度の障害の状態に至ったかどうかを証明するものです。

［また、この診断書は、国民年金又は厚生年金保険の年金給付の加算額の対象者となろうとする人等についても、障害の状態が施行令別表に該当する程度にあるかどうかを証明するものです。］

3　③の欄は、この診断書を作成するための診断日ではなく、本人が障害の原因となった傷病について初めて医師の診療を受けた日を記入してください。前に他の医師が診察している場合は、本人の申立てによって記入してください。

4　「障害の状態」の欄は、次のことに留意して記入してください。

(1)　本人の障害の程度及び状態に無関係な欄には記入する必要がありません。（無関係な欄は、斜線により抹消してください。）
なお、該当欄に記入しきれない場合は、別に紙片をはりつけてそれに記入してください。

(2)　現在の病状又は状態像の「前回の診断書の記載時との比較」については、前回の診断書を作成している場合は記入してください。

(3)　知能障害の場合は、知能指数（又は精神年齢）と検査日を⑩の欄の「カ　臨床検査」欄に必ず記入してください。

(4)　てんかんの発作回数は、過去2年間の状態あるいは、おおむね今後2年間に予想される状態を記入してください。
また、てんかんの発作の欄は、下記の発作のタイプを参考にしてＡ～Ｄを○で囲んでください。

Ａ：意識障害を呈し、状況にそぐわない行為を示す発作
Ｂ：意識障害の有無を問わず、転倒する発作
Ｃ：意識を失い、行為が途絶するが、倒れない発作
Ｄ：意識障害はないが、随意運動が失われる発作

5　**「①障害の原因となった傷病名」欄に神経症圏（ICD－10コードが「Ｆ４」）の傷病名を記入した場合で、「統合失調症、統合失調症型障害及び妄想性障害」または「気分（感情）障害」の病態を示しているときは、「⑬備考」欄にその旨と、示している病態のICD－10コードを記入してください。**

6　**高次脳機能障害による失語障害があるときは、「言語機能の障害用」の診断書が必要になります。**

⑨欄
初診日以降の治療の内容、期間、経過、その他参考となる事項を記入してもらいます。

⑫欄
脊髄に障害がある場合には、他動可動域による測定値を記入してもらいます。

⑪欄
離断又は切断、変形、感覚麻痺、運動麻痺がある場合には、その部位が分かるように記入してもらいます。

⑬欄
手（足）指関節の可動域に制限がある場合は、他動可動域による測定値を記入してもらいます。

障害の状態は、診療録に基づいてわかる範囲で記入してください。

⑪ 切断又は離断・変形・麻痺

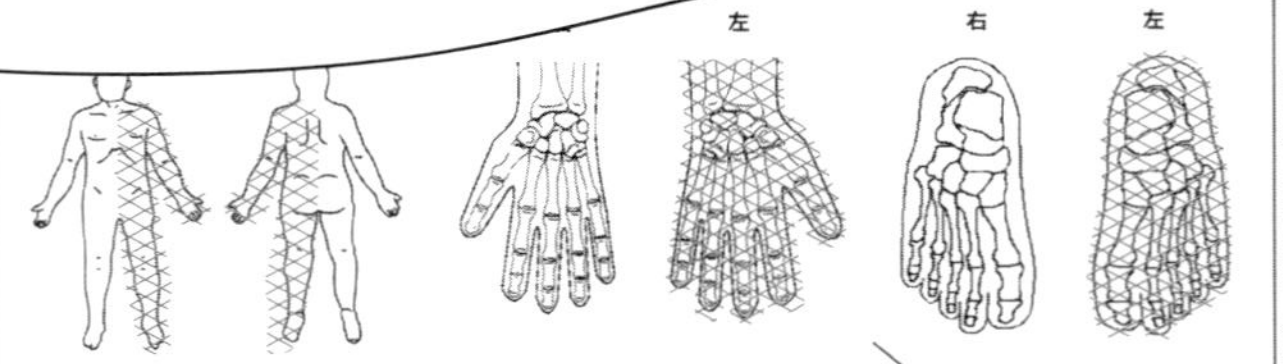

切断又は離断日 平成・令和 年 月 日
創面治ゆ日 平成・令和 年 月 日
■ 切断 離断 × 変形 ▨ 感覚麻痺 ▤ 運動麻痺

切断又は離断の場合の神経・運動障害	断端の痛み 有・無 すぐ上の関節の異常 有・無 （有の場合は⑯欄に記入してください。）							
外観	強直性・痙直性・不随意運動性・失調性・強剛性・しんせん性							
起因部位	脳性・脊髄性・末梢神経性・筋性・その他（心因性のものと思われる場合は、その旨を右に記入してください。 ）							
種類及びその程度	感覚麻痺（脱失・鈍麻・過敏・異常） 運動麻痺							
反射	右				左			
	上肢	下肢	バビンスキー反射	その他の病的反射	上肢	下肢	バビンスキー反射	その他の病的反射
	＋	＋	なし	なし	＋	＋	＋	＋
その他	排尿障害 有・無		排便障害 有・無		褥創又はその瘢痕 有・無			

⑫脊柱の障害	脊柱の他動可動域						随伴する脊髄・根症状などの臨床症状
部位	前屈	後屈	右側屈	左側屈	右回旋	左回旋	
頸部							
胸腰部							

⑬人工骨頭・人工関節の装着の状態	⑭握力	
部位 手術日 平成・令和 年 月 日	右 kg	左 kg

⑮手（足）指関節の他動可動域		母指				示指				中指				環指				小指			
部位		屈	曲	伸	展	屈	曲	伸	展	屈	曲	伸	展	屈	曲	伸	展	屈	曲	伸	展
中手（足）指節間関節（MP）	右																				
	左																				
近位指節間関節（PIP）（母指では指節間関節）	右																				
	左																				

本人の障害の程度及び状態に無関係な欄には記入する必要はありません。（無関係な欄は、斜線により抹消してください。）

1906 1018 082 511-2

（お願い）太文字の欄は、記入漏れがないように記入してください。

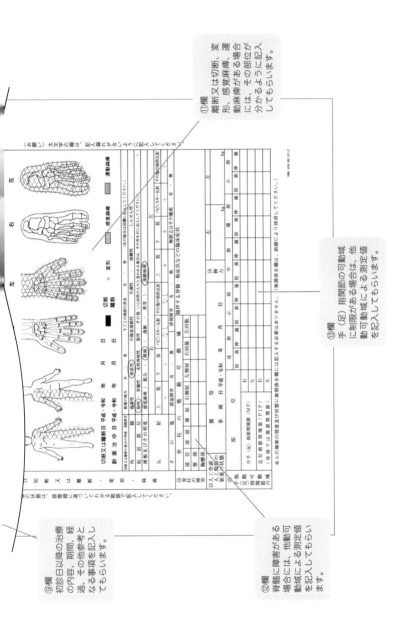

▼肢体の診断書　参考記入例(1)（くも膜下出血による肢体の機能障害による請求）※あくまでも参考例となります。

③欄
①欄の傷病のために初めて医師の診療を受けた日を記入します。カルテで確認できるときは、「診療録」を○で囲んでもらいます。確認できないときは、「本人の申立て」を○で囲み、聴取した日を（ ）内に記載してもらいます。

①欄
障害年金の支給を求める傷病名を記入してもらいます。

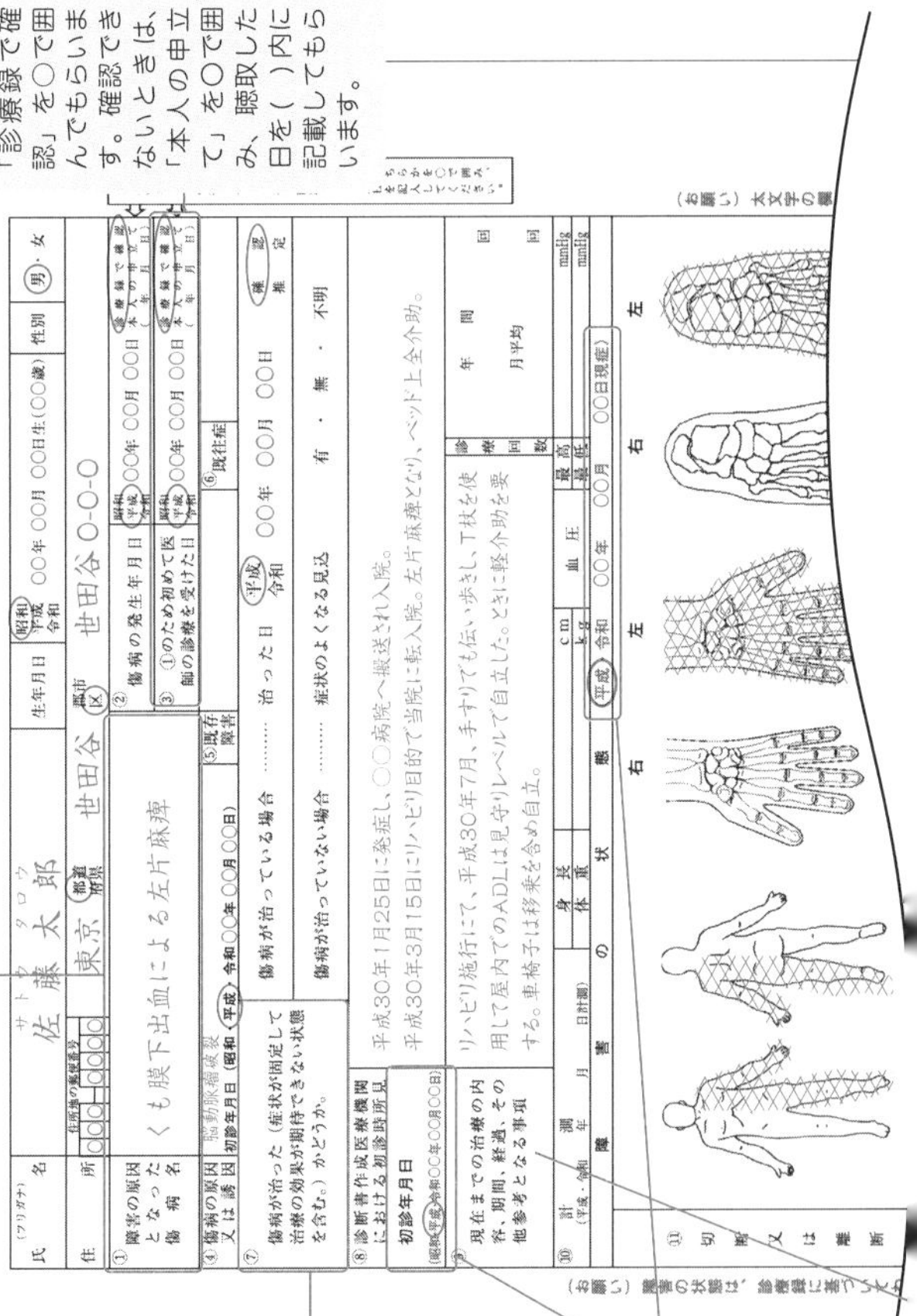

様式第120号の3

国民年金
厚生年金保険　診断書（肢体の障害用）

氏名	サトウ タロウ 佐藤 太郎　生年月日 昭和 ○○年○○月○○日生（○○歳）　性別 男・女
住所	東京都 世田谷区 世田谷 ○-○-○
① 障害の原因となった傷病名	くも膜下出血による左片麻痺
② 傷病の発生年月日	平成 ○○年○○月○○日　診療録で確認／本人の申立て（　年　月　日）
③ ①のため初めて医師の診療を受けた日	平成 ○○年○○月○○日　診療録で確認／本人の申立て（　年　月　日）
④ 傷病の原因又は誘因	脳動脈瘤破裂　初診年月日 平成 ○○年○○月○○日
⑤ 既存障害	⑥ 既往症
⑦ 傷病が治った（症状が固定して治療の効果が期待できない状態を含む。）かどうか。	傷病が治っている場合 ……… 治った日 平成 ○○年○○月○○日 確認・推定 傷病が治っていない場合 ……… 症状のよくなる見込 有・無・不明
⑧ 診断書作成医療機関における初診時所見　初診年月日 平成 ○○年○○月○○日	平成30年1月25日に発症し、○○病院へ搬送され入院。 平成30年3月15日にリハビリ目的で当院に転入院。左片麻痺となり、ベッド上全介助。
⑨ 現在までの治療の内容、期間、経過、その他参考となる事項	リハビリ施行にて、平成30年7月、手すりでも伝い歩きし、T杖を使用して屋内でのADLは見守りレベルで自立した。ときに軽介助を要する。車椅子は移乗を含め自立。　診療回数 年間 回 月平均 回
⑩ 計測	身長 cm　体重 kg　血圧 最高 mmHg 最低 mmHg
⑪ 障害の状態	平成 ○○年○○月○○日現症　切断又は離断・変形・麻痺　右 左 右 左

（お願い）障害の状態は、診療録に基づいて…

⑦欄
「傷病が治っている場合」は、初診日から1年6か月以内において、離断・切断をした場合は離断・切断日、また、機能障害の場合はいかなる治療を行っても回復の見込みがなく、その症状がかわらない状態となった日を記入してもらいます。
「傷病が治っている」と判断した場合は、その理由を裏面の㉓欄に記入してもらいましょう。

初診年月日と現症日の記入漏れがないか確認しましょう。

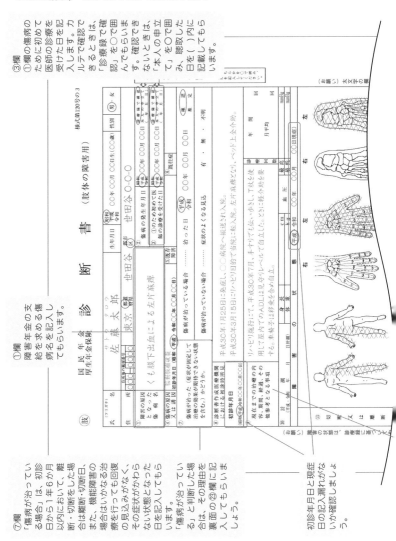

（このような姿勢を持続する）

f	顔を洗う	（顔に手のひらをつける）	○	○△	△×
g	用便の処置をする	（ズボンの前のところに手をやる）	○		△×
h	用便の処置をする	（尻のところに手をやる）	○		△×
i	上衣の着脱	（かぶりシャツを着て脱ぐ）	両手	○△	
j	上衣の着脱	（ワイシャツを着てボタンをとめる）	両手	△×	
k	ズボンの着脱	（どのような姿勢でもよい）	両手	△×	
l	靴下を履く	（どのような姿勢でもよい）	両手	△×	

o	深くおじぎ（最敬礼）をする	×
p	歩く（屋内）	△×
q	歩く（屋外）	×

	ア	イ	ウ	エ
r 立ち上がる	支持なしでできる	支持があればできるがやや不自由	㋒ 支持があればできるが非常に不自由	支持があってもできない
s 階段を上る	手すりなしでできる	手すりがあればできるがやや不自由	㋒ 手すりがあればできるが非常に不自由	手すりがあってもできない
t 階段を下りる	手すりなしでできる	手すりがあればできるがやや不自由	㋒ 手すりがあればできるが非常に不自由	手すりがあってもできない

る動作の障害の程度

平衡機能

1 閉眼での起立・立位保持の状態
ア　可能である。
イ　不安定である。
㋒　不可能である。

2 開眼での直線の10m歩行の状態
ア　まっすぐ歩き通す。
イ　多少転倒しそうになったりよろめいたりするがどうにか歩き通す。
㋒　転倒あるいは著しくよろめいて、歩行を中断せざるを得ない。

3 自覚症状・他覚所見及び検査所見

⑲ **補助用具使用状況**

該当する数字を○で囲み、右のア・イのいずれかの使用状況を選び、〔　〕内に記載してください。
1〔　〕上肢補装具　2〔　〕下肢補装具（左・右）
③〔イ〕杖（　　）　4〔　〕松葉杖（左・右）
⑤〔イ〕車椅子　6〔　〕歩行車
7〔　〕その他（具体的に　　）
8 補助用具は使用していない

ア　常時（起床より就寝まで）使用
イ　常時ではないが使用

使用状況を詳しく記入してください。
車椅子は屋内外の移動で使用。
屋内では、手すり、壁、T杖も使用して移動。

⑳ **その他の精神・身体の障害の状態**
高次脳機能障害あり

㉑ **現症時の日常生活活動能力及び労働能力**（必ず記入してください。）	（補助用具を使用しない状態で判断してください。）日常生活動作レベルより介助を要する場面あり、屋外は全介助。労務は困難である。
㉒ **予後**（必ず記入してください。）	症状固定。これ以上機能回復の見込みは期待できない。
㉓ **備考**	

上記のとおり、診断します。　〇〇年　〇〇月　〇〇日

病院又は診療所の名称　〇〇病院　　診療担当科名　整形外科

所在地　〇〇〇〇〇〇〇〇　　医師氏名　〇〇〇〇

㉑欄
現症時の日常生活活動能力だけでなく、労働能力についても記入してもらいます。

㉒欄
診断時に判断できない場合は「不詳」「不明」などと記入してもらいます。

㉓欄
⑳欄に書ききれなかった事項や請求者の状態について特記すべきことがあれば記入してもらいます。

記入漏れがないか確認しましょう。

⑲欄
使用している補助器具の数字を○で囲み、「ア」か「イ」のいずれかの使用状況を（　）内に記入してもらいます。なお、補助用具を使用していない場合は、「8」の数字を○で囲んでもらいます。

⑳欄
脳血管障害などにより言語障害がある場合は、会話状態などをできる限り具体的に記入してもらいます。

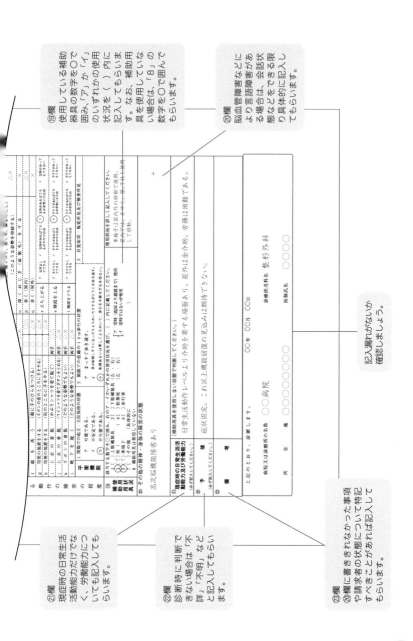

▼肢体の診断書　参考記入例(2)

日付の記入漏れがないか確認しましょう。

記入漏れがないか確認しましょう。

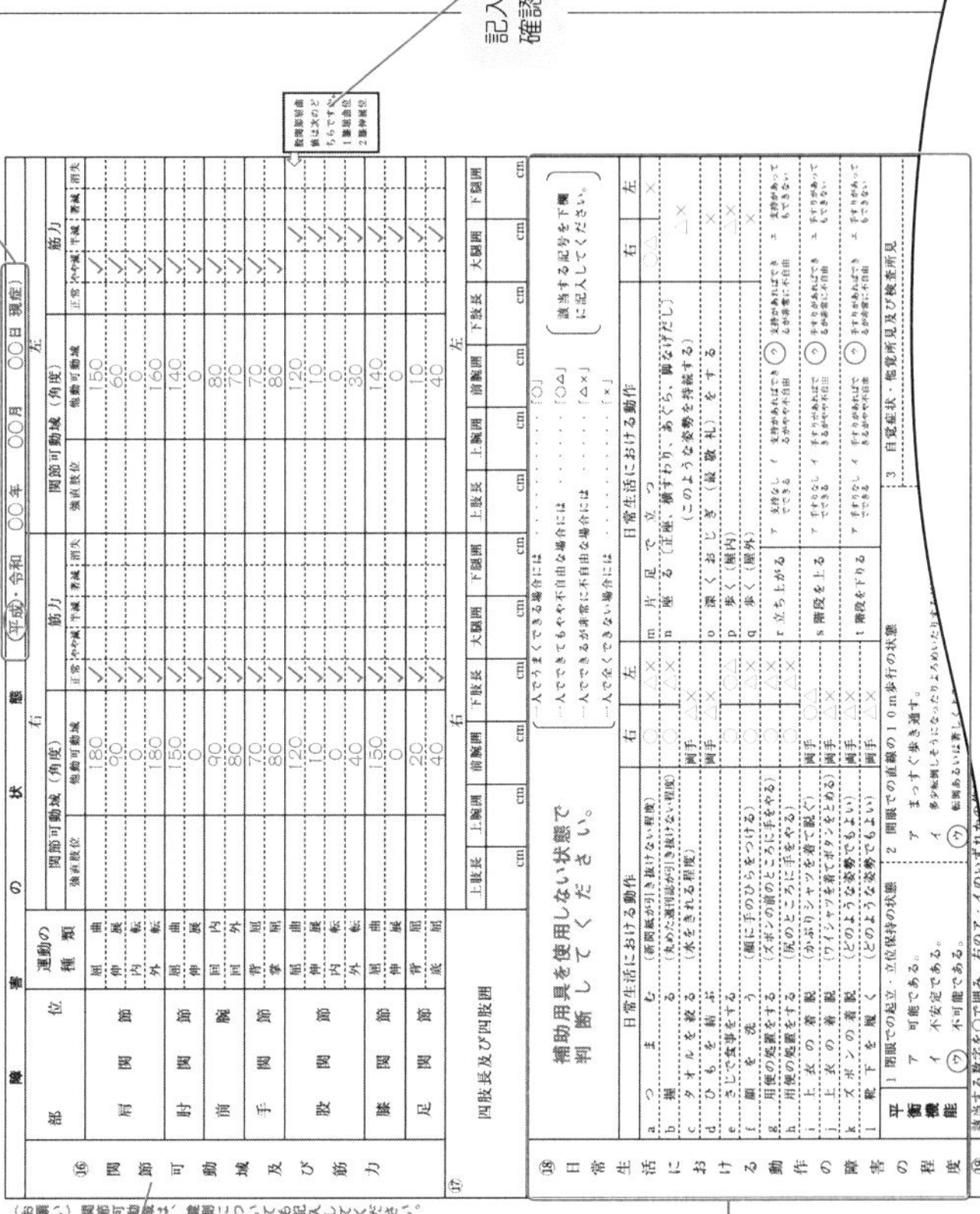

⑯欄
肩関節、肘関節、前腕、手関節、股関節、膝関節、足関節の他動可動域による測定値を記入してもらいましょう。なお、健側と患側を比較して障害の程度を認定することもありますので、右・左どちらも記入してもらいます。
筋力の欄は、正常、やや減、半減、著減、消滅のうち該当するものに○又はチェックを記入してもらいます。

⑱欄
必ず補助用具を使用しない状態で判断してもらいます。

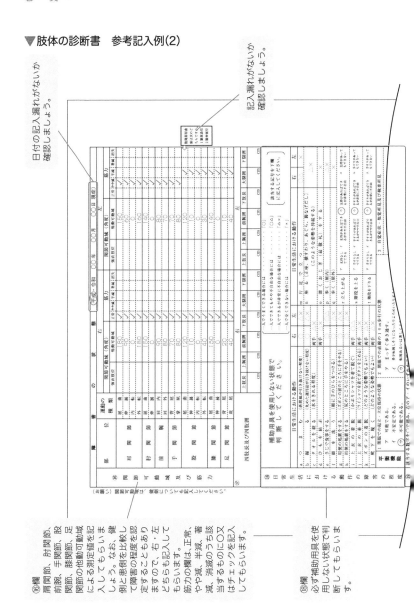

右耳	dB	%	血圧	最大 mmHg
左耳	dB	%		最小 mmHg

⑫ 一般状態区分表 （平成）令和 ○○年 ○○月 ○○日）（該当するものを選んでどれか一つを○で囲んでください。）

ア 無症状で社会活動ができ、制限を受けることなく、発病前と同等にふるまえるもの
イ 軽度の症状があり、肉体労働は制限を受けるが歩行、軽労働や座業はできるもの　例えば、軽い家事、事務など
ウ 歩行や身のまわりのことはできるが、時に少し介助が必要なこともあり、軽労働はできないが、日中の５０％以上は起居しているもの
（エ） 身のまわりのある程度のことはできるが、しばしば介助が必要で、日中の50%以上は就床しており、自力では屋外への外出等がほぼ不可能となったもの
オ 身のまわりのこともできず、常に介助を必要とし、終日就床を強いられ、活動の範囲がおおむねベッド周辺に限られるもの

障害の状態

⑬ 血液・造血器 （（平成） 令和 ○○年 ○○月 ○○日 現症）

1 臨床所見
(1) 自覚症状
易疲労感 （無・有・（著））
動悸 （無・（有）・著）
息切れ （無・有・（著））
発熱 （無・（有）・著）
紫斑 （（無）・有・著）
月経過多 （（無）・有・著）
関節症状 （無・（有）・著）
(2) 他覚所見
易感染性 （（無）・有・著）
リンパ節腫張 （（無）・有・著）
出血傾向 （（無）・有・著）
血栓傾向 （（無）・有・著）
肝腫 （（無）・有・著）
脾腫 （（無）・有・著）

(3) 検査成績
ア 末梢血液検査（（平成）・令和○○年○○月○○日）
※アの欄は、治療を行う前の日付、検査数値を記入してください。
ヘモグロビン濃度（　　）g/dL
血小板（　　）万/μL
網赤血球（　　）万/μL
白血球（　　）/μL
好中球（　　）/μL
リンパ球（　　）/μL
病的細胞（　　）%

イ 凝固系検査（（平成）・令和○○年○○月○○日）
※イの欄は、最も適切に病状が把握できる検査数値及びその日付を記入してください。
凝固因子活性（(第　因子)　　）%
vWF活性（　　）%
インヒビター（無・有）
APTT（　　）秒（基準値　　秒）
PT（　　）秒（基準値　　秒）
ウ その他の検査
画像検査（検査名　　）（（平成）・令和○○年○○月○○日）
所見（　　）
他の検査（検査名　　）（平成・令和　年　月　日）
所見（　　）

2 治療状況
赤血球輸血（月　回）　血小板輸血（月　回）
補充療法（月　回）　新鮮凍結血漿（月　回）
造血幹細胞移植（無・有）有の場合（　年　月　日）
慢性GVHD（無・有）有の場合（軽症・中等症・重症）
所見

3 その他の所見

本人の障害の程度及び状態に無関係な欄には記入する必要はありません。（無関係な欄は、斜線により抹消してください。）

1906 1018 086 511-5

…に基づいてわかる範囲で記入してください。

（お願い）太文字の欄は、記入漏れがないように記入してください。

現症日（いつの時点の状態か）は必ず記載してもらいます。

⑬欄
血液・造血器疾患の障害の状態はこの⑬の項番を記載してもらいます。血液・造血器疾患以外の傷病の場合はこの欄は斜線で消してもらいましょう。

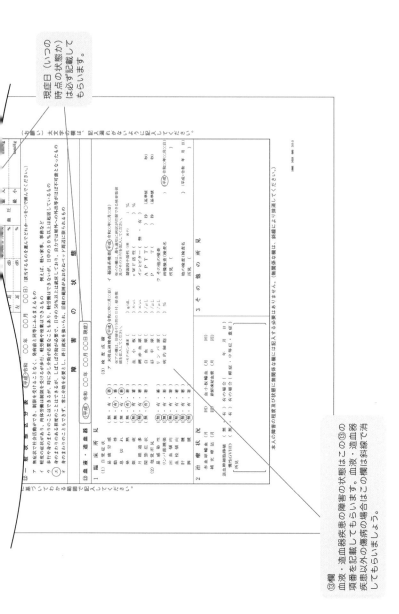

▼その他の診断書　参考記入例(1)　(がんによる請求)

※あくまでも参考例となります。

⑨欄
現在までの治療の内容など、参考となる事項は、できるだけ詳しく記載してもらいます。がんの場合はステージもできるだけ記入してもらいましょう。

③欄
①欄の傷病のために初めて医師の診療を受けた日を記入します。カルテで確認できるときは、「診療録で確認」を○で囲んでもらいます。確認できないときは、「本人の申立て」を○で囲み、聴取した日を(　)内に記載してもらいます。

現症日前1年間の診療回数を記入。(入院日数1日＝診療回数1回とする)

⑪欄
体重の増減があり、それが傷病によるものであれば、記載してもらいましょう。

㊎ 国民年金 厚生年金保険 **診　断　書**（血液・造血器 その他の障害用）　様式第120号の7

氏名（フリガナ）	山田花子《ヤマダ ハナコ》	生年月日	(昭和)・平成・令和 ○○年○○月○○日生（○○歳） 性別 男・(女)
住所	住所地の郵便番号 ○○○-○○○○	東京(都)道府県 文京郡市(区)	○○○○○○○-○-○
①障害の原因となった傷病名	卵巣癌	②傷病の発生年月日	昭和・(平成)・令和 ○○年○○月○○日 (診療録で確認)・本人の申立て（年 月 日）
		③①のため初めて医師の診療を受けた日	昭和・(平成)・令和 ○○年○○月○○日 (診療録で確認)・本人の申立て（年 月 日）
④傷病の原因又は誘因	不詳　初診年月日(昭和・(平成)・令和○○年○○月○○日)	⑤既存障害 無	⑥既往症 無

「診療録で確認」または「本人の申立て」の別を○で囲んでください。本人の申立ての場合は、それを聴取した年月日を記入してください。

⑦傷病が治った（症状が固定して治療の効果が期待できない状態を含む。）かどうか。
傷病が治っている場合………治った日 平成・令和　年　月　日　確認・推定
傷病が治っていない場合………症状のよくなる見込　有・無・(不明)

⑧診断書作成医療機関における初診時所見
初診年月日（昭和・(平成)・令和○○年○○月○○日）
下腹部に激しい痛みが起こり、来院。
画像診断にて、卵巣腫瘍認める。悪性の疑いあり。

⑨現在までの治療の内容、反応、期間、経過、その他の参考となる事項
平成○○年○○月○○日　卵巣悪性腫瘍根治術施行。
平成○○年○○月○○日～平成○○年○○月○○日まで、Ⅲc期卵巣癌の診断により化学療法を施行。
平成○○年○○月○○日　PET検査により卵巣癌再発を認める。
平成○○年○○月○○日より化学療法開始。
診療回数　年間 55回、月平均 4回
手術歴　手術名（子宮付属器腫瘍摘出術（両側））　手術年月日（平成○○年○○月○○日）

⑩現在の症状、その他参考となる事項
化学療法による副作用あり。
末梢神経障害、骨髄抑制

⑪計測（平成・令和　年　月　日測定）
身長 158 cm　体重 現在 52 kg　健康時 62 kg　握力 右 kg 左 kg　視力 右眼 裸眼 矯正　左眼 裸眼 矯正
視野　調節機能　聴力レベル 右耳 dB 左耳 dB　最良語音明瞭度 %　血圧 最大 mmHg 最小 mmHg

⑫一般状態区分表（(平成)・令和 ○○年 ○○月 ○○日）（該当するものを選んでどれか一つを○で囲んでください。）
ア　無症状で社会活動ができ、制限を受けることなく、発病前と同等にふるまえるもの
イ　軽度の症状があり、肉体労働は制限を受けるが歩行、軽労働や座業はできるもの　例えば、軽い家事、事務など
ウ　歩行や身のまわりのことはできるが、時に少し介助が必要なこともあり、軽労働はできないが、日中の50％以上は起居しているもの
(エ)　身のまわりのある程度のことはできるが、しばしば介助が必要で、日中の50％以上は就床しており、自力では屋外への外出等がほぼ不可能となったもの
オ　身のまわりのこともできず、常に介助を必要とし、終日就床を強いられ、活動の範囲が…

障害

（お願い）臨床所見等は、診察録に基づいてわかる範囲で…
（お願い）太文字…

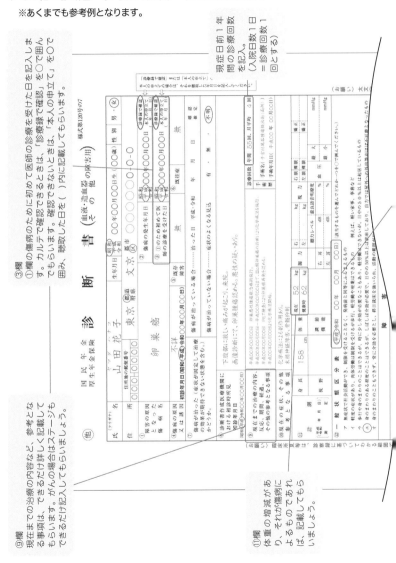

血清総蛋白	g/dL					
血清アルブミン	g/dL					

(2) 他覚所見

悪心・嘔吐、血球減少、血小板減少、貧血、血小板減少、しびれ、体重減少。

○○○○○○○○○……………

(2) その他の検査成績

○○○○○

3 人工臓器等

(1) 人工肛門造設 無・有	造設年月日：平成・令和　年　月　日 閉鎖年月日：平成・令和　年　月　日	(4) 自己導尿の常時施行 無・有	開始年月日：平成・令和　年　月　日 終了年月日：平成・令和　年　月　日
(2) 尿路変更術 無・有	造設年月日：平成・令和　年　月　日 閉鎖年月日：平成・令和　年　月　日	(5) 完全尿失禁状態 無・有	(カテーテル留置：平成・令和　年　月　日)
(3) 新膀胱造設 無・有	手術年月日：平成・令和　年　月　日	(6) その他の手術 無・有（　　）	平成・令和　年　月　日

⑯ 現症時の日常生活活動能力及び労働能力（必ず記入してください）	日常生活において多くの場面で介助要する。労務は著しく困難。
⑰ 予後（必ず記入してください）	不詳
⑱ 備考	

上記のとおり、診断します。　〇〇年〇〇月〇〇日

病院又は診療所の名称　○○病院　　診療担当科名　整形外科

所在地　○○○○○○○○　　医師氏名　○○○○

⑮３欄
人工臓器造設等がある場合は、その旨と年月日を記載してもらいます。

⑯欄
現症時の日常生活活動能力だけでなく、労働能力についても記入してもらいます。

⑰欄予想される病状の今後の見通しについて記載してもらいます。（判断できない場合には「不詳」でも大丈夫です）

⑱欄特記すべきことがある場合にこの欄に記載します。

記入漏れがないか確認しましょう。

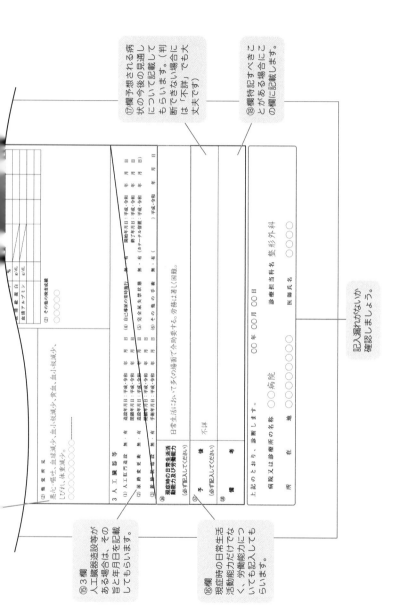

▼その他の診断書　参考記入例(2)

⑭欄
ヒト免疫不全ウィルス感染症による障害（HIV）はこの項番に障害の状態を記載してもらいます。請求人の障害に関係がないときは斜線で消してもらいましょう。

現症日（いつの時点の状態か）は必ず記載してもらいます。

⑮1欄
自覚症状・他覚所見は具体的に記載してもらいましょう。請求人の障害に関係がないときは斜線で消します。

血液検査は、検査値のうち、病状を適切に表しているものを記入してもらいます。

⑭　免疫機能障害　（平成）令和　○○年　○○月　○○日 現症）

1 検 査 成 績

検査項目＼検査日	単位	・　・	・　・	平均値
CD4陽性Tリンパ球数	/μL			

（現症日以前の４週間以上の間隔をおいて実施した連続する直近２回の検査結果を記入し、一番右の欄にはその平均値を記入してください。）

検査項目＼検査日	単位	・　・	・　・
白血球数	/μL		
ヘモグロビン量	g/dL		
血小板数	万/μL		
HIV－RNA量	コピー/mL		

（現症日以前の４週間以上の間隔をおいて実施した連続する直近２回の検査結果を記入してください。）

2 身 体 症 状 等
①１日１時間以上の安静臥床を必要とするほどの強い倦怠感及び易疲労感が月に７日以上ある　（有・無）
②病態の進行のため、健常時に比し１０％以上の体重減少がある　（有・無）
③月に７日以上の不定の発熱（３８℃以上）が２ヶ月以上続く　（有・無）
④１日に３回以上の泥状ないし水様下痢が月に７日以上ある　（有・無）
⑤１日に２回以上の嘔吐あるいは３０分以上の嘔気が月に７日以上ある　（有・無）
⑥動悸や息苦しくなる症状が毎日のように出現する　（有・無）
⑦抗ＨＩＶ療法による日常生活に支障が生じる副作用がある（①～⑥の症状を除く）（抗ＨＩＶ療法を実施している場合）　（有・無）
⑧生鮮食料品の摂取禁止等の日常生活活動上の制限が必要である　（有・無）
⑨１年以内に口腔内カンジダ症、帯状疱疹、単純ヘルペスウイルス感染症、伝染性軟属腫、尖圭コンジローム等の日和見感染症の既往がある　（有・無）
⑩医学的理由により抗ＨＩＶ療法ができない状態である　（はい・いいえ）

3 現在持続している副作用の状況
□代謝異常　□リポアトロフィー　□肝障害　□腎障害　□精神障害　□神経障害
□その他（薬剤名、服薬状況及び副作用の状況）

4 エイズ発症の既往の有無
有・無

5 回復不能なエイズ合併症のため介助なくしては日常生活がほとんど不可能な状態である
はい・いいえ

6 肝炎の状況　（□薬剤性・□B型・□C型・□その他（　　））（肝炎を発症している場合は必ず記載してください。）

(1) 検査所見

検査項目＼検査日	単位	・　・	・　・
血清アルブミン	g/dL		
AST（GOT）			
ALT（GPT）			
プロトロンビン時間	% / 延長秒		
総ビリルビン（※）	mg/dL		

(2) 臨床所見
食道静脈瘤　無・有（内視鏡による、X線造影による、その他（　　））
肝硬変　無・有（代償性、非代償性）
肝細胞癌　無・有
肝性脳症　無・有（1年以内に発症したことがある）
腹水　無・有・著
消化管出血　無・有（1年以内に発症したことがある）
（※ ビリルビン値の上昇をきたす薬剤の使用　無・有）

⑮　その他の障害　（平成）令和　○○年　○○月　○○日 現症）

1 症 状
(1) 自覚症状
著しい全身の倦怠感、全身の疲労感、激しい体力消耗、動悸、息切れ、吐き気、食欲減退、発熱、ふらつき、体に力が入らない、痛みによる睡眠障害　等
日常生活に支障があり、外出困難、自宅で寝た状態でいることが多い。

(2) 他覚所見
悪心・嘔吐、血球減少、血小板減少、貧血、血小板減少、しびれ、体重減少。

2 検 査 成 績
(1) 血液・生化学検査

検査項目＼検査日	単位	施設基準値	・　・	・　・	・　・
赤血球数	万/μL				
ヘモグロビン濃度	g/dL				
ヘマトクリット	%				
血清総蛋白	g/dL				
血清アルブミン	g/dL				

(2) その他の検査成績

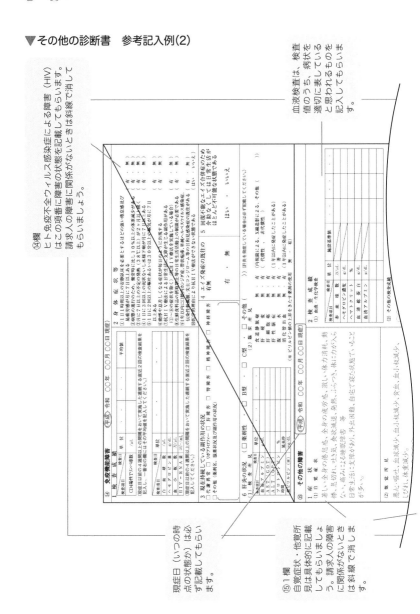

おわりに

本書が、病気やケガなどをしてしまったときに、生活のための所得保障、さらに無理のない社会復帰への手掛かりとなれば、こんなに嬉しいことはありません。

最後になりますが、本書を出版するにあたり、多くの方にご協力いただきました。

初版にて執筆協力をしてくださった、社会保険労務士の山岸玲子さん、ありがとうございました。

本書の執筆にあたって、ご縁を繋いでくださった中小企業診断士の五十嵐和也さんや、質問に応じてくださった方、感想・編集にご協力いただいた皆さまに、心より深く感謝申し上げます。

索引

●数字

●五十音

あ行

か行

さ行

た行

や・ら行

な行

は行

■著者紹介

漆原　香奈恵（うるしばら　かなえ）

特定社会保険労務士・キャリアコンサルタント
かなえ社会保険労務士事務所 代表、合同会社かなえ労働法務 代表社員

20代で開業後、年金事務所や街角の年金相談センターで相談員を経て、障害年金請求代理に注力。企業には治療・育児・介護と仕事の両立支援サポートや時代に合ったバランスの良い労務サービスを提供。執筆・講演・雑誌等でも活動。

著書／「障害年金の手続きから社会復帰まで」（秀和システム）／「知りたいことが全部わかる！障害年金の教科書」（ソーテック社）

ホームページ

○障害年金専門サイト『障害年金請求（申請）サポート【横浜・川崎・東京】』
※お電話・ご郵送・オンライン相談は全国対応
https://office-kanae.link/

○かなえ社会保険労務士事務所総合サイト
https://sr-kanae.correct-auto.com/

○TEL：045-548-4025 ／ FAX：045-548-4026

○E-mail ：srkanae@office-kanae.link

■執筆協力

山岸玲子
社会保険労務士　埼玉県社会保険労務士会所属
山岸社労士事務所HP　http://www.yamagishi-sr-office.jp/

■カバーデザイン
mammoth.

障害年金《しょうがいねんきん》の手続《てつづ》きから社会復帰《しゃかいふっき》まで
第《だい》2版《はん》

発行日　2021年　3月　8日　　第1版第1刷

著　者　漆原《うるしばら》　香奈恵《かなえ》

発行者　斉藤　和邦
発行所　株式会社　秀和システム
〒135-0016
東京都江東区東陽2-4-2　新宮ビル2F
Tel 03-6264-3105（販売）　Fax 03-6264-3094
印刷所　日経印刷株式会社　　Printed in Japan

ISBN978-4-7980-6239-6 C3036